ESO

Educación Plástica, Visual y Audiovisual. Graphos

B

Autores
Eugenio Bargueño Gómez
Mercedes Sánchez Zarco
Begoña Sainz Fernández

Mc Graw Hill Education

MADRID – BOGOTÁ – BUENOS AIRES – CARACAS – GUATEMALA
MÉXICO – NUEVA YORK – PANAMÁ – SAN JUAN – SANTIAGO – SÃO PAULO
AUCKLAND – HAMBURGO – LONDRES – MILÁN – MONTREAL – NUEVA DELHI – PARÍS
SAN FRANCISCO – SIDNEY – SINGAPUR – SAINT LOUIS – TOKIO – TORONTO

GRAPHOS B

Todos los ejercicios deben realizarse en el cuaderno, no en el propio libro de texto.

McGraw-Hill/Interamericana de España, S.L.
Edificio Valrealty, 1.ª planta
Basauri, 17
28023 Aravaca (Madrid)

ISBN: 978-84-486-0777-7
Depósito legal: M-14986-2011

Editora de proyecto: María Justicia González
Editor: Esfera, SL.
Diseño de cubierta e interior: Mar Nieto
Maquetación: Auvi, S.L.
Ilustraciones: Olga Pérez, Ana Hernández, Guillermo Esteban, Celia Sacido
Fotografías: AGE, Cordon Press, Getty Images, Photoaisa, Prisma Archivo, Album, Archivo de McGraw-Hill
Impreso en: Centro Gráfico Ganboa

IMPRESO EN ESPAÑA - PRINTED IN SPAIN

Presentación

En esta segunda fase del proyecto Graphos profundizarás en los conocimientos adquiridos en el curso anterior y encontrarás las guías que te permitirán adentrarte en un aprendizaje más profundo de la cultura visual y un acercamiento crítico al arte.

Mantenemos la estructura del curso anterior: seis unidades didácticas en las que ahondarás en la teoría y encontrarás propuestas prácticas para que puedas aplicar lo que has aprendido. En el cuaderno puedes poner a prueba tu creatividad, mediante el uso de las distintas técnicas que has aprendido en el libro.

En la parte teórica continuamos describiendo conceptos y técnicas de un modo sencillo pero riguroso, de esta manera entenderás fácilmente los conocimientos que necesitarás para resolver las actividades.

Además te reencontrarás con los apartados finales que ya conoces: **Aplicaciones,** donde aprenderás a distinguir las aplicaciones que tiene la imagen en la vida cotidiana. En **Procedimientos y técnicas** continuaremos aprendiendo distintas técnicas artísticas (húmedas, secas; ceras, lápiz, acuarela; *collage,* etc.) para que puedas practicar tus propias creaciones. En **Otras propuestas** podrás realizar tus propias composiciones e investigar con distintos materiales. Además, encontrarás actividades relacionadas con el contenido de la unidad que has estudiado, de modo que afianzarás los conocimientos adquiridos. Y al final de cada unidad, la sección **¿Qué has aprendido?** te servirá para afianzar los conocimientos adquiridos.

El objetivo de este proyecto es que aprendas a expresarte a través del lenguaje plástico, visual y audiovisual y valores las distintas creaciones artísticas con las que te encontrarás. Para ello te animamos a que practiques este lenguaje, acercándote de un modo crítico a las creaciones artísticas, valorando las opiniones de tus compañeros, así como su trabajo. De este modo tu aprendizaje será fruto de la observación, el análisis y el intercambio de distintos puntos de vista que enriquecerán tu trabajo y tu aprendizaje.

Los autores

Cómo se utiliza este libro

Presentación de la unidad

Todas las unidades se abren con una doble página en la que se introduce la unidad de modo sencillo y ameno.

En ellas encontrarás el índice de la unidad y también las competencias básicas que se trabajan en ella.

Además, se incluyen recomendaciones de lecturas, páginas web, películas, etc., relacionadas con la materia.

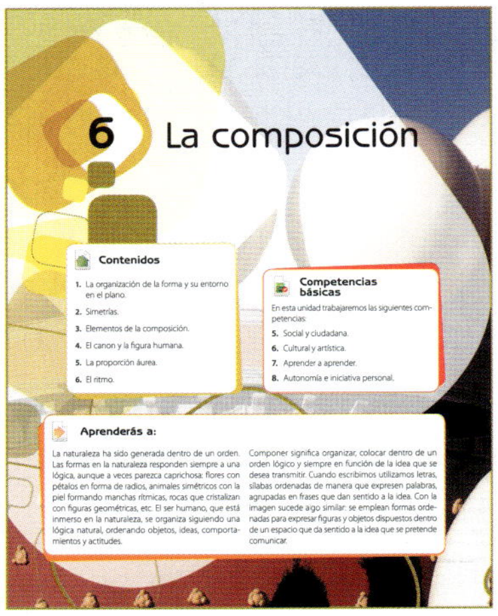

Desarrollo de la unidad

La teoría se ejemplifica con imágenes a las que se le ha dado mayor protagonismo y tamaño.

Encontrarás la información organizada en tablas junto a sus ejemplos para facilitarte la comprensión.

Además, hemos actualizado las ilustraciones para que se adapten mejor al contenido que se explica de modo que resulten más sencillas de entender.

Otros apartados

En el apartado **Aplicaciones** se explican todo tipo técnicas de color, composición, etc., que te servirán para interpretar diferentes composiciones y para que las utilices en tus obras.

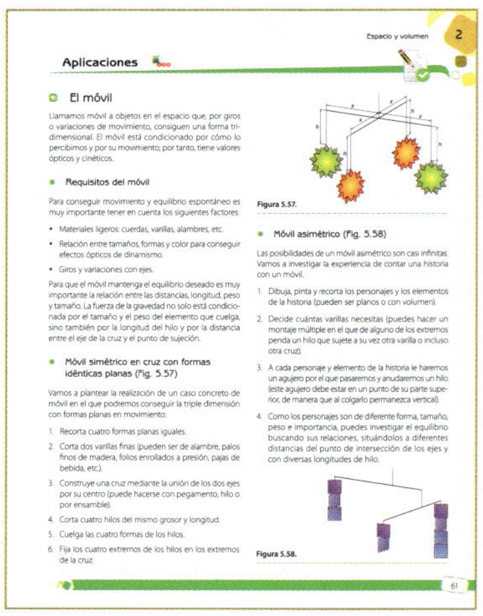

En **Procedimientos y técnicas** se explican modos de realizar distintos ejercicios prácticos, como *collage*, trabajos con ceras, técnicas húmedas, secas, trabajos con líneas y planos, etc.

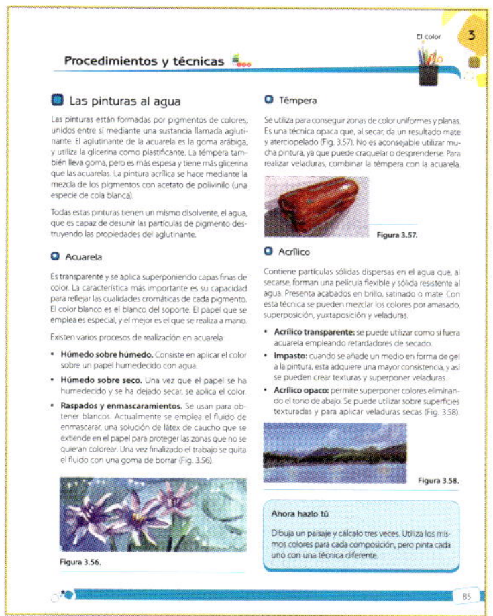

En las **Actividades finales** te ofrecemos una gran variedad de ejercicios prácticos guiados para que pongas en práctica todo lo que has aprendido en la unidad y realices tus propios trabajos.

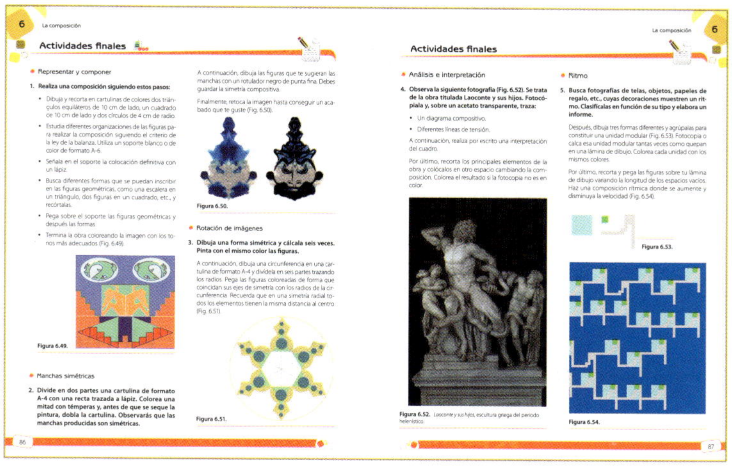

Otras propuestas: en este apartado podrás recoger ideas útiles para realizar tus propias composiciones.

¿Qué has aprendido? Es un pequeño repaso con el que podrás comprobar todo lo que has aprendido en la unidad.

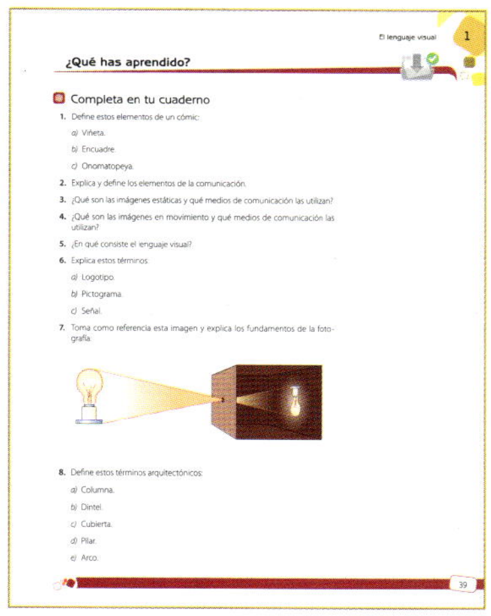

Material complementario

El libro del alumno no es el único material didáctico a tu disposición. Para apoyar este contenido te presentamos los siguientes materiales:

Libro digital

Tienes la posibilidad de acceder al formato digital de este libro así como a diversas actividades interactivas, audios, etc.

Web de recursos

Web de recursos en la que encontrarás textos y material de apoyo al alumno y al profesor.

1 El lenguaje visual

Contenidos

1. La comunicación visual.
2. Signos y símbolos en la comunicación visual.
3. Lectura de imágenes.
4. Medios de comunicación: imágenes estáticas.
5. Medios de comunicación: imágenes en movimiento.
6. Procesos de creación en las artes plásticas y visuales.

Aprenderás a:

Cuando vemos un objeto se produce una serie de fases: percibir, descubrir, observar, analizar. Estas fases hacen posible que entendamos aquello que estamos mirando. Y aunque todo lo que nos rodea lo percibimos a través de los sentidos (vista, oído, olfato, gusto y tacto) es nuestro cerebro el que convierte estos estímulos externos en internos, ordenándolos e identificando la información como un dato concreto de la realidad. Esto hace posible que se establezca una buena comunicación.

En definitiva, podemos decir que vemos y comprendemos un objeto cuando realizamos un proceso simultáneo de percibir y analizar sus características. Este acto puede tener mayor o menor duración temporal, depende del grado de interés que mostremos por la información y de la importancia que tenga para nosotros.

La percepción es, pues, un proceso en el que intervienen las capacidades de interés y comprensión por captar los múltiples significados que objetos e imágenes reales nos comunican de innumerables maneras.

Competencias básicas

En esta unidad trabajaremos las siguientes competencias:

4. Tratamiento de la información y competencia digital.
6. Cultural y artística.
7. Aprender a aprender.
8. Autonomía e iniciativa personal.

Un libro

Catálogo: VV.AA. (2000) *M.C. Escher.* Colonia, Taschen.

Este libro te va a sorprender con sus juegos visuales y formas imposibles, donde las cosas que suben en realidad bajan, y donde los peces se transforman en mariposas. Con una técnica intachable, este autor nos introduce en el mágico mundo de la imagen y las formas.

Un cuadro

René Magritte, *El cheque en blanco,* 1965.

En esta obra, la amazona y su caballo atraviesan el bosque camuflándose con el ambiente. Es como si se confundieran dos realidades, el intruso y el bosque, como si el bosque no quisiera que el intruso penetrara, robándole así pedazos de su imagen.

Una web

http://www.sinapsis.es/02_s/sm/agustin_mequedo/index.jsp

En esta página encontrarás una presentación en *flash* donde se ponen en práctica los elementos del lenguaje del cómic mediante imágenes dibujadas en movimiento.

1. La comunicación visual

Con el término **comunicación** definimos la capacidad de los seres humanos para relacionarnos entre nosotros, es decir, los procesos que llevamos a cabo para intercambiar mensajes y códigos entre una persona que los emite (emisor) y otra que los recibe (receptor).

Para que se produzca la comunicación es necesario establecer una **conexión** entre dos o más personas para **compartir,** con un mismo lenguaje, una **información.**

El lenguaje visual es el que utiliza exclusivamente imágenes para comunicar. Presenta la gran ventaja, con respecto a otros lenguajes, de poder ser interpretado por la mayoría de las personas, aun teniendo estas diferentes culturas y lenguas. Es lo que sucede, por ejemplo, con las señales de tráfico, los planos de carreteras, los esquemas de montaje de muebles, de lámparas, etc.

1.1. Los elementos de la comunicación

Los elementos más significativos que intervienen en la comunicación son los siguientes (Fig. 1.1):

- **Emisor:** persona, grupo u objeto que emite un mensaje.
- **Receptor:** quien recibe el mensaje.
- **Mensaje:** los contenidos que reciben nuestros sentidos.
- **Código:** conjunto de reglas y signos estructurados de manera conveniente para hacer comprensible el mensaje.
- **Canal:** medio que hace posible la transmisión (fotografía, televisión, cartel, etc.).
- **Referente:** finalidad que pretende obtener la comunicación.

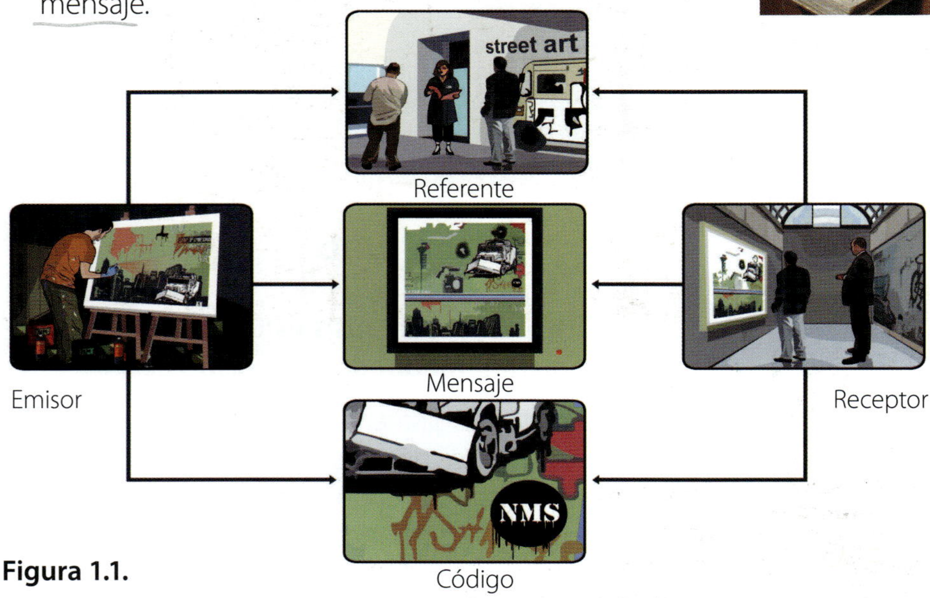

Figura 1.1.

La comunicación visual es la que se crea mediante el intercambio de códigos y mensajes realizado por técnicas y procedimientos visuales específicos dentro de cada medio de comunicación; por ejemplo, las diferentes manifestaciones gráfico-plásticas (dibujo, pintura, escultura, etc.), la fotografía, el cine, el vídeo o la infografía.

Como todo lenguaje, el visual también se basa en una sintaxis, es decir, en una manera de estructurar y componer sus elementos (punto, línea, plano, textura, color), para construir con ellos formas que, a su vez, generen imágenes. Este proceso se desarrolla mediante técnicas y procedimientos propios de cada medio de comunicación, como ya hemos indicado (Fig. 1.2).

Figura 1.2. Lubin Baugin, *Naturaleza muerta con tablero de ajedrez* (s. XVII). Los objetos de esta obra aluden a los cinco sentidos: laúd y monedas, oído; libro, cartas y tablero, vista; el vino, gusto; flores, olfato, y el pan que se corta, el tacto.

Vocabulario

Infografía: variante de la informática que consiste en captar, reproducir y manipular imágenes digitalmente.

1.2. Funciones de la comunicación

El lenguaje visual, como los otros lenguajes, tiene también diferentes funciones dependiendo del mensaje que quiera transmitir. Las que ahora te presentamos son las más significativas:

- **Informativa:** las imágenes centran su mensaje en transmitir información, por ejemplo, cuando el semáforo está en color verde nos indica vía libre, y la bandera roja en la playa nos alerta del estado peligroso en que se encuentra el mar (Fig. 1.3).
- **Expresiva:** las imágenes provocan y hacen aflorar nuestros sentimientos. Su fin no está en lo que se ve en la imagen, sino en las sensaciones que producen (Fig. 1.4).
- **Estética:** en este caso las imágenes centran su mensaje en comunicar principalmente belleza y armonía. Estas sensaciones provienen habitualmente de las relaciones de proporción y efectos (magnitudes, color, textura, etc.) que tienen las formas que componen la imagen (Fig. 1.5).
- **Representativas o descriptivas:** son imágenes que representan la realidad y están realizadas por el ser humano. Están divididas en dos tipos, las creadas por la fantasía del autor y las que se realizan copiando o interpretando la realidad (Fig. 1.6).

En resumen, las imágenes pueden tener funciones diferentes según el objetivo que pretenden alcanzar dentro de la comunicación visual. No obstante, habrás notado que todas ellas tienen un factor común: comunicar y explicar una idea o situación.

Figura 1.3.

Figura 1.4.

Figura 1.5.

Figura 1.6.
Christoffer Wilhelm Eckersberg, *Vista de Roma a través de tres arcos del noreste del Coliseo,* 1815.

2. Signos y símbolos en la comunicación visual

> **Recuerda**
>
> El **signo** es una imagen sencilla que representa un objeto o idea, que nos transmite una información por la que entendemos su representación.

A lo largo de su historia, el ser humano siempre ha utilizado signos, señales y símbolos como medio de comunicación. Pero fue en el siglo XX cuando se vio la necesidad de establecer unos signos convencionales, que permitiesen captar un mensaje rápidamente, con facilidad, al mayor número de personas posible, superando incluso al lenguaje escrito, por su rapidez de lectura. Un claro ejemplo de ello son las señales de tráfico.

- **Marcas:** son signos distintivos que las empresas, instituciones o personas ponen a sus productos para informar de su origen, calidad, autoría, etc. La marca puede estar realizada de diferente manera:
  - **Logotipo:** en este caso, la marca está formada por un texto que asume las funciones de la imagen (Fig. 1.7).
  - **Imagotipo:** la marca es un dibujo o imagen muy simplificada entendida de manera inmediata por el receptor (Fig. 1.8); puede llamarse también **pictograma.**
  - **Combinación de ambas:** la mayoría de las empresas utilizan imágenes corporativas formadas por elementos gráficos con el texto identificativo (Fig. 1.9).
- **Señales:** son signos similares al pictograma que pretenden provocar una acción en el espectador. Se trata de formas muy esquemáticas realizadas dentro de figuras geométricas sencillas que le sirven de marco (Fig. 1.10). Utilizan códigos universales.
- **Símbolos:** estos signos tienen un significado que no está representado, pero que es conocido, y está asumido por distintas sociedades y culturas (Fig. 1.11).
- **Iconos:** son los que representan el objeto de manera realista. Estas marcas pueden describir alguna cualidad propia del objeto (Fig. 1.12).

Figura 1.7.

Figura 1.8.

Figura 1.9.

Figura 1.10.

Figura 1.11.

Figura 1.12.

3. Lectura de imágenes

Para leer imágenes necesitamos conocer su estructura formal, su nivel de representación y su modo de expresión, para así descubrir su mensaje.

3.1. Estructura formal

Las imágenes se representan con una serie de rasgos que se pueden identificar con elementos similares básicos.

La estructura formal es el «esqueleto» originario, la forma inamovible del objeto. Así, podemos asociar todas las formas a **estructuras básicas** como el triángulo, el círculo y el cuadrado.

3.2. Niveles de representación

El nivel de representación de una imagen depende del grado de parecido que tenga con la realidad denominado **grado de iconicidad.** Así, se pueden clasificar en: **figurativas,** cuando reconocemos la forma del objeto, y **abstractas,** cuando no recuerda a ningún objeto conocido. Algunas representaciones figurativas son casi abstractas ya que, aunque se reconoce su forma, no se pueden identificar completamente con su imagen real. Según el grado de iconicidad las formas pueden ser:

- **Realistas o analógicas:** son las que tienen el mayor parecido con la realidad. Se representa su forma, color, textura y volumen. Por ejemplo, la obra de Géricault, *La demente de la envidia* (Fig. 1.13), reproduce con exactitud la cara y la expresión de una mujer mayor que mira con envidia. Observa el color y la textura de su ropa, así como la luz y las sombras que dan volumen y realismo a su cara.
- **Figurativas:** estas formas se caracterizan por su configuración geométrica, deformada, esquemática o simplificada, pero siempre se reconoce con su correspondiente de la realidad. Aunque la obra de Francis Bacon, *Estudios de la espalda masculina* (Fig. 1.14), no es realista, se puede apreciar un hombre desvestido de espalda, mirándose en un espejo. Esta obra representa al personaje deformado en un espacio y acción privados que, al ser observada por el espectador, se convierte en un acto público.
- **Abstractas:** su forma pierde toda referencia con la realidad y no se asemeja a ella. La obra de Delaunay *Ventanas simultáneas sobre la ciudad* (Fig. 1.15) es una obra abstracta con vibraciones lumínicas y cromáticas que se sale del marco para invadir todo el soporte. El artista no pretende imitar la realidad, sino hacer una pintura creativa, llena de poesía.

Figura 1.13. Théodore Géricault, *La demente de la envidia,* 1822.

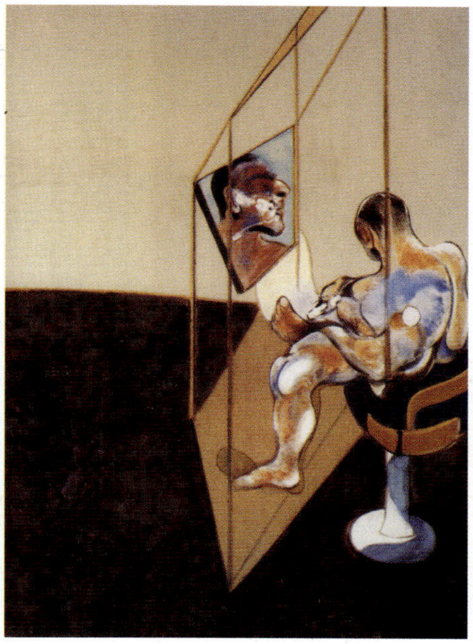

Figura 1.14. Francis Bacon, *Estudios de la espalda masculina (uno de tres),* 1970.

Figura 1.15. Robert Delaunay, *Ventanas simultáneas sobre la ciudad,* 1912.

3.3. Maneras de expresión

Recuerda

Las formas tienen dos partes claramente diferenciadas: el contorno, que es la línea exterior, y el dintorno, la línea interior que completa la forma.

Web

Entra en youtube y busca un vídeo llamado «El papa, parodia de Francisco Munguia», en el que podrás observar la parodia que Munguia hace de este cuadro.

Cada cultura tiene una manera de realizar imágenes; por ello, una misma idea puede tener diferentes modos de expresión, según sea la época, el país y el artista que la realice.

Por ejemplo, si observas detenidamente las siguientes imágenes comprobarás que, aunque están relacionadas, tienen distintas maneras de expresión y, por lo tanto, distinto significado. La primera es la obra *Retrato del Papa Inocencio X,* de Diego Velázquez (Fig. 1.16), realizada en el siglo XVIII. Su representación es realista: en ella se reproduce la forma, el color, la textura y la iluminación de la escena real.

La obra de Francis Bacon, *Estudio según Velázquez,* realizada 300 años después (Fig. 1.17), muestra a un Papa encarcelado y gritando. En esta obra Bacon cambia el espacio, la expresión del personaje y el color con la intención de dar nuevos significados. Se trata de una imagen con menor grado de iconicidad pero figurativa, ya que se reconocen las formas y el personaje del cuadro.

Una vez cambiado el significado inicial de la obra, muchos artistas han realizado versiones de la obra de Velázquez basadas en Bacon. Es el caso de *Inocencio culpable!,* de José Manuel Funes, que digitaliza y manipula con Photoshop la obra original para reforzar el significado de Bacon, situando el espacio en una cárcel y llevándolo a la Justicia, donde lo condenan culpable. Puedes encontrar esta imagen en el blog de José Manuel Funes: http://josemanuelfunes.blogspot.com/2010/04/inocencio-culpable.html.

Figura 1.16. Diego Velázquez, *Retrato del Papa Inocencio X,* 1650.

Figura 1.17. Francis Bacon, *Estudio según Velázquez,* 1950.

4. Medios de comunicación: imágenes estáticas

Como ya hemos comentado, se denomina medio de comunicación al canal por el que se transmiten mensajes. Los medios de comunicación que basan sus mensajes en la transmisión de imágenes estáticas son: prensa, fotografía, diseño, pintura, escultura, arquitectura y cómic. Este tipo de imágenes forman parte del patrimonio artístico y cultural de todos los países.

4.1. Pintura y escultura

La pintura es la más conocida de las artes plásticas y visuales, aunque para comprenderla es necesario conocer su lenguaje y sus recursos específicos. La principal característica de la pintura es su lenguaje bidimensional, que permite crear la ilusión de volumen y profundidad sobre una superficie plana como el lienzo, la tabla o el muro (Fig. 1.18).

Figura 1.18. Félix Vallotton, *Arenales a orillas del Loira,* 1923. Observa la ilusión del volumen en los árboles y la profundidad de este paisaje.

Al contrario de lo que sucede en la pintura, la imagen en la escultura es una forma tridimensional o volumétrica que puede verse desde diferentes puntos de vista y tocarse (Fig. 1.19). Existen básicamente dos tipos de escultura, la denominada de bulto redondo, que permite girar alrededor de ella, y el relieve, que emplea formas adheridas a un plano.

Para poder realizar una lectura organizada y comprensiva de una obra pictórica o escultórica, se deben analizar los siguientes **elementos** que componen estas:

Autor.

Tema: religioso, histórico, fantástico, paisaje, retrato…

Identificación de objetos y personajes.

Ubicación histórica: periodo artístico.

Nivel de representación: realista, figurativo o abstracto.

Estilo: renacentista, simbolista, expresionista, hiperrealista…

Aspectos técnicos:

- **Soporte:** cartón, tela, muro… y **materiales** (madera, piedra, metal).
- **Técnica:** témpera, acuarela, óleo, tallado, modelado, cerámica…
- **Utensilios:** lápices, rotuladores, pincel, palillos de modelar, gubias, punteros…
- **Elementos plásticos predominantes:** línea, mancha, color, textura…
- **Tipos de formas:** regulares, orgánicas, cerradas, abiertas…
- **Composición:** con o sin perspectiva y/o volumen, simétrica, asimétrica, rítmica…

Figura 1.19. Pierre Auguste Rodin, *El pensador,* 1880-1882. Para observar esta obra deberíamos girar a su alrededor.

4.2. Arquitectura

Las dos ideas fundamentales en las que se basa la arquitectura son la concepción del espacio interior y exterior de un edificio. Por tanto, todos los elementos que contribuyen a dar forma y a estructurar el espacio configuran esos dos conceptos en su conjunto.

La relación entre los distintos elementos formales ha hecho posible la creación y el desarrollo de los diferentes estilos o movimientos arquitectónicos a lo largo de la historia.

Figura 1.20. Toyotomi Hideyoshi, *Castillo de Osaka,* 1583.

La arquitectura es un arte funcional cuyo fin es la creación y el diseño de espacios para que alberguen y sirvan de refugio al ser humano, con el fin de que pueda realizar cómodamente todo tipo de actividades (Fig. 1.20).

Los **elementos** que componen el lenguaje de la arquitectura son:

- **Materiales.** Los más utilizados han sido: adobe, madera, cemento, ladrillo, piedra, hierro, aluminio…
- **Planta.** Es el plano de un edificio visto desde arriba. Esta vista permite percibir muros, soportes, cubiertas y estancias.
- **Elementos de sustentación.** Son los que permiten la elevación de muros, haciendo posible la construcción de pisos y cubiertas. Los más significativos son:
  - **Columna.** Elemento arquitectónico de forma cilíndrica (Fig. 1.21).
  - **Pilar.** Tiene la misma función que la columna, pero su forma es prismática.
  - **Dintel.** Es una pieza horizontal que sirve para soportar cargas, por ejemplo, la parte horizontal superior de puertas y ventanas.
  - **Arco.** Es un elemento curvo de construcción que se utiliza para cubrir el hueco creado entre dos pilares (Fig. 1.22).

Figura 1.21. Columnas: Partenón (Atenas).

Figura 1.22. Arcos: acueducto de Segovia.

- **Cubierta.** Es el sistema de cierre de la parte superior de un edificio (techo y tejado). Puede ser:
  - *a)* **Plana:** techumbre horizontal (Fig. 1.23).
  - *b)* **Bóveda:** cubierta en forma de arco que se utiliza para cubrir el espacio existente entre dos muros o varios pilares.
  - *c)* **Cúpula:** cubierta con forma semiesférica que sirve para cubrir un espacio cuadrado o circular.

Figura 1.23. Cubierta plana: Basílica de Santa María la Mayor (Roma).

- **Luz y color.** Son dos elementos plásticos que contribuyen directamente a imprimir carácter y a diferenciar espacios, tanto del interior como del exterior de un edificio (Fig. 1.24).

Figura 1.24. Luz y color: Antoni Gaudí, *Casa Batlló* (Barcelona), 1905-1907, patio.

4.3. Prensa

En este grupo se incluye el conjunto de publicaciones impresas cuyo fin principal es informar. Por tanto, en este campo se encuentran básicamente periódicos y revistas de todo tipo (deportivos, económicos, de contenido político, etc.). Estas publicaciones cubren la necesidad de la sociedad de conocer los acontecimientos que ocurren, no solo en su entorno más cercano, sino también fuera de sus fronteras (Fig. 1.25).

Comprueba que los periódicos y las revistas utilizan la comunicación visual; por ejemplo, el diseño gráfico para la composición de las páginas o los anuncios publicitarios; la fotografía, para apoyar las noticias que se narran en los textos (acontecimientos bélicos, deportivos, culturales); la ilustración gráfica, para describir personas, animales, objetos, planos…; las tiras o viñetas de cómic, para caricaturizar políticos, deportistas, artistas, etc.

Es evidente, pues, la importancia que para la prensa escrita tienen las imágenes estáticas, no solo como elemento de apoyo al texto, sino también como refuerzo de los aspectos más relevantes que se quieren transmitir.

Figura 1.25.

4.4. Cómic

Se trata de un medio de expresión y comunicación que narra una historia a través de imágenes, o mediante la unión de **imagen y texto.** Se caracteriza por crear una secuencia de imágenes que describen a unos personajes y las acciones que estos llevan a cabo dentro de la historia que relatan. Por tanto, emulan al cine y a la televisión en cuanto que expresan las diferentes partes de que consta una acción en el transcurso del tiempo.

El cómic, como hoy lo conocemos, se publicó por primera vez en Estados Unidos, a finales del siglo XIX, e integró el texto en la imagen mediante los **globos.**

Figura 1.26.
Con la línea continua se representa el presente. Con una nube se representa un sueño o un deseo. Con la forma de pergamino nos trasladamos a un tiempo remoto.

La viñeta

Representa un espacio y un tiempo de la historia que se narra. La sucesión de viñetas estructura de manera lógica el desarrollo de los acontecimientos y las vicisitudes que presenta la historia. La forma y el tamaño de las viñetas varía dependiendo de las necesidades expresivas y narrativas del guión (Fig. 1.26); no obstante, la forma cuadrada o rectangular es la más utilizada.

Encuadres

En el espacio que aparece en la viñeta y que representa la acción en un lugar y en un tiempo concretos. Cada encuadre transmite un valor expresivo diferente (Fig. 1.27).

- **Gran Plano General, GPG:** muestra una gran extensión de espacio. Los personajes aparecen como pequeñas manchas que apenas se distinguen.
- **Plano General, PG:** la figura del personaje aparece completa y se describe, sin profundizar, el lugar donde se desarrolla la acción.
- **Plano Americano, PA:** el personaje aparece cortado por encima de las rodillas.
- **Plano Medio, PM:** la figura aparece cortada a la altura de la cintura.
- **Primer Plano, PP:** solo aparece la cabeza del personaje, y lo más importante es la expresión de la cara.
- **Plano Detalle, PD:** muestra el detalle de algún elemento o del personaje, y puede resultar clave para comprender el desenlace de la historia.

Figura 1.27.
Tipos de encuadre.

Personajes

El cómic tiende a exagerar las características de los personajes hasta llegar a su **estereotipo.** Un personaje puede estar exageradamente caracterizado, pero sin llegar a un estereotipo que perjudique los derechos de igualdad o la dignidad de las personas.

Textos

Las formas más utilizadas son:

- **Globo o bocadillo:** representa diálogos y pensamientos de los personajes.
- **Cartela:** es un texto colocado en la parte inferior o superior que actúa como un narrador que cuenta la historia, tiene una función de anclaje.
- **Cartucho:** viñeta compuesta únicamente por texto que sirve de enlace narrativo; se sitúa entre dos viñetas y cumple la función de relevo.
- **Voz en *off*:** expresiones de personajes que están ocultos o no aparecen en la viñeta.

Elementos gráficos

Para reforzar el movimiento y la expresión de un personaje se pueden utilizar los siguientes recursos:

- **Signos de apoyo:** son símbolos colocados alrededor de los personajes para reforzar la acción y la expresividad. Por ejemplo, las gotas, las nubes, las estrellitas, los pajaritos, etc.
- **Líneas cinéticas:** son líneas utilizadas para mostrar el recorrido o desplazamiento de objetos o personajes. Pueden ser curvas, quebradas, onduladas, continuas, discontinuas, etc. (Fig. 1.28).

Organización espacial

La página se estructura en varias partes: el **título** con la presentación, el **nudo o desarrollo** de la acción y termina con un **desenlace.** Generalmente la historia empieza con la presentación del título en una cartela y el escenario y los personajes mediante un gran plano general (GPG) y un plano general (PG). A continuación se narra la acción con diferentes tipos de planos (PA, PM, PP, PD) según la intención expresiva del argumento. Se termina con un encuadre que permita transmitir el epílogo o una moraleja (Fig. 1.29).

Figura 1.28.
Observa cómo los signos de apoyo y las líneas cinéticas refuerzan el mensaje de la viñeta.

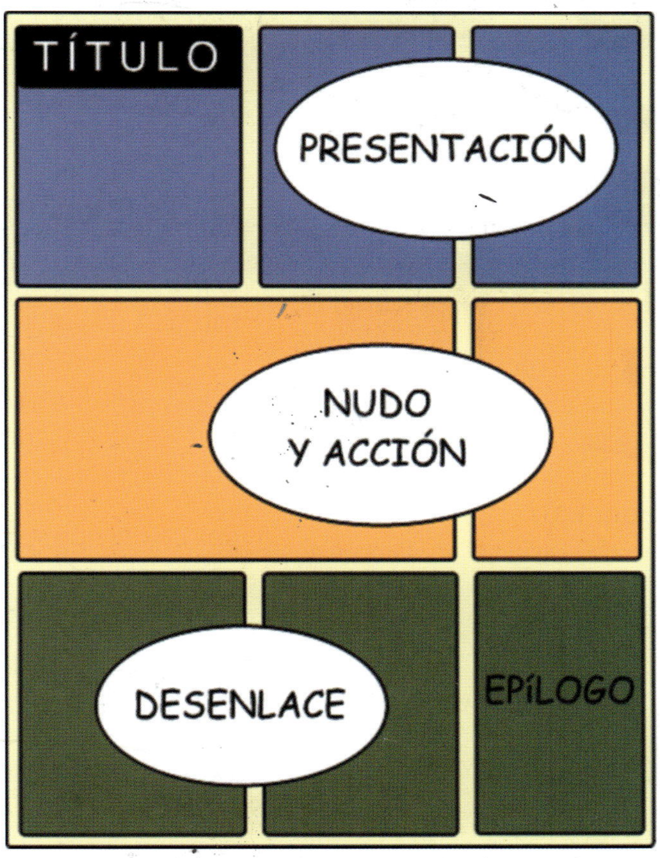

Figura 1.29.

4.5. La fotografía

Fundamentos de la fotografía

En la actualidad estamos acostumbrados a documentar nuestros trabajos o contar nuestras historias apoyándonos en fotografías. Pero pocas veces nos preguntamos cómo actúa la luz sobre los materiales y cómo se crea la fotografía.

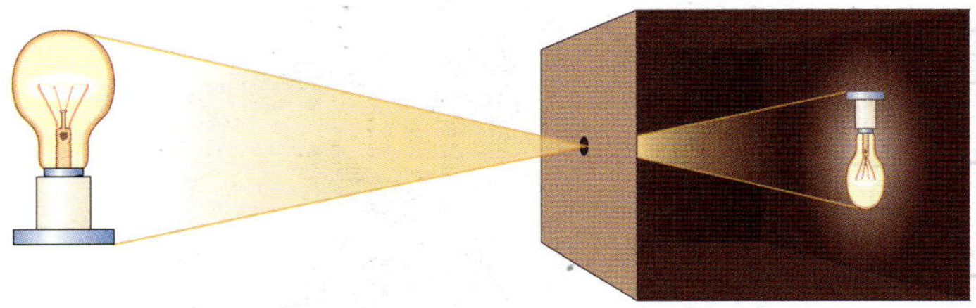

Figura 1.30.
Observa cómo la imagen aparece invertida.

La luz nos permite percibir la forma, color textura y volumen de los objetos. Actúa sobre las células sensibles de nuestros ojos y nuestra mente convierte esos estímulos en imágenes.

El primer instrumento que se utilizó para formar imágenes instantáneas fue la cámara oscura. Se trata de una caja a la que se hace un pequeño agujero en una de sus caras (Fig. 1.30). Por él penetran, cruzándose, los rayos de luz, que crean una imagen invertida en el fondo de la caja. El interior de la caja se pinta de negro para evitar los reflejos y lograr una imagen más nítida.

Proceso fotográfico

Figura 1.31.

La exposición a la luz de la película fotográfica activa la emulsión de sales de plata que contiene. Con ello se crea una imagen latente: aunque todavía no se vea, existe ya en el propio negativo. En el laboratorio, los procesos de revelado y fijado convierten esa imagen en el negativo; a continuación, mediante el proceso de positivado se obtiene la fotografía impresa sobre papel a partir del negativo (Fig. 1.31).

La fotografía en color

El proceso fotográfico es el mismo tanto si la fotografía es en blanco y negro como si es en color. Pero en este último caso la luz se divide en diferentes colores, que son registrados por tres capas, cada una sensibles a un color-luz primario (azul, verde y rojo). La película y el papel se reproducen a partir de los tres complementarios, que son los colores-pigmento básicos: cian, magenta y amarillo (Fig. 1.32).

Los colores primarios en la fotografía se corresponden a la mezcla de dos luces primarias.

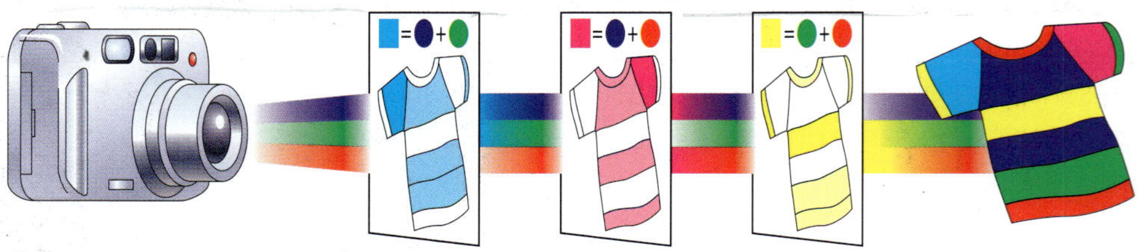

Figura 1.32.

Utilización de la luz

Percibimos los objetos a través de la luz que reflejan. Dependiendo de su dirección y características, podemos crear ambientes o centrar la atención en un objeto determinado. De este modo, con luz dura el contraste es alto, la luz lateral realza el volumen, la luz cenital aporta teatralidad y el contraluz reduce los detalles (Fig. 1.33).

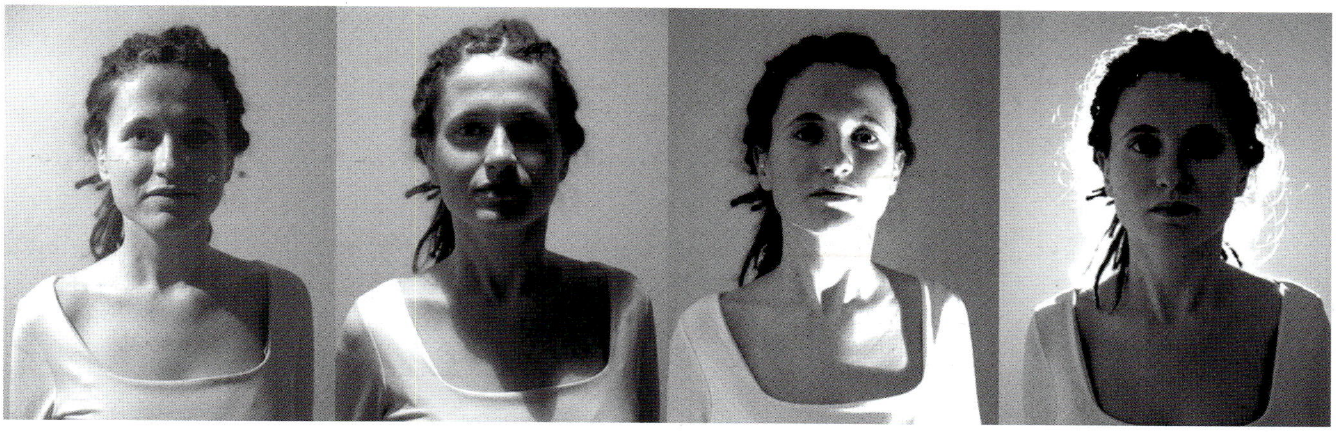

Luz lateral | Luz cenital | Luz lateral baja a 45° | Contraluz

Figura 1.33.

Valor tonal

Dado que la fotografía se basa en la luz, el tono es una de las cualidades que determinan la expresividad de la imagen fotográfica. El tono puede variar para crear la sensación de lejanía, espacio y volumen. Así, los tonos muy contrastados producen efectos de fuerza (Fig. 1.34), pero los tonos suaves comunican suavidad (Fig. 1.35).

Figura 1.34. Las fotografías con pocos contrastes refuerzan la sensación de lejanía y profundidad.

Figura 1.35. Los contrastes de luz refuerzan el volumen de la imagen.

4.6. El diseño

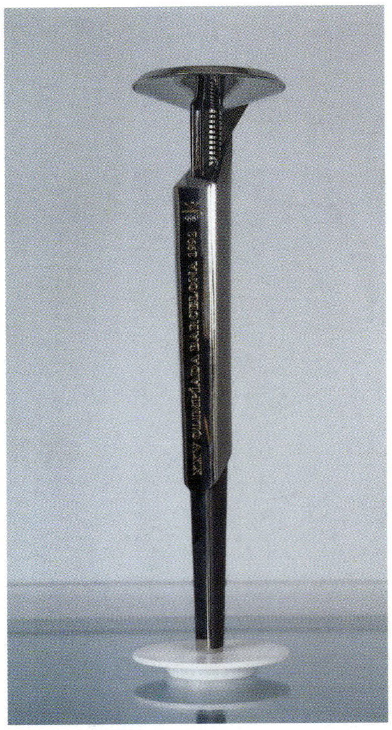

Figura 1.36.
André Ricard, diseño de la antorcha olímpica para los Juegos Olímpicos de Barcelona, 1992.

Diseñar es una operación técnica, creativa y estética que consiste en concebir, idear, proyectar y representar un objeto o imagen antes de que este se fabrique en serie.

El diseñador español André Ricard definió en una ocasión el diseño como «un modo de entender lo útil». Suyo fue el diseño de la antorcha para los Juegos Olímpicos de Barcelona (Fig. 1.36); en él queda plasmada esta máxima.

Como medio de comunicación, el objetivo fundamental del diseño es unir dos conceptos importantes, utilidad y estética, en la creación de productos, además de lograr formas de aceptación entre los consumidores y de poder fabricar los mencionados productos a precios que permitan una gran distribución.

El diseño como disciplina creativa no debe confundirse con el trabajo artesanal. El diseño se diferencia de otros procesos de trabajo porque tiene unas maneras de actuar propias y reguladas, tanto en la forma como en el tiempo; se denominan **fases del proyecto de diseño** y son las siguientes:

a) **Detectar las necesidades** y analizar las preferencias estéticas de los consumidores sobre el producto que se va a diseñar.

b) **Precisar** la posible **demanda** que se puede presentar del producto y hacer un estudio en el que se evalúen los aspectos económicos de la situación.

c) **Observar** las características que tienen otros **productos semejantes** al que se va a diseñar para mejorarlas.

d) **Reflexionar** sobre las ideas que se quieren desarrollar teniendo en cuenta los aspectos anteriores.

e) **Concretar** alternativas mediante la realización de bocetos, planos, maquetas y prototipos de la idea.

f) Estudiar los **materiales** que se van a emplear.

g) **Realizar el proyecto técnico,** compuesto por bocetos, planos con cotas y perspectivas, todos ellos a escala, necesarios para su fabricación.

h) **Construir la maqueta** del producto desarrollado, también a escala.

Diseño industrial

Figura 1.37.
Gerrit Thomas Rietveld, *Sillón rojo y azul,* 1918.

El diseño industrial se dedica al diseño de objetos de producción industrial como coches, mesas, sillones, etc. (Fig. 1.37). El tipo de producción mecánica necesita una planificación en la que el diseño y el objeto sigan una lógica que responda a su uso.

Diseño gráfico

El diseño gráfico se centra en las publicaciones tanto de libros como de revistas, prensa, carteles, páginas web, etc., por lo que en este campo se definen sectores como el diseño publicitario, la imagen corporativa, la señalética o la ilustración (Fig. 1.38).

Figura 1.38.
Ilustración para un libro de cuentos.

Diseño textil

En el diseño de moda se utilizan infinitos elementos textiles para confeccionar la ropa, en decoración de interiores para vestir ventanas, tapizar sillones, etc. (Fig. 1.39).

Figura 1.39.

Diseño de interiores

Es el medio por el que se configuran espacios para crear determinados ambientes y entornos. Un ejemplo es la **escenografía** o diseño de un espacio teatral en el que se persiguen también resultados estéticos, expresivos y artísticos (Fig. 1.40). El **escaparatismo** es otro campo de diseño de pequeños espacios cuyo objetivo es crear un ambiente con productos y objetos para ser vendidos.

Figura 1.40.

4.7. Nuevas tecnologías

Figura 1.41.

Los avances en los medios informáticos han propiciado profundos cambios en las artes plásticas y visuales: el lápiz, los rotuladores y otros útiles están siendo complementados, y a menudo sustituidos, por programas informáticos que permiten manipular las imágenes o crear otras completamente nuevas.

Estos programas trabajan sobre imágenes digitalizadas, es decir, convertidas a un sistema binario. En este proceso intervienen los llamados dispositivos de entrada de información. Entre ellos destacan:

- **Tabletas digitalizadoras:** permiten utilizar un lápiz óptico de un modo parecido al lápiz de dibujo (Fig. 1.41).
- **Escáner:** convierte la imagen analógica en digital.
- **Cámara digital:** permite tomar fotografías o grabaciones de vídeo directamente en formato digital.

Tipos de programas

Los programas que trabajan con la imagen digital pueden ser de dos tipos: vectoriales o de mapas de bits.

Los **programas vectoriales** trazan dibujos trabajando con objetos definidos por vectores (Fig. 1.42). Permiten crear dibujos con tanta definición como se desee con transformaciones, giros o cambios de atributos; además, los archivos generados por este tipo de programas son de poco tamaño. Por todo ello son muy utilizados en dibujo técnico.

Figura 1.42.

Pero dado que utilizan principalmente tintas planas, los programas de este tipo difícilmente logran efectos realistas en los degradados. Los más utilizados son Freehand®, Illustrator®, Corel-DRAW® y Fireworks®.

En los **programas de mapa de bits** las imágenes están formadas por cuadrículas de píxeles (Fig. 1.43), que son las unidades básicas de información de la imagen; cada píxel registra las cualidades exactas del color en una celda de esa cuadrícula. Estos programas resultan muy útiles en el retoque fotográfico y en el dibujo artístico.

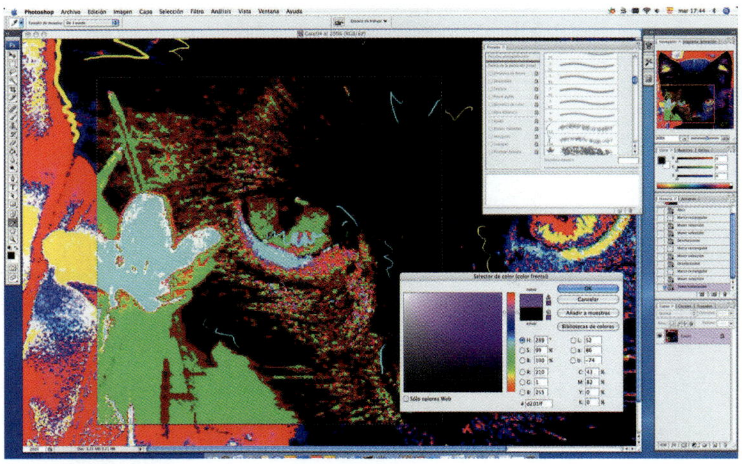

Figura 1.43.

Los programas de mapa de bits utilizan archivos de gran tamaño, pero alcanzan un gran realismo en los degradados, y dan una apariencia fotográfica a las imágenes creadas en ellos. Los más utilizados son Photoshop®, Paint Shop Pro® o Photopaint®.

Producciones multimedia

Actualmente, muchos libros de texto y enciclopedias utilizan numerosas aplicaciones multimedia que integran texto, imágenes, animaciones, vídeo y sonido. Sus creadores emplean herramientas que integran tratamiento de imagen, inserción de elementos de distinta naturaleza (animaciones, imagen fija, sonido) y composición. Uno de los programas más utilizados en este campo es Macromedia Flash® (Fig. 1.44).

Figura 1.44.

Internet

Una página web es un documento multimedia, ya que puede incorporar texto, imágenes, sonido y animación (Fig. 1.45). Las páginas web se relacionan entre sí a través de los enlaces hipertexto, que permiten movernos de una a otra.

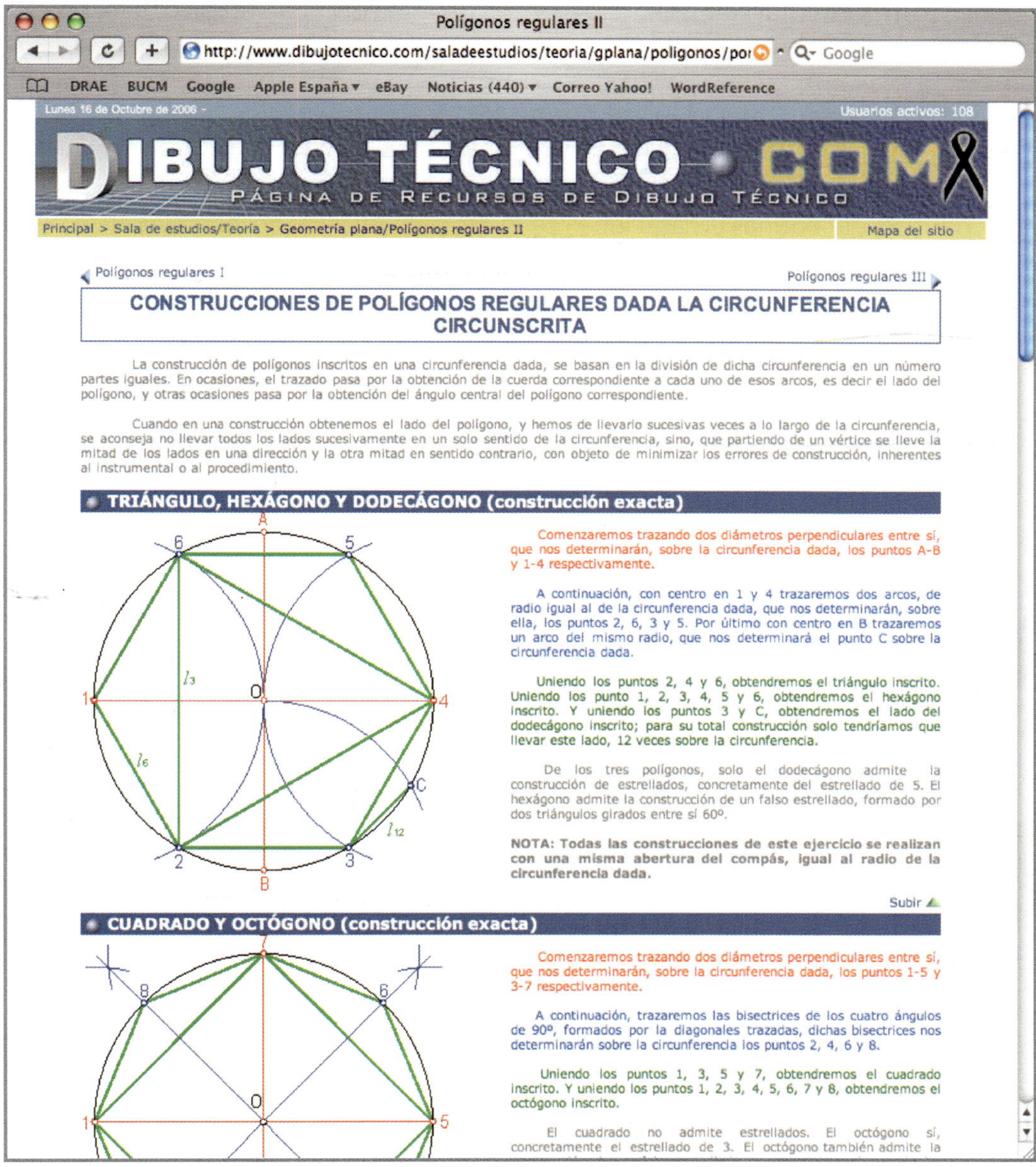

Figura 1.45.

4.8. El dibujo técnico

La imagen de marca es el signo de identidad de una empresa o institución, aquella idea que identifica a una compañía o institución y a sus productos en la mente del consumidor.

En este ámbito, la comunicación visual establece varias reglas para reproducir los elementos que la caracterizan. Los diseñadores crean manuales de identidad corporativa en los que definen las pautas de reproducción de marcas, señales y logotipos (Fig. 1.46). Estas normas se definen claramente por medio del dibujo técnico y sus conceptos: trazados, formas geométricas, tangencias, etc.

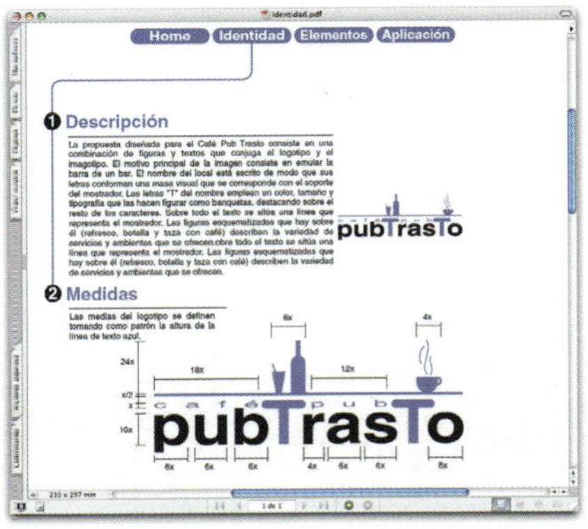

Figura 1.46.

Formas básicas

Muchas marcas comerciales y signos institucionales se generan a partir de tres formas básicas: el círculo, el triángulo y el cuadrado.

- La **forma circular** transmite la sensación de rotación, tiene un gran valor simbólico y puede producir sensaciones de protección, inestabilidad, totalidad, movimiento continuo o infinitud (Fig. 1.47).
- La **forma triangular** está relacionada con la flecha, crea una sensación de tensión y fuerza (Fig. 1.48). Según cómo se coloque, puede marcar una dirección; por eso, en algunas civilizaciones se lo asocia con el fuego, con el vértice hacia arriba, o con el agua, con el vértice hacia abajo.
- El **cuadrado** es una figura muy estable que implica permanencia. Por ello se asocia a conceptos como honestidad, rectitud, limpieza, esmero o equilibrio (Fig. 1.49). En los lados predomina la quietud, y en los ángulos la tensión. Tanto él como su derivado, el rectángulo, pueden emplearse como elemento estructural y como formato del propio soporte.

Figura 1.47.

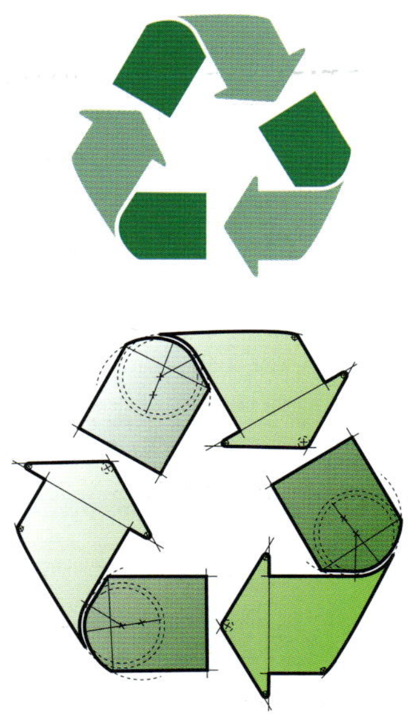

Figura 1.48.

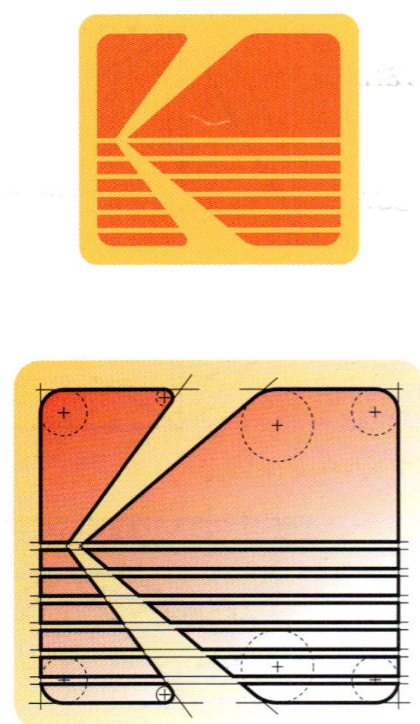

Figura 1.49.

5. Medios de comunicación: imágenes en movimiento

El movimiento que observamos en este tipo de imágenes no es real, sino que surge como resultado de un efecto óptico basado en la sucesión de imágenes fijas, que se suman en nuestros ojos. Es decir, la sensación de movimiento se consigue proyectando a una gran velocidad unas imágenes fijas, en las que aparecen pequeños cambios de posición, color o luz en sus formas.

5.1. Cine

Los hermanos Lumière proyectaron la primera película cinematográfica en 1895. Desde entonces, el cine ha sido el medio audiovisual más importante, como vehículo de comunicación y como espectáculo de masas (Figs. 1.50 y 1.51). Sin duda, ha sido y es promotor de gustos y modas en las gentes de cualquier parte del mundo, por ello se le conoce como el «séptimo arte».

Si nos fijamos, todas las películas se basan en la narración de sucesos. Pues bien, la narración está dividida en secuencias, y estas, a su vez, en escenas, que se graban mediante tomas y planos. Por tanto, el lenguaje cinematográfico se basa en una sintaxis de lectura, con códigos que son indispensables para que el espectador comprenda la narración.

Figura 1.50.
Fotograma de la película *Toy Story*.

Figura 1.51.
Harry Potter y el cáliz de fuego, 2005.

Estructura básica del lenguaje cinematográfico

Elementos	Planos fijos	Planos en movimiento
Secuencia: es la parte de película que contiene la narración completa de una acción concreta. El tiempo que dura varía en función de la importancia que tenga dentro del guión.	**Primer plano:** se emplea para grabar un detalle, por ejemplo, una flor, la cara de un personaje, etc.	***Travelling:*** es el plano que describe la cámara al acompañar al personaje, o cualquier otro elemento, durante su desplazamiento de un lugar a otro.
Escena: relata la acción que se lleva a cabo en un mismo tiempo y lugar.	**Plano medio:** habitualmente se utiliza para mostrar a los personajes de cintura para arriba, aunque existe una variante, denominada plano americano, que recoge a las personas hasta la rodilla.	**Panorámica:** muestra una visión general de la escena; se obtiene al realizar un movimiento de cámara de derecha a izquierda.
Toma: es la grabación obtenida en el tiempo transcurrido desde el momento en que comienza a funcionar la cámara hasta que se detiene. Es habitual realizar varias tomas de una misma escena con ángulos diferentes.	**Plano general:** es el que registra a los personajes dentro de un escenario. Suele utilizarse para mostrar y dar pautas al espectador de dónde se está desarrollando una escena.	**Grúa:** es el plano que se capta al colocar la cámara sobre una grúa que se eleva para tomar una visión desde lo alto y en todas las direcciones.
Plano: es la imagen inmediata de cada acción.		

5.2. Televisión

La televisión fue ideada por el estadounidense Carey a comienzos del siglo XX. La primera en emitir fue la BBC, de nacionalidad británica, en 1929, con imágenes en blanco y negro; la cadena norteamericana CBS, en 1940, fue la primera en transmitir en color. En España, TVE (Televisión Española) comenzó a funcionar en 1956.

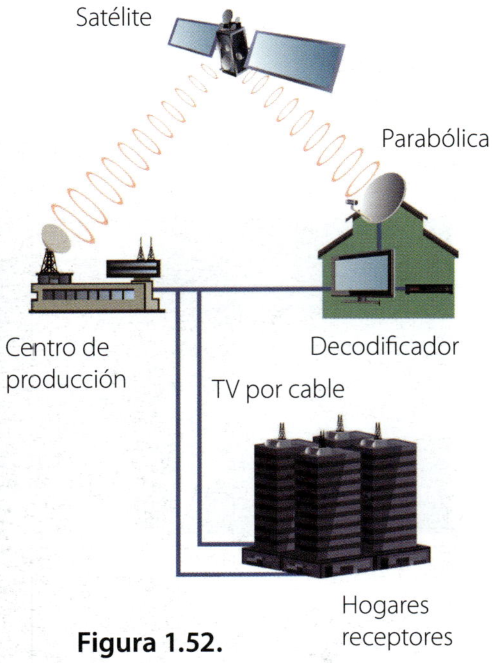

Figura 1.52.
La televisión puede ser de diferentes tipos en función de su medio de transmisión.

Este medio audiovisual se fundamenta en la transmisión de ondas radiofónicas y hertzianas, que el televisor convierte en sonido e imágenes. Las imágenes están formadas por líneas luminosas continuas, compuestas, a su vez, por puntos de luz (rojos, verdes y azules) muy pequeños que van alternándose y mezclándose entre sí de forma aditiva, lo que genera, de este modo, toda la gama de colores que percibimos (Fig. 1.52).

La televisión por cable, de reciente implantación, se diferencia de la tradicional en el soporte de transmisión ya que se transmite mediante un cable óptico que envía las señales de forma codificada. Existen varios sistemas de televisión, como por ejemplo: PAL *(Phase Alternated Line)*, NTSC *(National Television System Committee)*, etc.; y todos ellos consiguen la sensación óptica de movimiento mostrando 25 imágenes por segundo en la pantalla del televisor.

5.3. Vídeo

Es un medio audiovisual utilizado para grabar imágenes. Sony comercializó el primer vídeo doméstico, a mediados del siglo XX. Entre sus ventajas más novedosas está la posibilidad de grabar imagen y sonido en la misma cinta de manera simultánea, también puedes visualizar las imágenes en el mismo momento de su grabación y verlas a través del televisor. Además, no es necesario revelar las imágenes, lo que permite una gran rapidez a la hora de emitir las imágenes.

El montaje final resulta más sencillo, se puede prescindir de cortar y unir trozos de película puesto que, al ser una grabación magnética, este proceso se puede hacer directamente en una mesa mezcladora de imágenes.

Su funcionamiento se divide en tres fases:

1.ª La cámara transforma las señales luminosas en señales electromagnéticas.

2.ª El magnetoscopio, aparato que graba las imágenes, registra las señales electromagnéticas en una cinta (Fig. 1.53).

Figura 1.53.

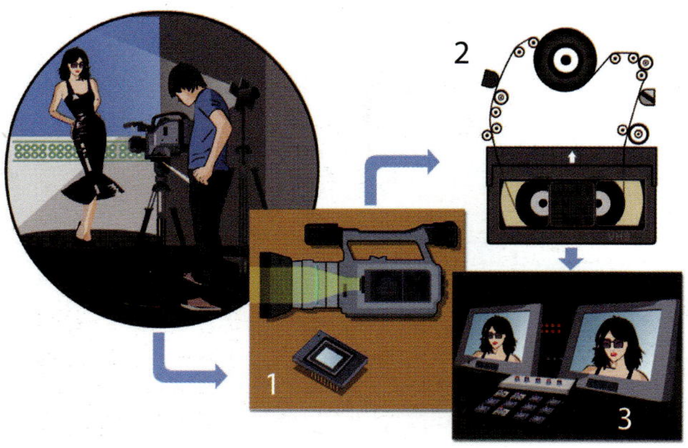

3.ª El magnetoscopio reproduce las imágenes realizando la operación inversa, es decir, transforma los impulsos electromagnéticos en señales luminosas. De este modo, pueden ser percibidas como imágenes a través de un televisor.

El vídeo es un medio audiovisual relativamente barato con innumerables posibilidades de expresión. Es muy utilizado por amplios sectores, desde los ámbitos científicos (intervenciones quirúrgicas, documentales, etc.) a la creación de nuevas formas expresivas dentro del arte a través de la imagen y el sonido (vídeo-arte, vídeo-clip) o a la grabación de celebraciones familiares, viajes, etc.

6. Procesos de creación en las artes plásticas y visuales

6.1. La abstracción

La pintura abstracta surgió en la primera década del siglo XX como producto de la unión de varios factores que encontraron en las artes plásticas una vía de desarrollo estético y de acercamiento a lo espiritual. Entre los más importantes se pueden citar los siguientes:

- El planteamiento de que la obra plástica no tiene por qué ser una copia o interpretación de la realidad; a partir de ahí se eliminan todas las referencias directas a la naturaleza y en sus obras no aparecen ya objetos reconocibles.
- Un clima cultural favorable hacia las nuevas experiencias plásticas y visuales de ejecución radical.
- El apogeo de ideas que combinan pensamientos filosóficos, religiosos y esotéricos.

En este tipo de pintura los artistas no entienden el cuadro como una ventana abierta a la realidad, sino como un soporte en el que se realizan líneas, formas, manchas, colores, texturas, etc., con el fin de conseguir una composición, con todos los elementos utilizados, que motive nuestra sensibilidad y sentimientos.

Figura 1.54.
Vassily Kandinsky.

Vassily Kandinsky (Moscú, 1866-París, 1944)

Este artista es conocido como el padre de la pintura abstracta moderna, es el artista más importante e influyente de todos los pioneros del arte abstracto (Fig. 1.54). Pintó el primer cuadro con estas características en 1910, llamado *Sin título*.

Fundó, junto con otros artistas, el grupo *Der Blaue Reiter* (El jinete azul), un movimiento de pintura vanguardista que basaba sus obras en la relación de formas dibujadas y coloreadas con tonos fuertes y trazos violentos. Posteriormente evolucionaría a una abstracción geométrica: líneas, triángulos, cuadrados y círculos eran las formas tratadas en sus cuadros, cada una con una significación particular, al igual que los colores utilizados.

Su obra *Sin título,* de 1912 (Fig. 1.55), es el resultado de un proceso de investigación en el que lo importante no es la obra en sí (fíjate que ni siquiera le puso título), sino la capacidad para transmitir diferentes sensaciones y emociones a través de lo pintado. Para realizar esta obra utilizó acuarelas mezcladas en algunas zonas con tinta china, creando así mundos diversos de color.

Figura 1.55.
Vassily Kandinsky, *Sin título,* 1912. Observa cómo las líneas y las manchas contribuyen de manera significativa a potenciar cierto caos compositivo, pero lleno de movimiento y belleza.

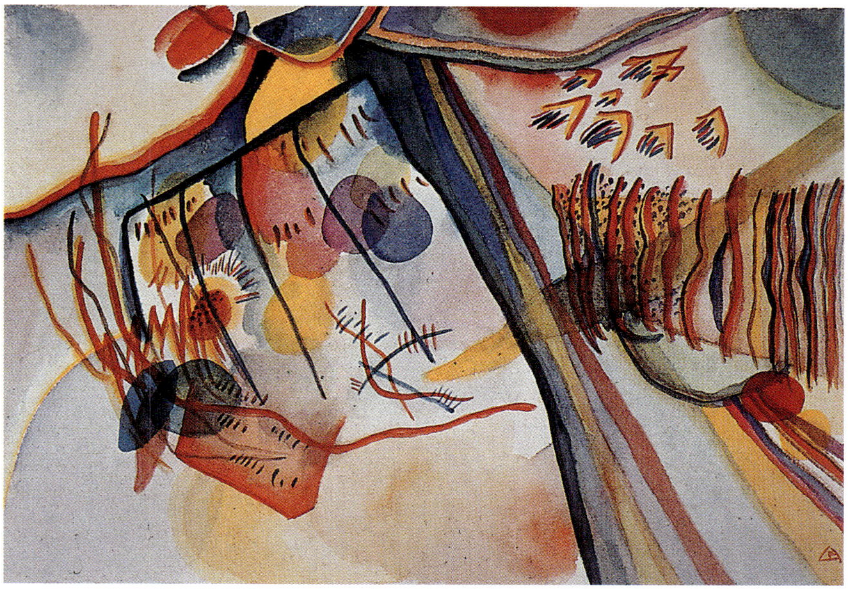

6.2. El cubismo

Este movimiento pictórico rompe con la idea de ver reflejada en un cuadro la realidad desde un único punto de vista. La manera que propugna el cubismo de ver la realidad se basa en la búsqueda de una forma arquitectónicamente ordenada, de representar una visión global de los objetos, elaborada a partir de sus elementos constructivos y con un cierto grado de abstracción en la representación de las formas. Es decir, la plasmación cubista de cualquier objeto se hace desde la idea de realizar una única representación que sirva como visión total del objeto, y que sea la suma de las múltiples vistas que se pueden percibir desde diferentes puntos.

Una de las máximas preocupaciones de la pintura cubista es conseguir que las formas que componen la obra den equilibrio al cuadro.

Figura 1.56. Pablo Ruiz Picasso.

Pablo Ruiz Picasso (Málaga, 1881-Mougins, 1973)

Es el artista plástico más destacado del siglo XX (Fig. 1.56). A partir de sus obras la pintura comenzó a ser algo más que una mera representación de la realidad.

Picasso fue indiscutible motor de todos los cambios renovadores que la pintura experimentó durante el siglo pasado, por ello resulta complejo trazar una línea evolutiva en su manifestación artística. Es más fácil observar en su obra las rupturas o aperturas de nuevas formas de pensar y hacer.

Las etapas más importantes de su pintura son:

Figura 1.57. Pablo Ruiz Picasso, *Las señoritas de Avignon*, 1907. Observa la geometría de las figuras y la estructura de la composición.

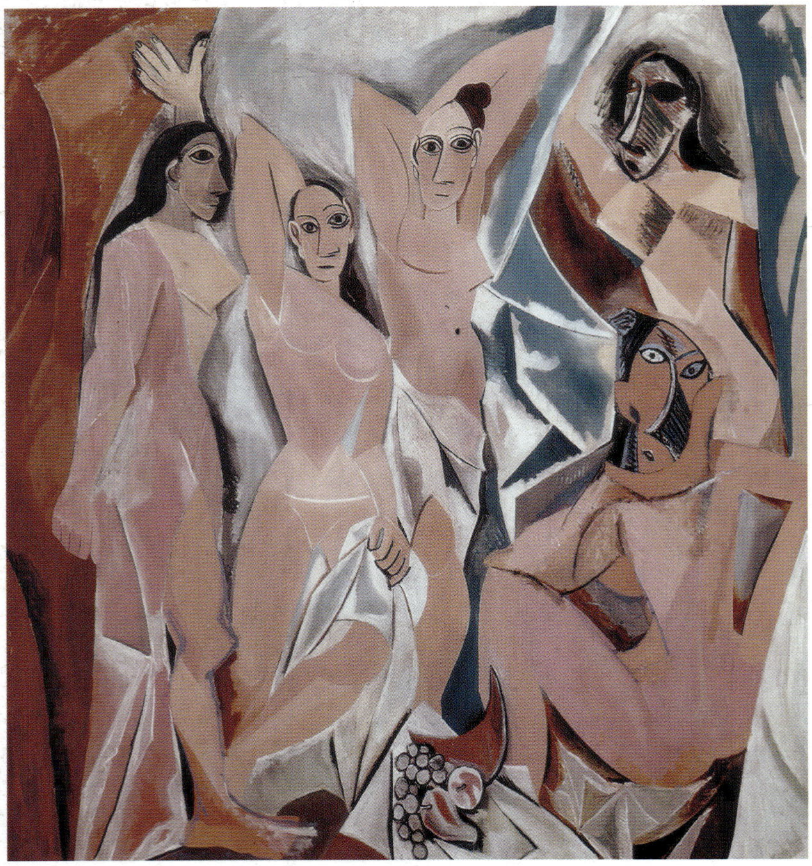

- **Etapa azul:** los personajes que pinta ofrecen el espectáculo de una vida miserable y triste.
- **Etapa rosa:** despliega una exquisita delicadeza en sus cuadros sobre la maternidad.
- **Etapa cubista:** elimina la tercera dimensión para hacer una pintura plana con figuras geométricas interrelacionadas.
- **Etapa expresionista:** aplica parte de las ideas cubistas a una forma de pintar más agresiva y simbólica.

Su obra *Las señoritas de Avignon* (Fig. 1.57) supuso el antecedente directo del cubismo y el comienzo de las nuevas y variadas formas de entender el arte en el siglo XX. Este cuadro destaca por la utilización de formas geométricas estructuradas en grandes planos; la representación angulosa y dura en el tratamiento de las líneas, los colores casi planos, junto con la práctica desaparición del espacio circundante a las figuras, hacen que estas muestren una visión distorsionada de sus cuerpos.

6.3. El *pop-art*

Este término es la forma abreviada de la expresión inglesa «*popular art*» (arte popular). Surgió en el Reino Unido a mediados del siglo XX, promovido por un grupo de artistas jóvenes que iniciaron un proceso de renovación de las ideas plásticas basado en el alejamiento de planteamientos demasiado intelectuales.

Los pioneros de este movimiento comenzaron pintando escenas cotidianas de manera simple y con espíritu desenfadado, con la intención de conseguir acercarse más a un público poco conocedor de teorías plásticas. Utilizaron imágenes sacadas de los medios de comunicación de masas, es decir, de la publicidad, la fotografía, el cómic, etc., sin ningún rubor o prejuicio.

La sencillez de los planteamientos de esta manera de entender la pintura facilitó su aceptación inmediata y se introdujo con rapidez en Estados Unidos, donde se convirtió en el movimiento plástico más característico de este país.

Figura 1.58.
Roy Lichtenstein.

Roy Lichtenstein (Nueva York 1923-1997)

Este artista es, junto con Andy Warhol y Tom Wesselman, una de las figuras claves de este movimiento (Fig. 1.58). La pintura de Lichtenstein se caracteriza por dibujar, básicamente, fragmentos de viñetas de cómic, que amplía a formatos bastante grandes. La forma de trabajar los colores es fría y racional, con una factura pulida y siempre consciente del significado de lo que representaba el color en cada momento.

El dibujo de su obra *Ohhh... Alright...* (Fig. 1.59) está sacado de un cómic. Primero lo realizó en formato pequeño, para proyectarlo posteriormente sobre un lienzo y repasarlo a lápiz hasta transferirlo totalmente con todo lujo de detalles. A continuación, dibujó la trama de puntos que ciertas formas de la composición contienen; a partir de este momento, comenzó a pintar las formas que tenían los colores más claros hasta terminar con el color negro de las líneas de contorno. Por último, con pintura blanca, del mismo color que el lienzo, retocaba las manchas de pintura no deseadas y borraba alguna línea errónea.

Figura 1.59.
Roy Lichtenstein, *Ohhh... Alright...*, 1963. Lichtenstein quería que sus obras no pareciesen estar realizadas de forma manual, sino que comunicasen la sensación de estar ejecutadas por ordenador.

Aplicaciones

La fotografía en el laboratorio

Tomar la fotografía es solo el primer paso en la labor del fotógrafo artístico. El trabajo en el laboratorio y con el ordenador permite utilizar una variedad cada vez mayor de técnicas para manipular la imagen captada por la cámara.

Figura 1.60.
Ouka Leele, *Herida como la niebla por el Sol*, 1987.

La fotografía coloreada

Una de las artistas más relevantes de la fotografía española contemporánea es Ouka Leele. En sus creaciones se sirve de la fotografía coloreada para crear escenarios apartados de la realidad original, en los que se representa un espacio onírico con personajes estáticos, como si el tiempo se detuviese. Esto es precisamente lo que logra en su obra *Herida como la niebla por el Sol* (Fig. 1.60).

La fotografía digital

Las nuevas cámaras y la informática han favorecido la aparición de nuevas técnicas fotográficas, que permiten reducir los tiempos en todo el proceso y mejoran la expresividad del artista, aumentando su autonomía. Los nuevos fotógrafos pueden realizar por sí mismos todas las fases del proceso: exposición, revelado, manipulación e impresión.

Observa el trabajo realizado por Joaquim Chitas en su obra *Visiones, Lisboa 07* (Fig. 1.61): se superponen dos puntos de vista del mismo monumento sobre la fotografía ampliada de un fragmento de cielo, y se manipula el color de toda la obra. La utilización de programas informáticos facilita el uso de esta riqueza de técnicas.

Figura 1.61.
Joaquim Chitas, *Visiones, Lisboa 07.*

Montaje

Si se utilizan dos negativos muy contrastados, es posible montar uno sobre otro, alternando blancos y negros (Fig. 1.62).

Figura 1.62.

Solarizaciones

El efecto de solarización se crea al dar luz al papel fotográfico durante el proceso de positivado. Con ello se logra invertir los tonos de la fotografía, y se obtiene un resultado mixto de positivos y negativos (Fig. 1.63).

Figura 1.63

Procedimientos y técnicas

Proyecto de diseño

Para hacer un proyecto de diseño se siguen varias fases:

1.º Idea inicial: detección de las necesidades

Cuando una empresa encarga el diseño de un nuevo producto o una nueva campaña de lanzamiento se plantea el «problema» (Fig. 1.64). Ante un objeto cualquiera, se nos ocurre una idea inicial, que puede estar condicionada por el uso del objeto o por alguna exigencia prefijada.

Figura 1.64.
La empresa Rendy quiere confeccionar una nueva colección que renueve su imagen corporativa.

2.º Condicionantes del mercado: estudio de mercado

El diseñador debe tener en cuenta los condicionantes del mercado, ya que estos pueden determinar el diseño del producto. Este estudio consiste en analizar el público al que va destinado el objeto y las características que debe tener para adecuarse a su función (Fig. 1.65).

Se ha realizado un estudio de las preferencias de los jóvenes de ambos sexos.

Figura 1.65.

3.º Dibujos previos: bocetos de ideas

Esta fase consiste en esbozar unas ideas preliminares para estudiar su adecuación al objetivo marcado. Se trabaja sobre papel con los materiales más apropiados para conseguir los mejores resultados en el diseño (Fig. 1.66).

Observa los bocetos que se han realizado.

Figura 1.66.

4.º Dibujos definitivos del diseño

Una vez realizados los bocetos, diseñadores y empresarios conjuntamente estudian las ventajas y los inconvenientes para seleccionar las mejores soluciones (Fig. 1.67). Es entonces cuando se realizan los dibujos a escala con las acotaciones necesarias.

En esta fase se elige la mejor solución y se realizan los dibujos y/o maquetas finales que son necesarios para concretar el proyecto.

5.º Realización y producción del diseño

El diseñador entrega su proyecto de diseño para su fabricación (Fig. 1.68).

En esta fase se entrega el proyecto a la empresa encargada de producirlo.

6.º Valoración

Esta fase consiste en comprobar si el producto responde correctamente a las necesidades previstas. Cuando la valoración no es la buscada se deben hacer todas las rectificaciones que se consideren necesarias para obtener el objetivo previsto.

Figura 1.68.

Figura 1.67.

Ahora hazlo tú

Formad un grupo de tres compañeros de clase y realizad el diseño de una camiseta en homenaje a vuestro instituto. Debéis tener en cuenta el diseño y color de su forma, y la imagen que queréis que aparezca en ella. Seguid las fases del proyecto que se han comentado, distribuyendo el trabajo entre los miembros del equipo. Si queda bonito, podéis promover el diseño al resto de los compañeros. Pedid ayuda a vuestros profesores.

Actividades finales

Elaboración de un cómic

Te vamos a plantear una serie de pautas para que realices un cómic como a ti te guste. Comprobarás que, si pones en práctica de manera ordenada todas las indicaciones que te damos, será muy fácil y divertido hacerlo.

Repasa los contenidos sobre los elementos del cómic que aparecen en esta unidad (págs. 18 y 19).

Para realizar un cómic, lo primero que se necesita es tener clara la idea sobre el tema que se quiere desarrollar. Para ello, debes comenzar por describir su argumento y definir las características de los personajes y los lugares que van a aparecer en el desarrollo de la acción.

> *Pablo y Laura están en el sofá y no se ponen de acuerdo en el programa de televisión que quieren ver. Discuten… hasta que llega su padre y pone las noticias. Pablo es alto, moreno y con gafas, viste pantalón vaquero y camiseta roja. Laura es rubia, con ojos grandes, y va vestida con ropa deportiva azul.*

A continuación, vas a narrar la historia de manera pormenorizada, elaborando para ello un guión literario. Siguiendo la narración, decide el número de viñetas, junto con los contenidos y el encuadre de cada una de ellas.

Es conveniente realizar **bocetos** de cada viñeta para observar los siguientes aspectos:

- Orden de lectura: los acontecimientos transcurren siempre uno después del otro, dentro de un espacio y un tiempo concretos. Este orden debe aplicarse a la secuencia de viñetas para que el lector pueda comprender fácilmente la narración y, de este modo, tener una continuidad en el relato. Por tanto, lo mejor es que las viñetas se lean de izquierda a derecha y de arriba abajo.
- Número de viñetas: deben ser las necesarias para poder ver con comodidad la narración de la historia; esto significa que no se debe abusar en la cantidad. Sin embargo, un aspecto importante para ver reflejada la acción en el paso del tiempo es emplear varias viñetas en las que aparezca de manera lenta el desarrollo de una acción.

Por último, una vez que el guión esté escrito y realizado en bocetos sencillos, se procede a la elaboración definitiva del cómic mediante la técnica que se considere más apropiada (Fig. 1.69). Los profesionales siguen usando para dibujar sus cómics lápices, rotuladores y tintas de color, témperas, etc.

Ya sabes cómo planificar el trabajo de realización de un cómic. Como te indicamos al principio, en esta ocasión dejamos a tu imaginación el tema, la técnica y el soporte que vayas a emplear en la propuesta.

Figura 1.69.

Actividades finales

Realización de murales a partir de la prensa

Únete con dos o tres compañeros para realizar juntos dos murales con los siguientes fines:

- Para el primero, buscad en periódicos y revistas imágenes diferentes; cada una de ellas debe cumplir una sola de las siguientes funciones: informativa, expresiva, estética y representativa. Pegadlas sobre una cartulina de color oscuro, junto con la explicación escrita de la función que le habéis adjudicado (Fig. 1.70).
- Para el segundo, buscad también en periódicos y revistas diferentes logotipos y pictogramas. Pegadlos sobre una cartulina de color claro, junto con la explicación de las características más significativas que identifican a los logotipos y el mensaje que transmite cada uno de los pictogramas (Fig. 1.71).

Figura 1.70.

Figura 1.71.

Debate sobre un programa de televisión

Elabora una ficha como la que te presentamos sobre los tres programas de televisión que más te gusten. A continuación, organizad en clase, siguiendo las indicaciones del profesor, un debate sobre el programa más veces elegido.

Cadena de televisión que lo emite: ....

Título del programa: ....

Género del programa: ....

Duración: ....

Nombre de las personas que habitualmente aparecen en escena: ....

Emisión directa o diferida: ....

Crítica personal: ....

Otras propuestas

La imagen digitalizada

Los programas informáticos nos permiten cambiar las propiedades de la imagen. Te proponemos que digitalices una imagen que elijas y realices una serie de variaciones (Fig. 1.72):

- Conviértela en escala de grises.
- Aumenta el contraste y el brillo.
- Haz un duotono.
- Crea varios efectos digitales. Elige los que te parezcan más interesantes. Por ejemplo, pincel seco, hallar bordes, puntillismo, etc.

Figura 1.72.

Diseña pictogramas

Elabora tres pictogramas para las siguientes estancias de tu centro: biblioteca, gimnasio y cafetería. Recuerda que es importante que los elementos que formen los diseños sean muy sencillos y que todos ellos tengan el mismo estilo (Fig. 1.73).

Realiza cada pictograma con rotuladores y sobre una hoja de papel de formato A-4.

Figura 1.73.

Debatid sobre el diseño de varios objetos

Forma un equipo con tres compañeros con quienes no hayas trabajado antes. Cada uno de vosotros debe buscar objetos y clasificarlos según los diferentes tipos de diseño, es decir, industrial, gráfico, textil, etc. (Fig. 1.74). Tendréis que colocarlos sobre vuestras mesas de clase con el fin de abrir un debate por grupos y centrar los comentarios en las características que se observan en cada uno de los objetos.

Figura 1.74.

Vamos al cine

Elige tres películas de distinto género que hayas visto en el cine y realiza la ficha siguiente para cada una de ellas:

Título de la película: ....

Año de realización: ....

Duración: ....

Nombre del director: ....

Actores principales: ....

Autor de la banda sonora: ....

Género de la película (ciencia-ficción, terror, aventuras, etc.): ....

Argumento: ....

Crítica personal: ....

¿Qué has aprendido?

Completa en tu cuaderno

1. Define estos elementos de un cómic:

a) Viñeta.

b) Encuadre.

c) Onomatopeya.

2. Explica y define los elementos de la comunicación.

3. ¿Qué son las imágenes estáticas y qué medios de comunicación las utilizan?

4. ¿Qué son las imágenes en movimiento y qué medios de comunicación las utilizan?

5. ¿En qué consiste el lenguaje visual?

6. Explica estos términos:

a) Logotipo.

b) Pictograma.

c) Señal.

7. Toma como referencia esta imagen y explica los fundamentos de la fotografía:

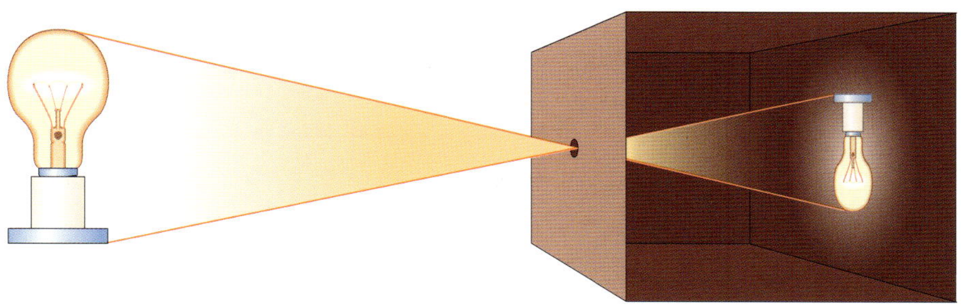

8. Define estos términos arquitectónicos:

a) Columna.

b) Dintel.

c) Cubierta.

d) Pilar.

e) Arco.

2 Línea y textura, elementos visuales de la imagen

Contenidos

Aprenderás a:

La mayoría de las imágenes que percibimos no están compuestas por una sola forma aislada: generalmente aparece junto a otros elementos como figuras, colores, manchas, texturas, líneas, signos, etc. Al mirar por primera vez una imagen vemos su estructura global, es decir, un todo en el que los diferentes elementos se relacionan entre sí para dar un significado al conjunto. En una buena imagen, todos los elementos gráficos que aparecen son necesarios, ya que cada uno de ellos tiene una función y un significado vitales para la comprensión del mensaje.

La línea y la textura son elementos gráficos esenciales en el mundo del dibujo y se utilizan para la representación de las formas y la organización del espacio.

En esta unidad aprenderemos las técnicas que se pueden utilizar para la configuración objetva y precisa de las formas y los objetos que aparecen en una imagen. Trataremos también el estudio de los múltiples valores expresivos de los elementos gráficos para comprender su trascendencia subjetiva, es decir, para transmitir sensaciones y sentimientos.

Un libro

Catálogo: VV.AA. (1989): *Antonio Saura*, Madrid, Ministerio de Cultura.

En este libro puedes observar obras del pintor Antonio Saura. Casi todas ellas están realizadas con líneas, texturas y planos, con muy pocos colores. Sus cuadros representan la realidad distorsionada: se trata de una figuración casi abstracta.

Un cuadro

Jean Dubuffet, *La visión tejedora*, 1976. Acrílico sobre papel entelado, 249 x 249 cm.

En esta obra, realizada con recortes de dibujos de distintos periodos del artista, a modo de *collage*, puedes observar personajes y espacios realizados con líneas y texturas. Para este artista, la realidad no se encuentra en las imágenes fotográficas o muy realistas, sino en la expresividad de los elementos que configuran las formas de una imagen.

Competencias básicas

En esta unidad trabajaremos las siguientes competencias:

6. Cultural y artística.

7. Aprender a aprender.

8. Autonomía e iniciativa personal.

Una web

http://www.museothyssen.org/thyssen/coleccion/recorridos.html

La página ofrece un recorrido por la historia de la pintura europea desde el siglo XIII, hasta las postrimerías del siglo XX. A través de un recorrido cronológico-estilístico, el visitante puede seguir los movimientos y corrientes más importantes de la pintura occidental, partiendo de los primitivos italianos hasta el Surrealismo tardío y el desarrollo de la sensibilidad *Pop* en los años sesenta, junto a la pervivencia de la tradición figurativa en nuestro tiempo. También permite una visita virtual por el museo.

1. La línea

Es el elemento visual más importante del dibujo y se utiliza para comparar, describir, concretar y representar la apariencia de las formas que nos rodean. Con ellas también se puede dar cuerpo a todo aquello que solo existe en la imaginación del autor.

La línea es el resultado del movimiento de un punto que, al desplazarse por una superficie, deja como huella el curso de una línea. La línea es utilizada para reproducir y delimitar los bordes y perfiles de los objetos: marca límites, dibuja espacios y configura objetos.

La línea cierra espacios y delimita formas, representa el perfil de los objetos; esta línea periférica se llama **contorno.** El **dintorno** es el conjunto de las líneas internas que están contenidas dentro del contorno. Si estas líneas de dintorno son de un mismo color o textura que el fondo, se percibe como **silueta.**

Figura 2.1. Harmensy van Rijn Rembrandt, *El camino de Emaús,* 1655.

Figura 2.2. Paul Gauguin, *Estudio de la cabeza de una bretona,* 1894.

1.1. Grafismo y trazo

Cuando la línea se materializa sobre una superficie se convierte en **trazo.** Un rotulador o una pluma estilográfica que se desplaza sobre el papel dejan un rastro homogéneo y uniforme como consecuencia de la trayectoria de su punta y describen líneas de un mismo grosor. Si el trazo se realiza con la punta de un pincel, plumilla, etc., aumentando y disminuyendo su grosor a lo largo del recorrido, las líneas que resultan están moduladas. Con ellas se enfatizan determinados aspectos de la forma, zonas más importantes, luces, sombras, etc.

La línea presenta diferentes características gráficas: puede ser continua, discontinua, fina, gruesa, modulada, homogénea en grosor o tono, monocromática (de un solo color), de colores, fuerte, tenue, intensa, suave, rígida, etc. Todas estas clases de líneas intervienen en los mensajes gráficos a modo de «escritura de la forma» y, al igual que cada persona tiene su propia manera de escribir las letras, cada autor tiene su estilo al representar las formas; es su huella personal e intransferible. Los artistas transmiten con la línea los rasgos más íntimos de su personalidad; es lo que se conoce como **grafismo.**

Si observas estas imágenes comprobarás que cada artista tiene su propio grafismo. El perfeccionismo de Rembrandt con líneas seguras de diferente grosor (Fig. 2.1), la expresividad de Gauguin con trazos fuertes en los contornos (Fig. 2.2) o la suavidad en los trazos de Picasso (Fig. 2.3). Cada artista hace los trazos más apropiados para proporcionar expresividad a su obra.

Figura 2.3. Pablo Picasso, *Cabeza de mujer,* 1920.

1.2. La línea crea y dibuja formas

La línea puede ser el único elemento utilizado para representar figuras y objetos en una imagen. Estas formas se pueden construir con diferentes grados icónicos, desde dibujar formas muy elaboradas que se aproximan en gran medida a la realidad tridimensional hasta representar formas muy esquemáticas y planas. Existen diferentes tipos de líneas capaces de crear estos distintos niveles de representación:

- **Línea de contorno:** es la línea que marca el perfil de las figuras y de los objetos (Fig. 2.4).
- **Línea de sombreado:** es aquella que crea zonas claras de luz y zonas oscuras de sombra mediante un entramado de líneas más o menos juntas o superpuestas, dando volumen y profundidad a la imagen (Fig. 2.5).
- **Línea objetual:** es la línea que se percibe como un objeto, que es a la vez estructura y forma de él. Esta línea se encuentra en los pictogramas y en diferentes símbolos indicativos, por ejemplo, un paraguas para indicar lluvia, el símbolo de prohibido fumar, la cruz de una farmacia, etc. (Fig. 2.6).

Figura 2.4.

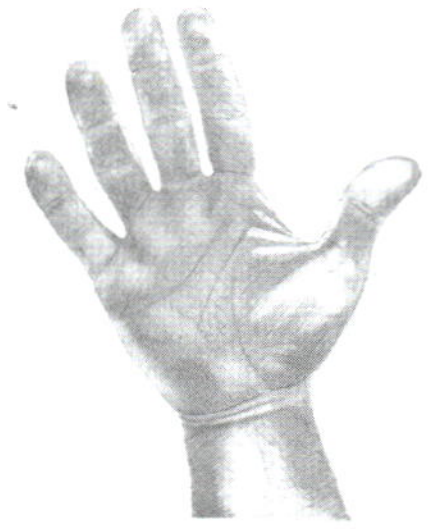
Figura 2.5.

Figura 2.6.

1.3. La línea compone imágenes

La línea es un elemento expresivo que tiene la capacidad de revelar y señalar características de las imágenes que no se ven a primera vista. Si observamos una imagen podemos comprobar que en ella aparecen una serie de líneas que cumplen diferentes funciones (Fig. 2.7):

- **Vectores de dirección:** en todas las imágenes aparecen unos vectores de dirección imaginarios que señalan distintas zonas de interés. Estos vectores o flechas pueden estar formados por los contornos de las formas, por contrastes de luces y sombras o por la dirección de las miradas de los personajes.
- **Separación de planos:** con la línea se separan zonas de distinta importancia. Esta separación se puede obtener de manera intencionada, con los contornos de las formas, con los cambios de color o por contrastes lumínicos.
- **Profundidad:** con la línea también se puede dar profundidad a una imagen. Los artistas pueden utilizar como recurso, además de la perspectiva, la representación de elementos y objetos cuya estructura es esencialmente lineal; de esta manera se incorporan a la obra bates, cuerdas, cuchillos, lanzas, etc.

Figura 2.7. Francisco de Goya, *El 3 de mayo de 1808 en Madrid: los fusilamientos de la Moncloa,* 1814. La línea azul marca los vectores de dirección, con línea roja se han separado los planos, con verde se pueden observar la líneas de profundidad.

1.4. La línea engaña y cambia lo que vemos

Todas las imágenes que recibimos se transmiten al cerebro mediante un proceso de percepción y, a través de los estímulos recibidos, la imagen que vemos se relaciona con el conocimiento que tenemos de ella: así la asociamos con otras experiencias. En el proceso perceptivo algunos elementos de la imagen pueden ser vistos sin que estos existan, otros pueden existir objetivamente y no ser vistos, o también pueden verse de manera alterada o distorsionada.

Gracias a la experiencia visual que tenemos somos capaces de configurar una cara con elementos que no están relacionados con la elaboración de un retrato (Fig. 2.8).

Figura 2.8. Con un seis y un cuatro hago la cara de tu retrato.

Observa la Figura 2.9. Las dos rectas de la izquierda las percibimos como parte de un cuadrado. Al cerebro no le cuesta ningún esfuerzo completar mentalmente la figura, sabiendo que ambas líneas tienen la misma longitud. Sin embargo, la forma de la derecha parece estar compuesta por una recta horizontal más larga que la vertical, cuando las dos son iguales.

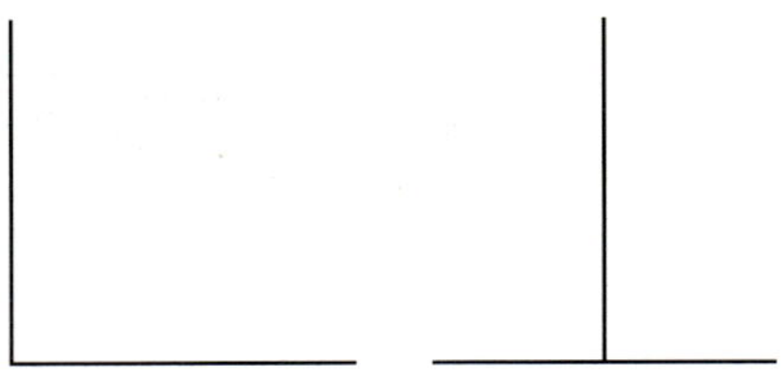

Figura 2.9.

La siguiente pareja de figuras lleva a pensar que un segmento es más largo que otro (Fig. 2.10).

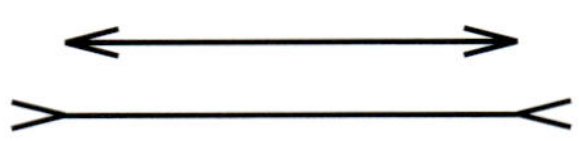

Figura 2.10.

Las ilusiones ópticas pueden producirse porque el fondo distorsiona la figura (en este caso las líneas de color, Fig. 2.11) o porque la figura aparece distorsionada por sí misma.

En resumen, si se analiza detenidamente la estructura de una imagen se pueden identificar los elementos que la componen y las relaciones que se establecen entre ellos. Su significado siempre estará condicionado por la percepción, y esta por la experiencia cultural y personal de quien observa la imagen.

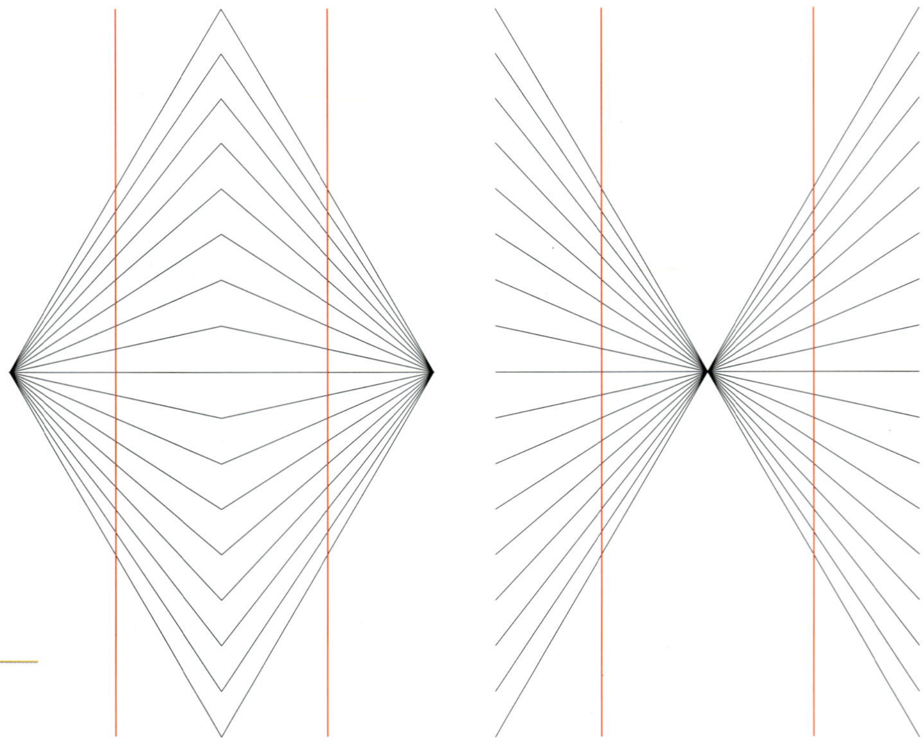

Figura 2.11. *Abanico*, de Ewald Hering.

1.5. Cualidades gráficas de la línea

La línea cumple una compleja función en la representación de imágenes. Por un lado, configura objetos y les da identidad visual a través de su estructura; organiza la superficie de la imagen. Por otro lado, es el elemento más expresivo y dinámico. La línea es considerada la base del dibujo, de manera que gran número de imágenes se constituye únicamente con este elemento. Por esta razón, la función más importante es su significación plástica:

- **Volumen:** la modulación de tono y grosor de la línea proporciona tensión en los cuerpos y objetos. Mediante el sombreado se puede crear la sensación de volumen tridimensional en espacios bidimensionales. Es lo que hace Degas, en su obra *Después del baño* (Fig. 2.12), modula la línea para crear tensión y sombrea con entramados para proporcionar volumen.
- **Profundidad:** la línea es un elemento dinamizador de la imagen. Cuando la línea sitúa formas sobre la diagonal de la superficie se aporta profundidad a la escena, sin recurrir a las perspectivas o cambios de posición y tamaño de los objetos que componen la imagen. Es más, la obra de Giacomo Balla, *Puesta de sol con pez dorado* (Fig. 2.13), es una muestra de cómo solo las dos líneas azules que surgen de los cambios cromáticos han sido suficientes para obtener la profundidad del mar, al tiempo que el rojo amarillento del Sol se sumerge en él.
- **Estructura:** con la línea se estudia la proporción de los objetos que configura su forma y organiza el espacio que ocupan. Por ejemplo, en la obra de Giacometti, *El comedor* (Fig. 2.14), la línea estudia la proporción de los objetos, la relación que existe entre ellos, su colocación sobre la mesa, y con el espacio de la silla y del aparador del fondo. Al mismo tiempo, esta proporción entre espacio vacío y espacio ocupado estructura y organiza la estructura de la obra. Observa que todos los elementos están unidos por líneas de dirección.

Figura 2.13. Giacomo Balla, *Puesta de sol con pez dorado,* 1913-1914. Profundidad.

Figura 2.12. Edgar Degas, *Después del baño,* 1895. Volumen.

Figura 2.14. Alberto Giacometti, *El comedor,* 1959. Estructura.

1.6. El proceso de dibujar

En el proceso de creación de un dibujo existen unos modos de actuar que permiten secuenciar el dibujo en diferentes fases de elaboración. Estas generalmente están encaminadas a realizar una obra plástica posterior (dibujo, cuadro, diseño, etc.), por lo que es muy importante saber el mensaje que se desea transmitir.

El siguiente proceso de dibujo consiste en realizar un estudio visual antes de hacer una obra gráfica:

1.º **Encuadre:** tras observar el modelo se selecciona lo más significativo teniendo en cuenta dos aspectos; por un lado, el tamaño y el formato de los objetos (horizontales o verticales), y por otro, el punto de vista.

2.º **Encaje:** se trata de «meter en cajas» los objetos que se van a dibujar. Esta fase consiste en simplificar la complejidad de las formas creando similitudes con formas geométricas sencillas: triángulos, cuadrados, círculos, etc.

3.º **Esquema:** después de realizar el encaje se simplifica el dibujo con los rasgos más importantes.

4.º **Apunte:** son dibujos rápidos, concisos y rigurosos donde se resuelven problemas básicos de espacio y de volumen.

5.º **Boceto:** es el estudio de las diferentes posibilidades expresivas de la obra. En ellos se pueden apreciar las relaciones de proporción, situación, volumen (luces y sombras), espacio y profundidad entre las formas. Con los bocetos se decide la mejor opción para transmitir la idea prevista.

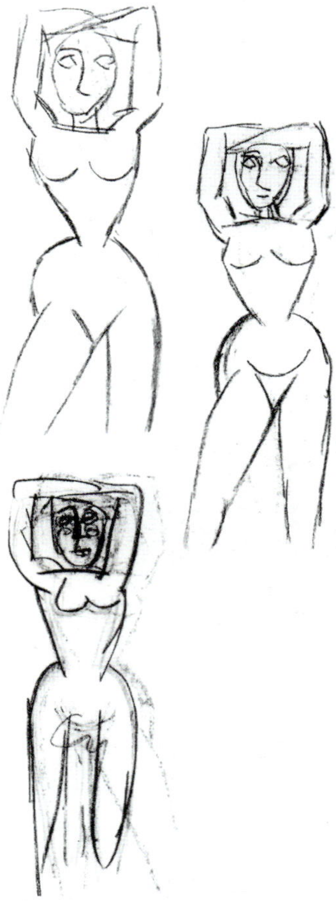

Figura 2.15.
Pablo Ruiz Picasso, *Figuras para Las señoritas de Avignon*, 1907.

¿Recuerdas la obra *Las señoritas de Avignon* estudiada en la Unidad 1 del libro? En este caso hemos tomado el cuadro como ejemplo para comprender la importancia que tiene el proceso de dibujar. Gracias a este proceso, el artista pudo planificar cada elemento (Fig. 2.15) y estructurar la obra según un orden determinado. Observa cómo en el estudio preliminar aparecen dos figuras más llamativas (Fig. 2.16) y que posteriormente fueron sustituidas (Fig. 2.17). En la obra definitiva estas se distinguen a través de sus retratos. Con este cambio, el artista logra dar unidad a la imagen y mantener su idea inicial.

Figura 2.16.
Pablo Ruiz Picasso, *Estudio para Las señoritas de Avignon*, 1907.

Figura 2.17.
Pablo Ruiz Picasso, *Las señoritas de Avignon*, 1907.

Líneas de encaje. El esquema

Para encajar el dibujo, los objetos se inscriben en figuras sencillas, se meten en cajas, generalmente geométricas (cuadrados, rectángulos, triángulos, etc., Fig. 2.18), con el fin de corregir y solucionar errores sin tener que borrar todo el dibujo (Figs. 2.19 y 2.20):

1. Se dibujan rectángulos o cuadrados con las mismas proporciones que el objeto. Para proporcionar la caja, se miden las alturas y anchuras de los objetos.
2. Se trazan sobre el modelo y el dibujo los posibles ejes de simetría, dividiendo vertical y horizontalmente el rectángulo en partes iguales.
3. Se adapta el contorno de los objetos a un esquema de líneas poligonales muy simples. Es importante comparar los tamaños de las partes entre sí.
4. Se buscan los puntos de referencia que coinciden y se corresponden vertical y horizontalmente entre sí.

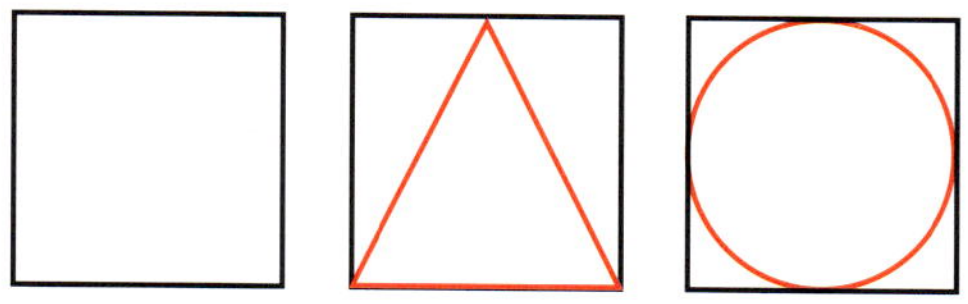

Figura 2.18.

Figura 2.19.

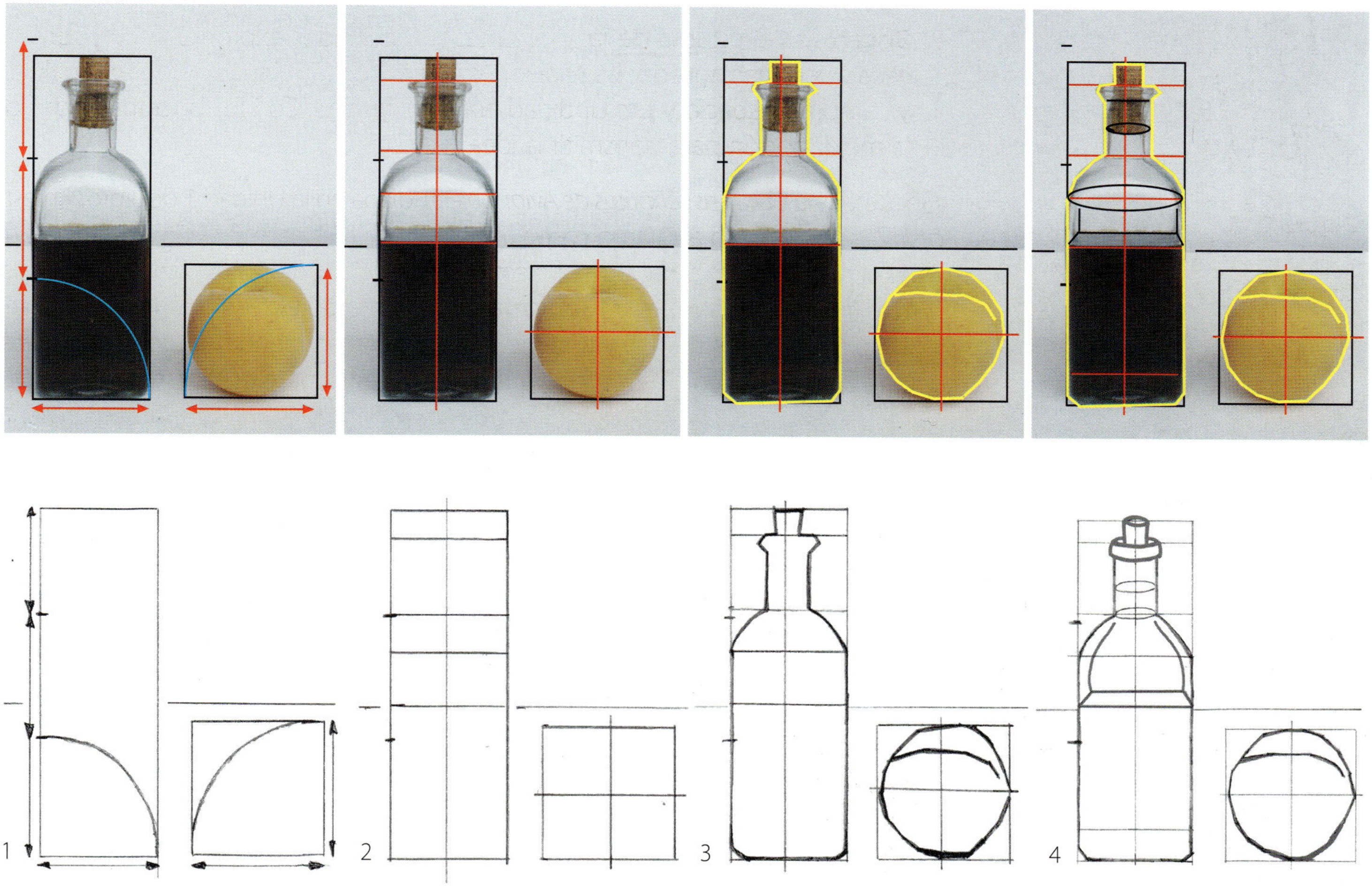

Figura 2.20. 1. Dibujo de cuadriláteros con la proporción de los objetos. 2. Trazado de los ejes de simetría y colocación de diferentes medidas. 3. Dibujo del contorno. 4. Acabado con los detalles más importantes.

1.7. Expresividad de la línea en la composición

La línea tiene un poder expresivo y simbólico muy importante. Con ella se pueden transmitir conceptos y sensaciones como espiritualidad, elegancia, reposo, estabilidad, movimiento, dinamismo, luminosidad, asombro, caos, tensión, rigidez, frialdad, etc.

Figura 2.21. Frantisek Kupka, *Catedral,* 1913. Líneas verticales.

- **Rectas:** pueden sugerir rigidez, precisión y constancia.
- **Verticales:** están en equilibrio entre el cielo (arriba) y la tierra (abajo), transmiten espiritualidad y elegancia. Quizás este sea el motivo por el que Kupka puso *Catedral* como título a su obra (Fig. 2.21): esta imagen representa una realidad abstracta, en las que las líneas verticales evocan a la transparencia de las vidrieras. El autor establece un equilibrio entre lo terrenal con colores rojos y lo espiritual con los tonos azulados.
- **Horizontales:** muestran apego a lo terrenal; por ser paralelas a la tierra, transmiten reposo y estabilidad.
- **Inclinadas:** denotan movimiento, decisión y voluntad. Si su dirección baja de izquierda a derecha, indican descenso. Si baja de derecha a izquierda, evocan caída y tragedia.
- **Curvas:** cambian continuamente de dirección, por lo que producen sensación de movimiento, acción y dinamismo. La obra de Paul Klee, *El arpa eólica* (Fig. 2.22), es un ejemplo del dinamismo y musicalidad producidos por este tipo de curvas: si un aire suave hace vibrar las cuerdas del arpa, surge un sonido delicado y etéreo; si el viento sopla más fuerte, la melodía cambia.
- **Radiales:** se utilizan para transmitir sensaciones de luz, explosión y luminosidad.
- **Quebradas:** en forma de zigzag, cambian bruscamente de dirección transmitiendo desequilibrio, caos y desorganización. Dan sensación de contradicción y dolor.

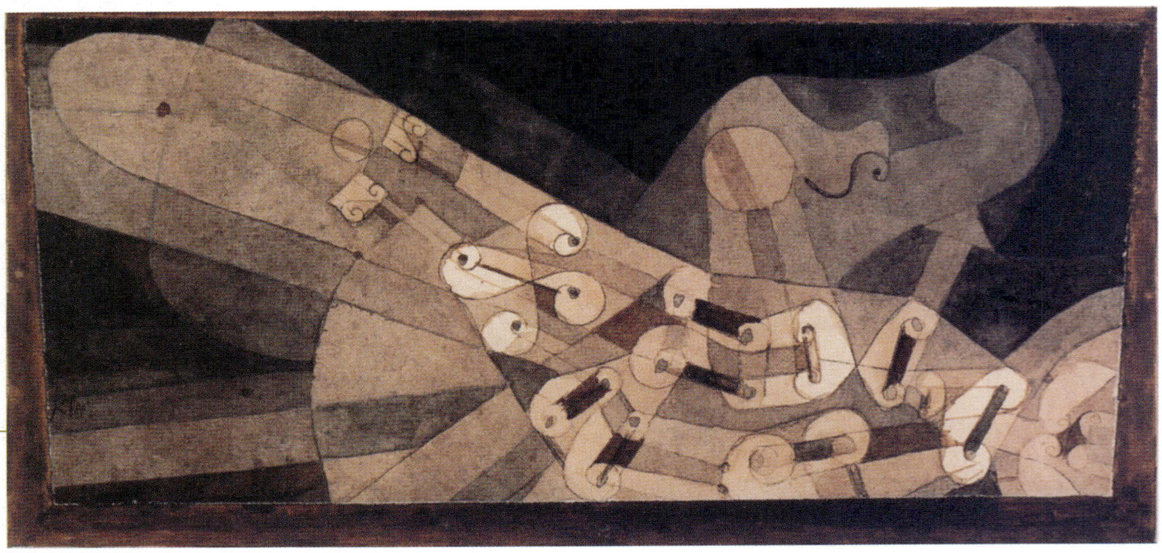

Figura 2.22. Paul Klee, *El arpa eólica,* 1922. Líneas curvas.

- **Concurrentes:** todas las líneas se dirigen a un punto o zona de máxima atención, nos obligan a dirigir la mirada hacia ese espacio, creando un foco de tensión y atención. Esta sensación también se puede transmitir con líneas concéntricas y espirales, con ellas se potencia más la concentración.
- **Geométricas:** realizadas generalmente con ayuda de instrumentos de dibujo, transmiten rigidez y frialdad.
- **Filiformes:** se llama así a las líneas con forma de hilo. Su trazo es continuo y uniforme, resultan monótonas. Se suelen utilizar para expresiones complejas, técnicas o descripciones sin intencionalidad artística.
- **Moduladas:** expresan fuerza y determinación en el recorrido más grueso y oscuro, en las zonas finas y claras se muestran variables y elegantes. En el retrato realizado por Tiepolo (Fig. 2.23) la expresividad se fundamenta en esta modulación de líneas.
- **De sombreado:** se utilizan para crear volumen. Las sombras realizadas con líneas ordenadas y tenues transmiten sensualidad y dulzura. Cuando las sombras se trabajan con fuertes contrastes entre la luz y la sombra, con trazos fuertes y superpuestos, transmiten tenebrismo y se acentúan los volúmenes.
- **Tenebrismo:** es también el nombre que recibe el recurso pictórico que opone, con fuerte contraste, la luz y la sombra, logrando que las partes iluminadas destaquen violentamente. Observa la expresividad de este recurso en la obra *El alquimista,* de Joseph Wright (Fig. 2.24).

Figura 2.23. Giovanni Battista Tiepolo, *Cabeza de hombre con gorro de medio perfil hacia la izquierda,* 1660. Líneas moduladas.

Figura 2.24. Joseph Wright, *El alquimista,* 1770.

2. La textura

La textura es el elemento del lenguaje visual encargado de representar gráficamente las superficies que aparecen en las imágenes, de sensibilizarlas. Se trata de la representación gráfica del interior de una mancha, de una silueta o de una superficie no limitada. Por lo tanto, la textura es la característica visual o táctil de todas las superficies. Observa la obra *Corriente del noroeste*, de Mark Tobey (Fig. 2.25): se trata de una superficie sensibilizada a través de la textura, para provocar en el espectador un espacio de meditación.

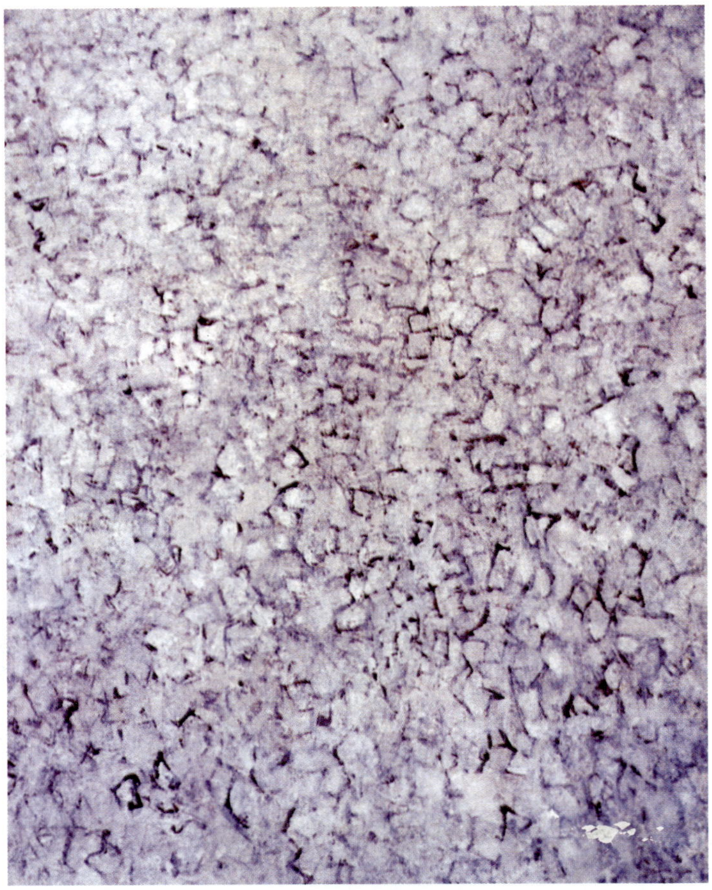

Figura 2.25.
Mark Tobey, *Corriente del noroeste*, 1958.

2.1. La luz y la textura

La luz sobre un objeto nos da información de su volumen gracias a los valores tonales o grados de intensidad de un tono (más o menos oscuro). Esta luz también produce una línea que separa las zonas claras de las oscuras, y su forma depende de la textura del objeto.

- **El valor tonal.** Cuando se habla de los valores tonales en dibujo se hace referencia al conjunto de tonos entre el blanco, que generalmente es el color del soporte, y el negro más intenso, que se puede obtener con el material de dibujo y con diferentes técnicas, como difuminados, punteados, rayados de distintos tipos o aguadas con pincel. Las líneas pueden trazarse más o menos próximas para obtener más o menos tono o densidad de sombra, ser paralelas, cruzarse o seguir la dirección de las formas o del volumen. Con la unión y la dispersión de líneas se pueden crear sensaciones de espacialidad y volumen dentro de una imagen (Fig. 2.26).

Figura 2.26.

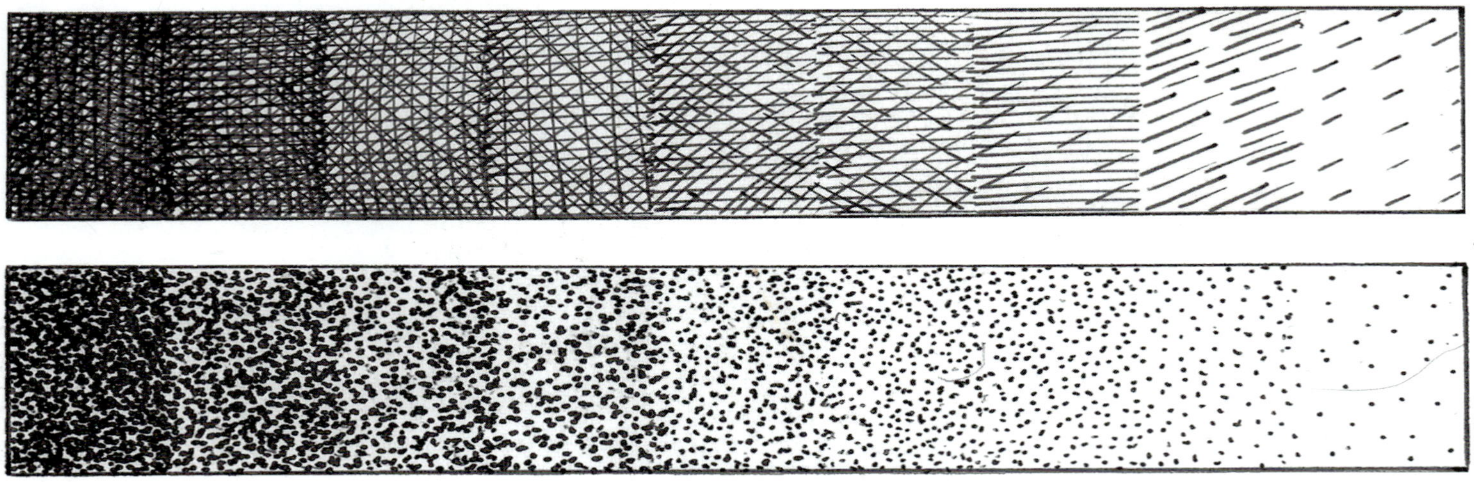

- **Variaciones lumínicas.** Los valores tonales se utilizan también para modelar superficies y transmitir la sensación de volumen y profundidad. El modelado de una forma puede indicar la naturaleza de sus superficies: sin son planas, curvas, lisas o rugosas. Si es curva, el paso de la luz a la sombra es suave; cuando la luz se encuentra con un ángulo en la superficie del objeto se produce un cambio brusco. Para definir si una superficie es lisa se crean bordes suaves y limpios; si la superficie es rugosa tiene un contraste más brusco y su contorno es quebradizo (Fig. 2.27).

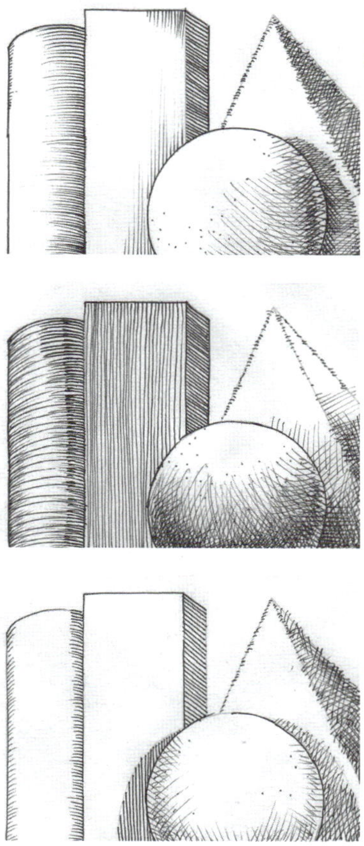

Figura 2.27.

2.2. Texturas ópticas

Las texturas táctiles pueden tocarse si tienen rugosidades o protuberancias de estructura tridimensional, mientras que las texturas ópticas o visuales no transmiten sensaciones al tacto y son bidimensionales.

Las texturas ópticas dependen de dos factores: el soporte en el que se elabora la imagen y los materiales e instrumentos que se utilizan para crear diferentes superficies. Una textura transmite diferentes sensaciones si está sobre la superficie más o menos lisa del papel, la trama de una madera o una tela. Si se trabajan con tinta, acuarela o cualquier otra técnica al agua, las texturas adquieren diferente calidad plástica que si se utilizan carboncillos, crayones o grafitos. La obra de Carlos Cruz-Díez, *Fisicromía n.º 326* (Fig. 2.28), está realizada sobre madera, con plásticos y pintura al óleo, de tal manera que al mover el punto de vista, la superficie cambia sus colores y parecen tener movimiento. Se trata de efectos ópticos donde la textura de la superficie parece vibrar.

Figura 2.28. Carlos Cruz-Díez, *Fisicromía n.º 326*, 1967.

2.3. Texturas orgánicas

Se consideran texturas orgánicas a las superficies cuyas cualidades gráficas no siguen un orden matemático y parecen estar realizadas al azar. Estas texturas surgen de la aplicación de un material con diferentes instrumentos sobre distintos soportes. Observa la obra *White light* (1954), de Jackson Pollock (Fig. 2.29): este artista crea superficies con texturas orgánicas realizadas al azar chorreando la pintura sobre el soporte. Esta técnica, llamada *dripping*, le permite expresar la energía de su mundo interior en un espacio de libertad.

Figura 2.29.
Jackson Pollock, *White light*, 1954.

2.4. Texturas geométricas

La estructura de las texturas geométricas se basa en la geometría, y su organización guarda relación con un orden matemático.

Las tramas son una forma de textura visual geométrica, que cuando están realizadas industrialmente ofrecen superficies uniformes. Este tipo de texturas tienen poco valor expresivo por sí solas, pero si se combinan tramas de diferente trazo, se pueden lograr efectos ópticos y visuales muy interesantes. Las texturas geométricas utilizadas por Roy Lichtenstein en su obra *Razzmatazz* (Fig. 2.30) son un ejemplo artístico de su utilización. Para hacerlas, realiza plantillas y posteriormente aplica colores básicos y pinta los contornos de negro.

Las rectas cruzadas y paralelas crean efectos parecidos a las tramas mecánicas. Si se varía su dirección y separación, se obtienen efectos ópticos vibrantes. La concentración y la dispersión de los entramados pueden transmitir sensaciones de luz y sombra que dan mayor volumen o profundidad a la imagen. Muchos autores utilizan entramados manuales para lograr diferentes cualidades plásticas en la superficie de los elementos compositivos.

Figura 2.30.
Roy Lichtenstein, *Razzmatazz*, 1978.

2.5. Técnicas básicas

Para crear texturas es necesario manejar y conocer diferentes técnicas y materiales. En esta unidad vamos a conocer el manejo de los lavados y estarcidos.

Lavados

Un lavado consiste en aplicar una película de pintura sobre el soporte. Los lavados se pueden realizar de manera uniforme, mediante degradados o con la creación de texturas. Para llevarlos a cabo es aconsejable aplicar la tinta o la acuarela sobre papel para acuarelas o papel secante.

El lavado se puede efectuar de las siguientes maneras:

- Se aplica el color sobre papel húmedo, y se rebaja con agua en sucesivos momentos de su proceso de secado (Fig. 2.31).
- Se realiza la composición a todo color y, una vez terminada, se recubre con tinta china. Cuando se ha secado, se lava y se raspa la superficie de forma desigual, según las diferentes calidades que se van obteniendo (Fig. 2.32).

Figura 2.31.

Figura 2.32.

Estarcidos

Los estarcidos consisten en salpicar la superficie con pinturas. Si se quiere crear mayor dinamismo se pueden fabricar plantillas que protegen determinadas zonas.

Existen varias maneras de salpicar la pintura: con un pulverizador, con un cepillo de dientes o pasando el pincel por una rejilla metálica.

Se puede efectuar un estarcido de las siguientes maneras:

- Sobre papel húmedo se aplica la acuarela con tonos intensos, preferiblemente oscuros. Antes de secar se esparce azúcar o sal en pequeñas cantidades. Cuando esta sustancia se disuelve en agua se generan ramificaciones (Fig. 2.33).
- Sobre papel seco se salpica la superficie con líquido de enmascarar y, una vez seco, se pinta la superficie creando manchas de colores o haciendo degradaciones de un mismo tono. Cuando se ha secado, se borra la superficie para quitar el salpicado (Fig. 2.34).

Figura 2.33.

Figura 2.34.

2.6. Finalidad expresiva de las texturas

La textura es un elemento que, junto con la línea, contribuye a la configuración de las formas en una imagen. Por ser una cualidad de las superficies, se puede asociar a la mancha, a la silueta que configura una forma, al color, a la línea, etc. La importancia visual de las superficies texturadas es esencial para transmitir diferentes sensaciones.

Los elementos plásticos casi nunca se presentan aislados, por lo que un conjunto de pinceladas se puede convertir en textura, de la misma manera que una mancha o una mezcla de colores produce diferentes vibraciones en sus superficies.

La textura es un elemento configurador de la imagen, que sensibiliza y ayuda a identificar objetos y calidades, y también es necesaria para percibir el espacio, la profundidad y el volumen. Observa la tela del vestido representado en el *Retrato de Susana Beckford* (Fig. 2.35): Reynolds utiliza la textura para describir la calidad del tejido, y con ella la clase social de la persona retratada.

Una forma con una textura suave y de tonos claros puede transmitir ternura, elegancia, sutileza, inocencia, etc. Si la superficie de un objeto tiene una textura desordenada y con contrastes de tonos, esta parecerá agresiva, fuerte, caótica, etc. Las texturas pueden hacer que una forma sea llamativa o que pase desapercibida; la combinación de diferentes texturas en una misma obra transmite sensaciones de dinamismo y vitalidad. En su obra *El metafísico* (Fig. 2.36), Dubuffet utilizó una textura desordenada con tonos pardos, claros y oscuros para resaltar la fealdad de una figura salvaje y violenta, ya que también forman parte del mundo.

Figura 2.35. Joshua Reynolds, *Retrato de Susana Beckford,* 1756.

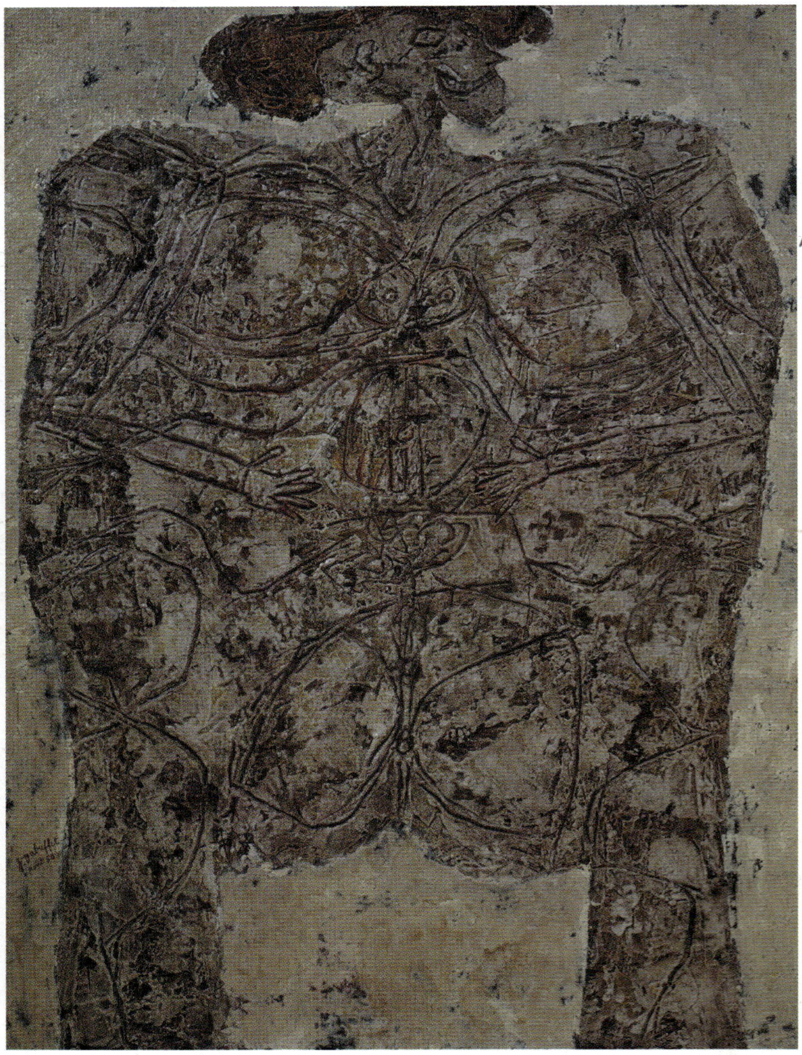

Figura 2.36. Jean Dubuffet, *El metafísico,* 1950.

2.7. El color para crear texturas

La repetición de pinceladas de colores genera una superficie cromática con una textura dinámica que añade la expresividad del color a la fuerza de la superficie. La mezcla de colores se puede obtener por la yuxtaposición de tonos o por la superposición de colores; en ambos casos las texturas cromáticas ayudan a identificar mejor las formas de una imagen y a transmitir sentimientos. En algunas ocasiones, la finalidad expresiva de la obra concede más importancia a la superficie cromática que a los elementos que la componen. La obra *El estanque de las ninfas y el puente japonés,* de Claude Monet (Fig. 2.37) es un ejemplo de cómo el color y la pincelada dan fuerza a la superficie del cuadro.

Figura 2.37.
Claude Monet, *El estanque de las ninfas y el puente japonés,* 1900.

2.8. Calidades plásticas

Las calidades plásticas de las texturas han evolucionado a lo largo de la historia del arte en cuanto a su capacidad expresiva y por la introducción de nuevos materiales en su elaboración de las obras.

En las pinturas anteriores al siglo XX, la textura aparecía como una imitación de telas, cabellos, pieles, metales, etc., que ayudaba a identificar objetos y a transmitir informaciones de carácter figurativo (Fig. 2.38). Actualmente, la textura tiene mayor protagonismo y se utiliza como un elemento expresivo de vital importancia, puesto que no se imitan objetos, sino que se crean. Los materiales, en numerosas ocasiones, tienen una importancia determinante, ya que ellos por sí solos ofrecen una plasticidad táctil y visual capaz de convertirlos en el único elemento expresivo de una obra.

Figura 2.38.
Willem Claesz Heda, *Desayuno con pastel de zarzamora,* 1631.

2.9. Las texturas y los estilos artísticos

La importancia de la textura como elemento configurativo de la imagen nace en el siglo XX. El desarrollo de la técnica del *collage* en el **Cubismo** y en el movimiento **Dadá** supuso una transformación profunda en la que el objeto, alejado de su contexto, pasó a tener la misma importancia que las zonas pintadas y creadas por los artistas. Se abrió entonces el campo de la experimentación con nuevos materiales y procedimientos distintos a los utilizados tradicionalmente.

El **Informalismo,** junto con el **Post-impresionismo** y posterior **Expresionismo,** fueron movimientos que concedieron una gran importancia al tratamiento de texturas táctiles y visuales. En estas tendencias artísticas, el trabajo del artista se basaba en la experimentación constante, y el proceso creativo se debatía entre la construcción y la destrucción de la propia obra. Las técnicas que adoptaron son muy diversas, entre ellas el ***collage*** (que consiste en pegar diferentes materiales sobre el soporte), el ***grattage*** (raspados y hendiduras) o el ***dripping*** (colorear dejando gotear la pintura). Además, se emplearon materiales que no son propios de la pintura, como cal, arena, polvo de vidrio, virutas de madera, serrín, partículas de metal, etc. Rauschenberg utilizó la técnica del *collage* para hacer su obra *Charlene* (Fig. 2.39) integrando objetos, unos pintados y otros tal y como se los encontró. Esta obra está dentro de lo que se denominó «Arte chatarra» por tratarse de desechos de una sociedad de consumo; con este acto ennoblece los objetos y critica a la sociedad.

En Italia se trabajó el concepto de espacialidad; sus obras muestran soportes perforados a los que se incorporan pequeñas piedras, vidrios y otros materiales hasta obtener superficies texturadas espaciosas. Un ejemplo de este trabajo es la obra *Concepto espacial: boda en Venecia,* de Lucio Fontana (Fig. 2.40). En ella el espacio del cuadro es un medio para expresar al público los sentimientos del artista, de sintetizar nuevas ideas y materiales.

En España destaca el grupo **Dau al Set,** en Barcelona, uno de cuyos artistas más destacados fue Antoni Tàpies, quien preparaba sus soportes con un empaste de polvo de mármol triturado con aglutinante y pigmentos. Es lo que hace en su obra *Relieve rojo ladrillo* (Fig. 2.41): una vez preparada la textura del soporte, trabajó la técnica del *grattage* para colocar los signos en una vertical central y añadió elementos a modo de *collage* en los laterales.

Figura 2.39. Robert Rauschenberg, *Charlene,* 1954.

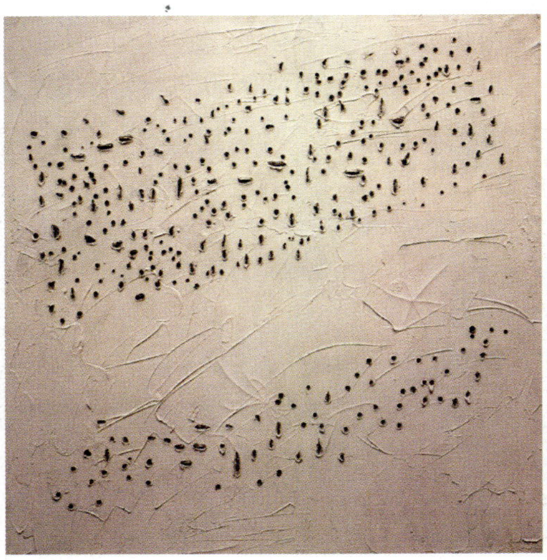

Figura 2.40. Lucio Fontana, *Concepto espacial: boda en Venecia,* 1960-1961.

Figura 2.41. Antoni Tàpies, *Relieve rojo ladrillo,* 1963.

Aplicaciones

Ilusiones ópticas

Determinadas obras bidimensionales estáticas pueden crear una falsa sensación de movimiento. Estas ilusiones ópticas son sensaciones naturales y están impuestas por las condiciones fisiológicas y físicas del ojo humano. La retina es incapaz de situar como estáticos determinados objetos que, por el modo en que están configurados, dan la sensación de movimiento.

El proceso perceptivo tiende a compensar los cambios de tamaño que sufren los objetos por la variación de distancias. Este proceso de compensación es el responsable de que se produzcan distorsiones.

El movimiento artístico conocido como **Op-art** (arte óptico) basa sus obras en la creación de ilusiones ópticas que transmiten la sensación de movimiento e inestabilidad visual.

Se pueden distinguir dos grandes grupos de ilusiones ópticas:

- Figuras de carácter ambiguo formadas por una interrelación de figura-fondo o por un juego de perspectivas opuestas. Esto último es lo que logra Marian Wenzel con su *Perspectiva de un interior* (Fig. 2.42).

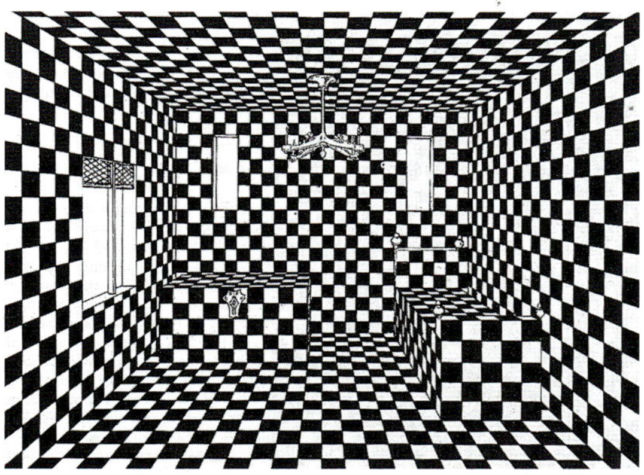

Figura 2.42. Marian Wenzel, *Perspectiva de un interior.*

- Figuras que suponen una agresión a la retina y son creadas gracias a imágenes persistentes, a efectos de muaré o a la colocación inestable de formas y colores. A este segundo grupo pertenece el *Diseño Op-art* de Spyros Horemis (Fig. 2.43): la imagen se vuelve más vibrante cuanto más nos acercamos a su centro.

Figura 2.43. Spyros Horemis, *Diseño Op-art*, 1970.

Al mirar la obra *Cuadrado de tres: negro y amarillo,* de Reginald Neal (Fig. 2.44), probablemente tendremos que hacer varios intentos de lectura y recorrido, tras los cuales siempre encontraremos una zona conflictiva que hará que nos perdamos.

Ante las diferencias de luminosidad, el ojo se adapta lentamente y, frente a un contraste deslumbrante, se produce una postimagen que se desplaza cuando nosotros movemos el ojo. Llamamos **postimagen** a la imagen que aparece al cerrar los ojos después de haber recibido una impresión visual, un efecto que solo dura unos segundos.

La superposición de las postimágenes con la textura de la superficie es lo que produce el efecto **muaré.**

Figura 2.44. Reginald Neal, *Cuadrado de tres: negro y amarillo*, 1964.

Ahora hazlo tú

Te proponemos que realices una obra con la ilusión óptica que elijas: interrelación de figura-fondo, imágenes persistentes o efecto muaré. Si lo prefieres, haz una interpretación a partir de una obra que elijas o de un artista que te guste.

Procedimientos y técnicas

Los materiales en dibujo

La característica más expresiva del dibujo se basa en los diferentes tipos de trazo. Los resultados del dibujo dependen en gran medida de los materiales (Fig. 2.45), de los instrumentos (Fig. 2.46) y de los soportes empleados.

Materiales

- **Grafitos.** Se comercializa en lápiz y en barra. El grafito está compuesto por grafito y arcilla. Cuanta más cantidad de arcilla presente, mayor dureza tendrá. Los grafitos blandos se identifican con la letra B y forman una escala de menos a más blandos: B1, B2, B3... hasta B9; con ellos se obtiene un negro más intenso. Los lápices duros se denominan con la letra H y se numeran de la misma forma: H1, H2..., H9; la tonalidad que ofrecen es gris. Los grafitos que se utilizan para escribir tienen una dureza media (HB).
- **Carboncillos.** Se obtienen de la combustión de diferentes palos de madera, generalmente de sauce o de parra. Es la técnica más tradicional; su principal característica es la inestabilidad, por lo que resulta fácil de borrar. Con el carboncillo se obtienen negros intensos y aterciopelados.
- **Compuestos.** Se pueden comprar en barra o en lápiz. Se denominan así porque añaden al carboncillo un aglutinante que les otorga mayor estabilidad sobre el soporte. Se pueden encontrar con tres grados de dureza: duro, medio y blando. Es difícil de borrar y sus negros son mucho más intensos.
- **Crayones conté.** Los colores surgen de pigmentos que proceden del óxido de hierro (para los ocres, rojizos y negros), de la terracota (para las sanguinas), de la tinta de calamar o sepia (para los tonos marrones) y del hollín de madera de haya quemada (para el tono bistre). Este material permite trabajar en tonos semiclaros con blanco y tonos semioscuros si es negro.
- **Tintas.** Son transparentes y de colores muy puros, de manera que se pueden mezclar entre sí y realizar veladuras con colores superpuestos.

  Los colores tradicionales son el negro y el sepia. Aunque las tintas no son del todo solubles en agua, se pueden obtener diferentes tonalidades (con más cantidad de agua se consigue un tono más claro) y texturas.

Soportes

- **Papeles.** El papel es el soporte más utilizado para dibujar. Se fabrica esencialmente con fibras vegetales mezcladas con agua, pasta de madera o pasta de madera química que se extiende sobre una tela o rejilla, después se prensa y, por último, se deja secar.

  Cada papel presenta dos caras, una más lisa (superior), utilizada para dibujar, y otra con más grano (parte que ha quedado en contacto con la rejilla) que, aunque se considera el revés de la hoja, se puede utilizar para obtener diferentes calidades.

  Las técnicas al agua necesitan un papel absorbente que permanezca tensado. Un papel con grano fino es idóneo para las técnicas secas.

  La tinta se trabaja muy bien en un papel liso que tenga una capa suave de estuco (masa compuesta por yeso blanco y agua de cola que se utiliza para preparar soportes).

Figura 2.45.

Instrumentos

- **Lápices.** La mayoría de los lápices tienen una longitud de 17,5 cm, la forma de su mina es cilíndrica y el exterior es de madera, en forma hexagonal o redonda.

  También existen portaminas para diferentes grosores de minas. Se pueden obtener variaciones sutiles o bruscas, que modulan la línea en grosor, si se va girando, y modifican el tono, si se varía la presión ejercida sobre el papel.

- **Barras.** Se utilizan para manchar zonas y crear fondos tonales, si se colocan tumbadas, y para trabajos de mayor formato a línea, si se usan verticalmente. La utilización de la barra se puede acompañar de difuminos, esponjas, trapos o algodones, que ayudan a crear mayor uniformidad en la mancha o a que el material penetre más en el soporte. Las barras de tinta se hunden en un tintero con agua, que las convierte en líquido de color.

- **Plumas.** Existen varios tipos: la pluma de ave o de caña tiene gran capacidad de modulación, aunque sus trazos no pueden ser excesivamente largos. Las plumillas metálicas hacen trazos más gruesos al aumentar la presión, abriendo la ranura; si se ejerce menos presión, se cierra, lo que hace que trazar la línea sea más fácil.

  Las plumas estilográficas hacen trazos uniformes y largos. El grosor de la punta se numera según la medida de su diámetro. Para dibujo técnico están normalizadas en 0,2, 0,4 y 0,8 mm.

- **Pinceles.** El pincel empapado en tinta presenta un trazo decisivo, muy sensible a la fuerza y al movimiento de quien lo manipula. Para trabajar con pincel es importante controlar la fuerza de sujeción, la posición de los dedos (en ángulo o rectos), la colocación de la muñeca y del brazo (apoyados o sin apoyar), y la presión sobre los pelos del pincel (mayor presión para trazos gruesos y menor para líneas finas).

- **Rotuladores.** Existe una gran variedad en función de su tinta, forma y grosor de la punta. Hay rotuladores de colores transparentes, opacos e incluso fluorescentes y metálicos. Las puntas pueden ser redondas (con ellas se realiza un solo tipo de trazo) o biseladas (que permiten tres trazos diferentes según su colocación). Con los rotuladores se puede sombrear de varias maneras: colocando líneas paralelas, superponiendo trazos en diferentes direcciones o barriendo con la punta sobre el soporte.

- **Gomas de borrar.** La goma es un instrumento que se utiliza para borrar y para dibujar líneas blancas sobre fondos negros o sacar zonas de luz. A veces se puede utilizar incluso para velar o restar importancia a algunas zonas. Existen gomas de borrar en función de los materiales utilizados: la goma convencional, la de pan, la de arte, la de plástico, etc. Una buena goma es aquella que tiene una textura firme y no levanta la superficie del papel.

Ahora hazlo tú

Realiza un dibujo con diferentes técnicas e investiga las posibilidades gráficas que te ofrece la mezcla de materiales e instrumentos. Intenta no ensuciar la superficie, trabaja con minuciosidad y observa el resultado de cada paso. Utiliza la línea y la textura como elementos configuradores de la imagen.

Figura 2.46.

Actividades finales

La línea configura imágenes

1. Dibuja diferentes formas con los tres tipos de línea: de contorno, de sombreado y objetual. Divide una lámina de dibujo en dos partes iguales.

En una parte, dibuja con rotulador negro el perfil de tu compañero con la línea de contorno. Una vez que has colocado el rotulador en el soporte, te proponemos que dibujes en la hoja sin mirar. Completa el perfil utilizando línea de sombreado (Fig. 2.47).

En la otra mitad dibuja un pictograma para colocarlo en la puerta de tu habitación (Fig. 2.48).

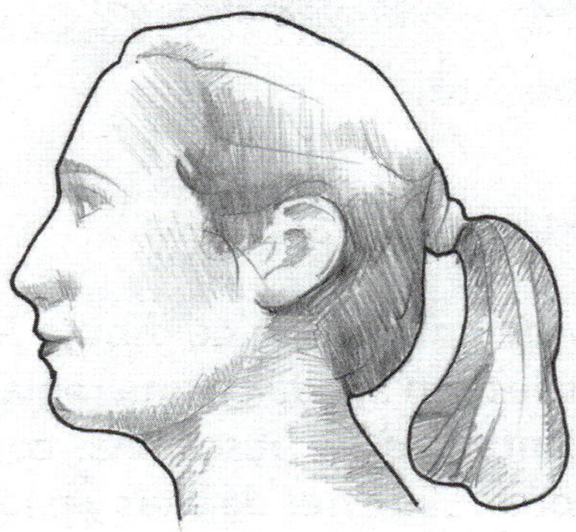

Figura 2.47.

Figura 2.48.

2. Busca, en revistas y periódicos viejos, fotografías de objetos sencillos. Elige un grupo de objetos sencillos para hacer una fotocopia ampliada a formato A-4. Utiliza un lápiz de grafito blando, 4B, por ejemplo, y papel vegetal formato A-4.

Realiza los pasos que has aprendido en cuatro papeles vegetales para encajar y hacer el esquema de los objetos (Fig. 2.49).

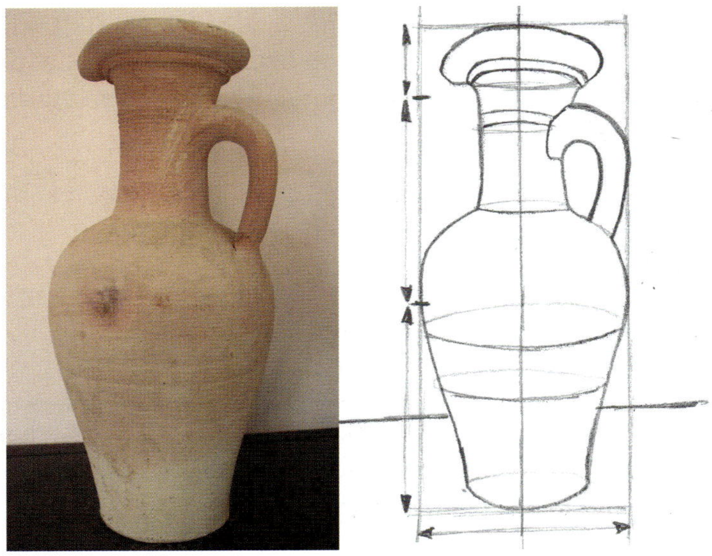

Figura 2.49.

Expresividad de la línea

3. Sobre una fotografía en blanco y negro o su fotocopia, refuerza con rotuladores las líneas más importantes y sombrea las zonas más oscuras de la imagen elegida (Fig. 2.50). También puedes utilizar un programa informático de retoque fotográfico para superponer capas con líneas y texturas sobre la fotografía en blanco y negro.

Figura 2.50.

Actividades finales

Escalas tonales

4. **Realiza las siguientes escalas tonales. Cada una puede medir 2,5 × 3,27 cm y debe estar dividida en nueve escalones. Investiga con diferentes materiales (Fig. 2.51).**

   - Dibuja seis espacios para hacer las escalas tonales sobre una lámina de dibujo.
   - Haz tres escalas tonales con diferentes texturas, realizadas a mano alzada.
   - Realiza tres escalas tonales con diferentes texturas, realizadas con lavados o estarcidos. (Para esta técnica se manchan diferentes espacios que luego se recortan y se montan en la escalera).

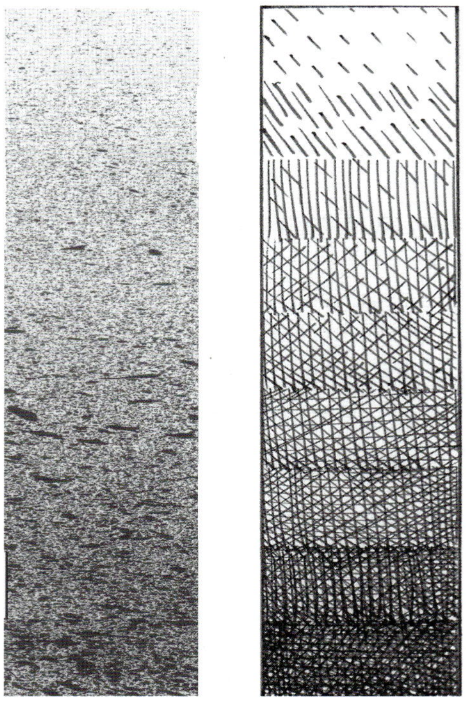

Figura 2.51.

Utilización de tramas impresas

5. **Dibuja un paisaje mediante contornos sobre una lámina. Después, pega unas tramas adhesivas de manera que no queden dentro burbujas de aire.**

   Corta con un cortatramas o bisturí los bordes que sobresalen de las líneas de contorno. Intenta dejar algún espacio en blanco y poner negro en alguna zona (Fig. 2.52).

Figura 2.52.

Texturas con acuarela

6. **Divide una lámina de dibujo A-4 en seis partes iguales con ayuda de una regla y un lapicero 2H. A continuación, busca telas con estampados de colores. Elige tres de ellas y pégalas en la lámina. En los espacios libres imita, con acuarelas, las telas elegidas (Fig. 2.53).**

7. **Sobre la lámina realizada en la actividad anterior, dibuja y recorta varias formas, que deberás combinar con otras texturas sacadas de revistas para elaborar una imagen libre (Fig. 2.54).**

Figura 2.53.

Figura 2.54.

Otras propuestas

Diferentes grafismos

Observa estas imágenes (Figs. 2.55, 2.56 y 2.57). Cada una ha sido realizada por un pintor diferente: Francisco de Goya, Leonardo Da Vinci y Alberto Durero. Averigua a quién pertenece cada obra en función de las características de sus trazos que te han servido para identificarlas.

Figura 2.55.

Figura 2.56.

Figura 2.57.

Cuatro interpretaciones de un mismo objeto

Elige un objeto que conozcas, por ejemplo, un barco, un árbol, un retrato, un jarrón con flores, etc. Realiza, a un solo color, cuatro interpretaciones del mismo: figurativa, abstracta, esquemática y detallada (Fig. 2.58).

Utiliza los soportes, los materiales y los instrumentos de dibujo que consideres más adecuados. Por último, analiza la expresividad de cada interpretación, enuncia la que consideras más expresiva y explica por qué opinas así.

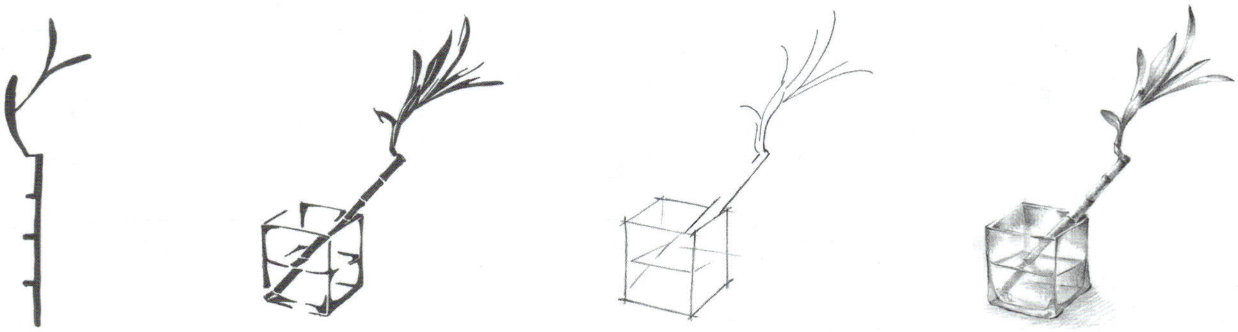

Figura 2.58.

Diferentes trazos

Divide la lámina de dibujo en seis partes iguales y dibuja seis perfiles de un compañero con una sola línea (Fig. 2.59), cada uno de la siguiente manera:

- Con una línea continua (utiliza un rotulador fino de 0,5 mm de punta).
- Con una línea modulada de intensidad variable (emplea un lápiz conté blando).
- Con línea trazada (usa un lápiz blando tumbado o barra de grafito).
- Con líneas cortas y finas (emplea sanguina en lápiz).
- Con pequeños trazos curvos (utiliza una plumilla o pincel fino y tinta).
- Sombrea la superficie con carboncillo, fíjala al soporte con una esponja y dibuja el perfil con una goma de borrar.

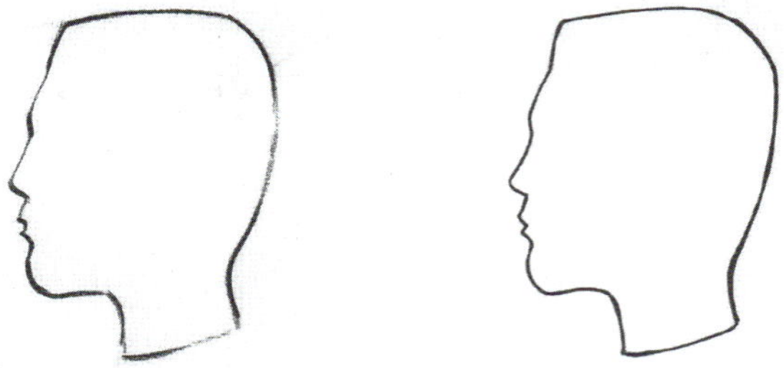

Figura 2.59.

¿Qué has aprendido?

Completa en tu cuaderno

1. Define los siguientes términos:

   a) Línea de contorno:

   b) Línea de sombreado:

   c) Línea objetual:

2. Enuncia tres técnicas utilizadas en el informalismo abstracto.
3. Explica cómo se produce el efecto muaré.
4. Explica en tu cuaderno cómo las líneas crean cambios luminosos.
5. ¿Cómo denominarías la huella personal de cada artista en su obra?
6. Explica el proceso de dibujo tomando como referencia las siguientes figuras:

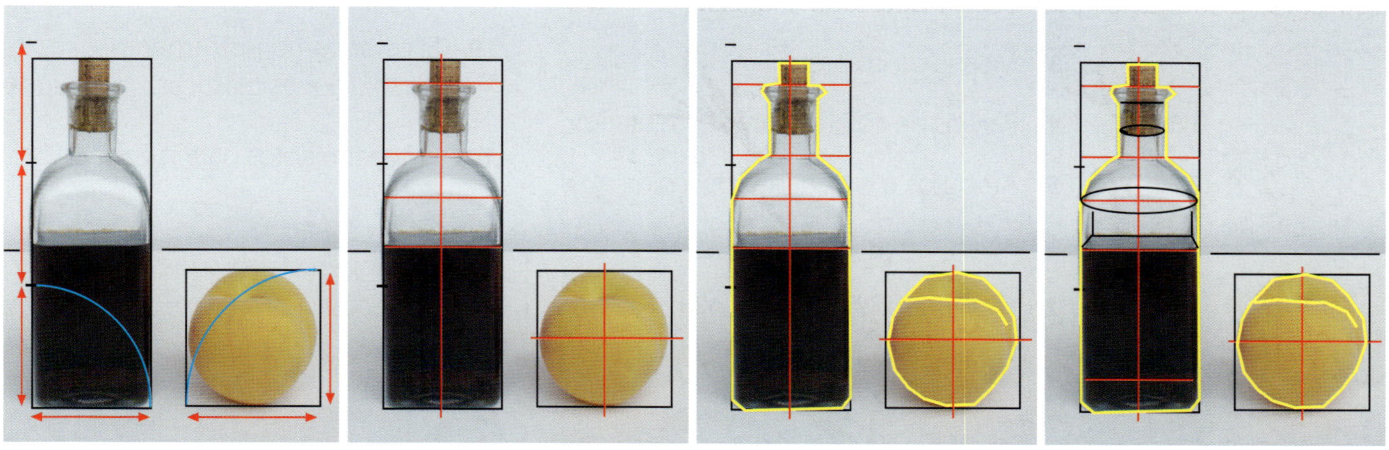

7. ¿Puedes poner algún ejemplo de los siguientes tipos de línea: filiformes, de sombreado, quebradas, de sombreado?
8. Explica con tus palabras qué es el valor tonal.
9. ¿En qué consiste la técnica del estarcido?
10. Enumera las características más importantes de los lápices de dibujo.

3 El color

Contenidos

1. La luz y el color.
2. Teorías físicas del color.
3. Mezcla de colores.
4. Parejas de colores complementarios.
5. Atributos o cualidades del color.
6. Series o gamas de color.
7. Teorías cromáticas del color.
8. Percepción del color: el color no es lo que parece.
9. El color como instrumento de soluciones plásticas.
10. Procedimientos para mezclar colores.
11. El color en el arte y los movimientos artísticos.

Aprenderás a:

Todo lo que nos rodea lo vemos en color: al pasear por una ciudad o por el campo, el paisaje que percibimos, etc. En el cine, en una exposición, viendo la televisión, al leer revistas o contemplar las fotografías de las últimas vacaciones, recibimos información visual en color.

El color nos permite ver con más facilidad la forma y los contornos de los objetos, nos transmite diferentes sensaciones y es capaz de provocar distintas emociones y estados de ánimo.

El color es una sensación sometida a constantes cambios: por ejemplo, el azul del cielo en un día despejado cambia al atardecer. De la misma manera, un objeto con volumen de color liso se oscurece en las zonas de sombra.

La sensación de color depende del órgano de la vista, de la luz, de su situación en el espacio y de la capacidad que tienen las superficies de los cuerpos para absorber o reflejar la luz.

Un cuadro

Mark Rothko. *Sin título (rojo, naranja)*, 1968. Óleo sobre lienzo, 233 × 175,9 cm.

El pintor Mark Rothko pinta manchas de colores encima y al lado de otros colores para producir sensaciones lumínicas. Elige un punto imaginario del centro de la mancha más grande. Sin parpadear, deja que tu vista se vaya cansando: verás cómo alrededor de la mancha va apareciendo una luz de color en movimiento; no parpadees. Ahora, mueve los ojos para mirar la mancha que hay debajo: comprobarás cómo una mancha de luz se superpone a la mancha pintada, creando nuevas sensaciones de color. El pintor ha logrado, con este pequeño experimento, mezclar el color pigmento con el color luz; por eso a estas obras se las llama paredes de luz.

Un libro

Josef Albers (1979): *La interacción del color*. Madrid, Alianza, 2005.

En este libro puedes descubrir ejercicios realizados por los alumnos de Albers en los que se muestran ejemplos sorprendentes de cómo se relaciona un color con otros, y los cambios cromáticos que se producen.

Competencias básicas

En esta unidad trabajaremos las siguientes competencias:

6. Cultural y artística.

7. Aprender a aprender.

8. Autonomía e iniciativa personal.

Una web

http://www.march.es/arte/cuenca/coleccion/coleccion.asp

En esta página podrás visitar el museo de Arte Abstracto de Cuenca, y hacer una visita virtual por cada una de sus plantas. Puedes elegir una obra, pinchar sobre ella con el ratón y verla ampliada. Te recomendamos que veas las obras de José Guerrero y Eusebio Sempere, por el especial tratamiento del color que se hace en ellas.

1. La luz y el color

Todos los objetos naturales o artificiales tienen una forma determinada, están constituidos por un material y poseen color. La disposición de los pétalos de una margarita es radial, su tallo es fino y delgado, sus hojas alargadas, con un contorno ondulado. Podemos tocar esta flor, cortar su tallo y deshojarla, pero no podemos quitarle su color (Fig. 3.1). El color no está en la margarita: es una ilusión. ¿Dónde está el color? La sensación de color está en nuestro cerebro y solo existe como impresión.

Figura 3.1.

La luz y el color de los objetos se transmiten por el espacio mediante ondas, al igual que el sonido o el calor. Estas ondas lumínicas son recibidas por el ojo, que es el encargado de traducir el estímulo para que el cerebro procese la información y la identifique como sensación de luz y color.

1.1. El ojo informa al cerebro

Para comprender el color como una sensación enviada y recibida por el cerebro, es importante saber cómo se convierte una onda electromagnética (luz) en impulso eléctrico (Fig. 3.2).

La luz viaja por el espacio en forma de ondas. Estas ondas están compuestas por pequeñas unidades de energía denominadas cuantos. Al entrar un cuanto en el globo ocular, atraviesa la córnea, pasa a través de las lentes, llegando a una sustancia gelatinosa llamada humor vítreo y lo atraviesa hasta llegar a la retina, que está en el fondo del globo ocular. En la retina el cuanto alcanza un receptor visual, que es estimulado.

Los receptores visuales son células con dos polos y se encargan de traducir la luz blanca en señal eléctrica para enviarla al cerebro por el nervio óptico. Estas células suman 120 millones de bastoncillos que traducen la luz y 6 millones de conos que traducen los colores. Los conos y los bastoncillos tienen un polo en contacto con la retina. Cuando llega la luz, la parte exterior de los conos y de los bastones se llena de una sustancia que llega al otro polo, que transforma la información en una descarga eléctrica.

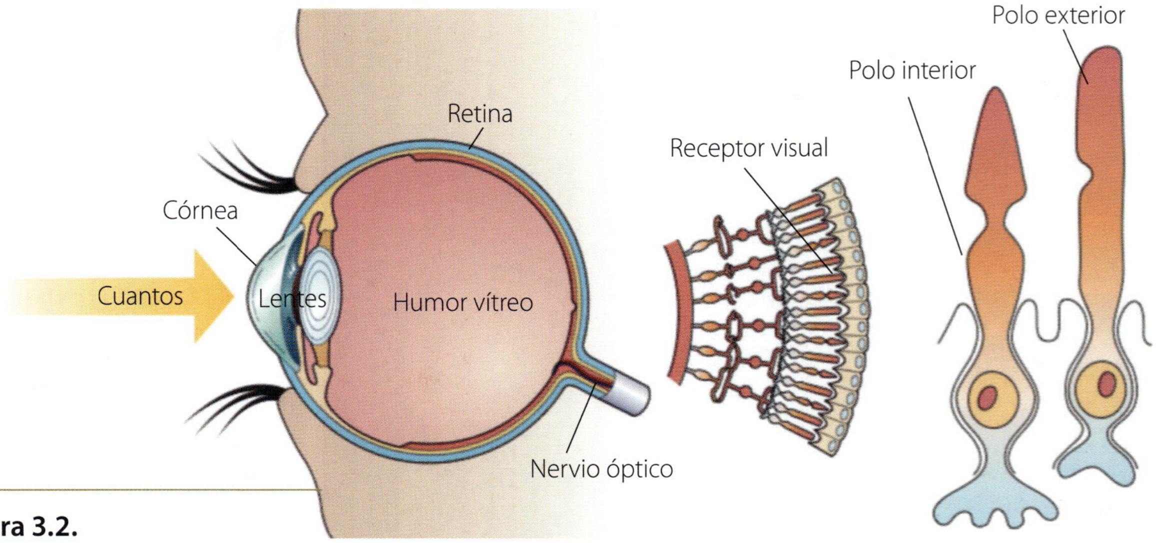

Figura 3.2.

4. Parejas de colores complementarios

Los colores complementarios forman parejas de colores con características de tono opuestas. A cada color de pigmento primario le corresponde un color de pigmento secundario. Se dice que un color primario es opuesto o complementario de uno secundario cuando este no se encuentra contenido en la mezcla del primario, de manera que, si los mezclamos entre sí, el color que obtenemos es el negro.

- **El amarillo es complementario del azul** porque, al estar el azul compuesto por los primarios cian y magenta, no lleva amarillo.
- **El magenta es complementario del verde** ya que para obtener verde mezclamos cian y amarillo y, por tanto, no tiene magenta en su mezcla.
- **El cian es complementario del rojo** porque el rojo lleva magenta y amarillo y, por tanto, el color que no tiene es el cian.

Si observas el círculo cromático (Fig. 3.13) puedes comprobar que los colores complementarios están situados diametralmente opuestos (Fig. 3.14).

Las obras de arte realizadas con colores complementarios producen sensaciones de vibración (Fig. 3.15).

Figura 3.13.

Figura 3.14.

Figura 3.15. Vincent Van Gogh, *La silla de Gauguin*, 1868.

5. Atributos o cualidades del color

Uno de los problemas que existen al hablar de color es coincidir en el nombre. A menudo se recurre a comparaciones como rosa salmón, verde manzana, etc. Cada fabricante o campo laboral utiliza una nomenclatura diferente: verde vejiga en la pintura al óleo, rojo carruaje para los automóviles, beige para la ropa, etcétera.

La definición más ajustada de un color se basa en su descripción. Para ello debemos tener en cuenta los atributos o cualidades del color, que hacen referencia al tono, al valor y a la saturación de cada color.

5.1. Tono

Figura 3.16.

Es el nombre de cada color (tono rojo, tono verde, etc.) y se utiliza en función de los colores pigmentos que lo constituyen. Por esta razón, para los colores menos conocidos es conveniente describir el tono de su mezcla, por ejemplo, rojo amarillento, rojo azulado, verde violáceo, etc.

Comprenderlo resulta más sencillo si ante un color te preguntas de qué colores está compuesto ese tono (Fig. 3.16).

5.2. Valor

Figura 3.17.

Este atributo se utiliza para concretar el grado de luminosidad de un tono.

Para definir un tono en función de su valor debemos considerar la cantidad de pigmento negro o blanco que tiene un color en su mezcla (más valor = más blanco). Por ejemplo, al color conocido como rosa es mejor describirlo como rojo claro o rojo muy claro. Los colores que contienen negro muestran menor luminosidad (menos valor = menos blanco o más negro) y, por tanto, son más oscuros; por ejemplo, rojo oscuro o rojo muy oscuro. Para describir un color en función de su valor puedes plantearte cómo es de oscuro o de claro ese tono (Fig. 3.17).

5.3. Saturación

Figura 3.18.

Es el grado de pureza que tiene un color. Hace referencia a la cantidad de colores y grises que lo constituyen. Es decir, se entiende como mayor grado de color puro a los colores que tienen menos componentes en sus mezclas.

Los tonos más saturados son los colores básicos (colores de pigmento, primarios y secundarios). Los tonos menos saturados son los que tienen un aspecto grisáceo, como resultado de llevar en su mezcla más de dos tonos en diferentes proporciones y, además, una cantidad de gris (blanco + negro).

Para no confundir esta cualidad con el tono o el valor, puedes intentar responder a la pregunta: ¿Cómo está de coloreado este tono? Menos coloreado significa menos saturado (Fig. 3.18).

6. Series o gamas de color

Se utilizan para agrupar los colores en función de sus diferentes cualidades y nos ayudan a observar las posibles variaciones que existen.

6.1. En función del tono

Un tono pasa a ser otro de manera escalonada. Por ejemplo, un amarillo pasa a ser cian convirtiéndose en la zona central en verde. Para conseguirlo se añade poco a poco cian al amarillo o viceversa (Fig. 3.19). También podemos formar familias de tonos cuando estos tienen en su mezcla un color común:

- Gama de azules: todos los tonos tienen cian en su mezcla.
- Gama de rojos: todos los tonos llevan magenta en su mezcla.
- Gama de amarillos: todos los tonos llevan amarillo en su mezcla.

Figura 3.19.

6.2. En función del valor

Se realiza colocando un tono de más claro a más oscuro. Se puede situar el tono en el medio de la serie, añadiendo blanco en una dirección y negro en otra (Fig. 3.20). También se pueden agrupar los colores claros por un lado y los oscuros por otro. En la gama de tonos claros, todos llevan blanco en su mezcla, y en la gama de tonos oscuros, todos llevan negro en su mezcla.

Figura 3.20.

6.3. En función de la saturación

Los tonos puros se vuelven cada vez más grisáceos. Para hacer esta serie es conveniente realizar una mezcla de blanco y negro con la que obtener un gris adecuado para añadirlo poco a poco al tono. También se puede realizar mezclando un tono primario poco a poco con su complementario (Fig. 3.21).

Figura 3.21.

6.4. Sensaciones térmicas

Los tonos están asociados a la naturaleza; así, los colores pueden crear la sensación de frío si se asocian al hielo, a la nieve o al cielo, o transmitir la sensación de calor si se asocian al sol o al fuego (Fig. 3.22).

- Tonos fríos: familia de azules, violáceos, verdes azulados, etc.
- Tonos calientes: familia de amarillos, naranjas, rojizos, etc.
- Los tonos templados son colores que se enfrían cuando se colocan al lado de tonos calientes o cálidos y se calientan junto a los tonos fríos.

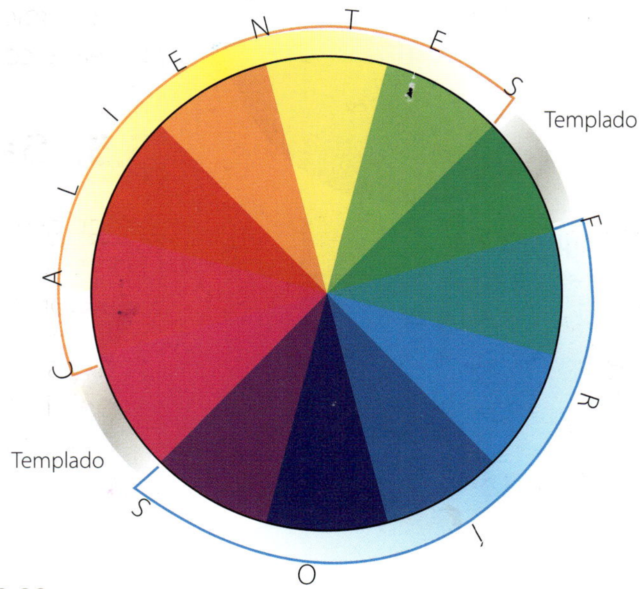

Figura 3.22.

7. Teorías cromáticas del color

7.1. Círculos cromáticos

Muchos investigadores han representado los colores del arco iris mediante el círculo cromático. Esta figura representa una franja del anillo de color del arco iris donde se superponen dos colores, el primero y el último. Si observas los colores del espectro, puedes comprobar que el rojo violáceo es muy parecido al azul violáceo.

Isaac Newton

Divide el círculo cromático en siete partes, que corresponden a los colores del arco iris (Fig. 3.23), y establece una analogía con las siete notas musicales (do: verde, re: cian, mi: azul, fa: violeta, sol: magenta, la: rojo y si: amarillo, Fig. 3.24).

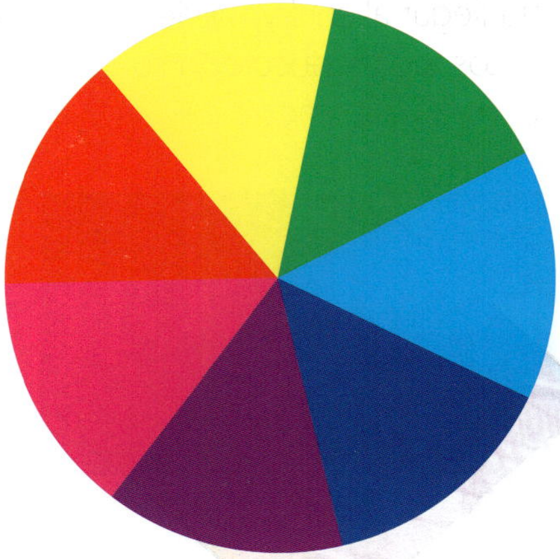

Figura 3.23.

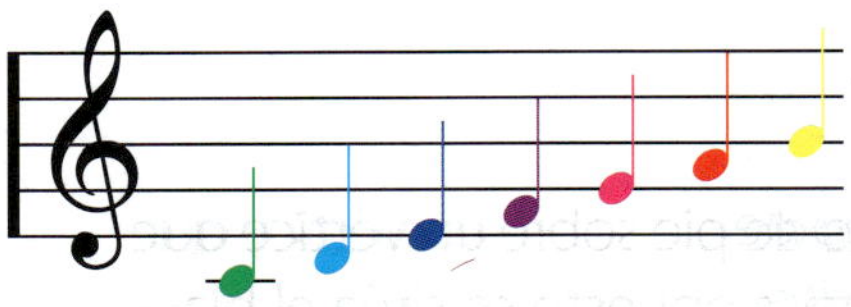

Figura 3.24.

Albert Munsell

Su círculo está dividido en diez partes iguales, cinco colores principales: rojo, amarillo, verde, azul y púrpura (rojo violáceo) y los cinco intermedios que surgen de la mezcla de dos principales: rojo amarillento, amarillo verdoso, verde azulado, azul violáceo y rojo violáceo (Fig. 3.25).

Figura 3.25.

Johann Wolfgang von Goethe

Su figura se basa en dos triángulos invertidos que forman un polígono estrellado de seis puntas (Fig. 3.26): tres colores primarios alternando con los tres colores secundarios. En el hexágono central aparecen las mezclas de los colores adyacentes, que son los que se sitúan a ambos lados de un color en el círculo cromático.

Paul Klee

Este pintor propone tres zonas en forma de media luna; cada media luna parte en su centro del color primario, que disminuye de forma gradual al encontrarse con otros primarios (Fig. 3.27). Se introduce en la figura el claroscuro con el blanco, el gris y el negro.

Figura 3.26.

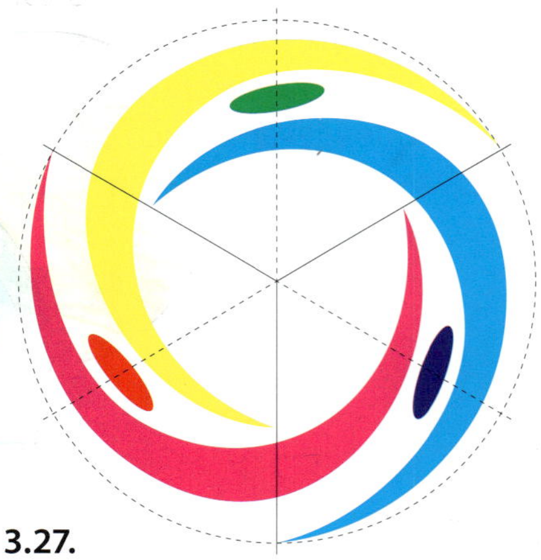

Figura 3.27.

7.2. Cuerpos de colores

Para representar el color con sus atributos de tono, valor y saturación los investigadores han utilizado cuerpos con volumen, tridimensionales. En una de las dimensiones se determina la posición de los diferentes tonos, en otra la saturación y en la tercera dimensión la posición de la luminosidad o valor de los tonos.

Johann H. Lambert

Construye una pirámide de base triangular y sitúa en cada vértice los tres colores primarios: goma guta (amarillo), carmín (rojo) y prusia (azul). En el centro de la base está situado el color negro y en el vértice superior de la figura, el blanco (Fig. 3.28).

Figura 3.28.

Otto Runge

Coloca los colores en una esfera. En el polo superior está situado el blanco, en el inferior se encuentra el negro, en la mitad superior de la esfera se producen los colores claros y los oscuros están en la mitad inferior. En el ecuador del cuerpo están situados los tonos puros, ordenados en relación con el círculo cromático (Fig. 3.29).

Figura 3.29.

Wilhelm Ostwald

La figura que utiliza es un doble cono con la base común. Sobre la circunferencia común a ambos conos están situados los 24 tonos, que van desde el amarillo, pasando por el rojo y el violeta, hasta llegar al azul y volviendo al amarillo a través del verde. Los tonos se colocan desde el negro en su parte inferior hasta el blanco en el vértice superior (Fig. 3.30).

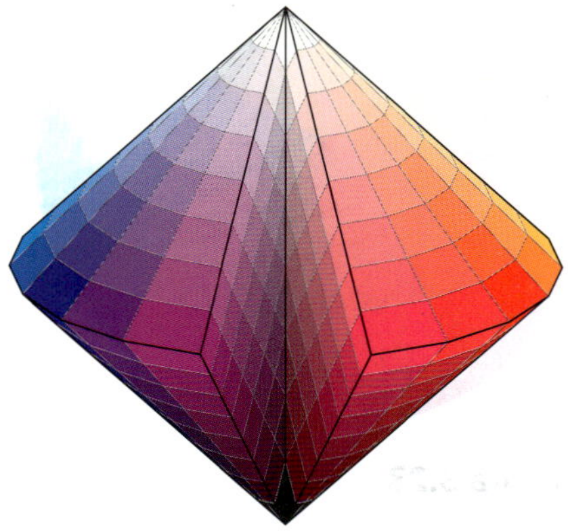

Figura 3.30.

Alfred Hickenthier

Emplea un cubo o hexaedro de pie sobre un vértice que contiene el negro. En el vértice opuesto se sitúa el blanco. Los vértices restantes se dividen en dos grupos: los tres colores primarios, cerca del vértice superior, y los tres secundarios, cerca del vértice inferior. Los colores fundamentales están señalados con tres cifras del 0 al 9. La primera corresponde siempre al color amarillo, la segunda es del magenta y la tercera siempre se refiere al cian. El color 000 es el blanco, el 999 es el negro, el magenta puro es 090, el secundario verde 909, etc (Fig. 3.31).

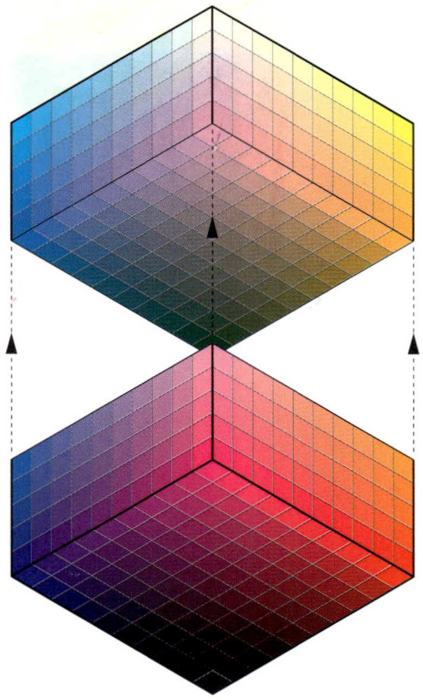

Figura 3.31.

8. Percepción del color: el color no es lo que parece

Observa detenidamente el primer punto de la Figura 3.32 durante un minuto y pasa rápidamente a observar el segundo punto. Con la observación de los tres colores primarios aparecen los tres secundarios complementarios.

Cada color reclama su complementario. Este y otros fenómenos ópticos surgen por la fatiga de los conos. Un color situado al lado de otro produce alteraciones visuales de sus atributos, incluso un tono puede llegar a parecer su opuesto o complementario.

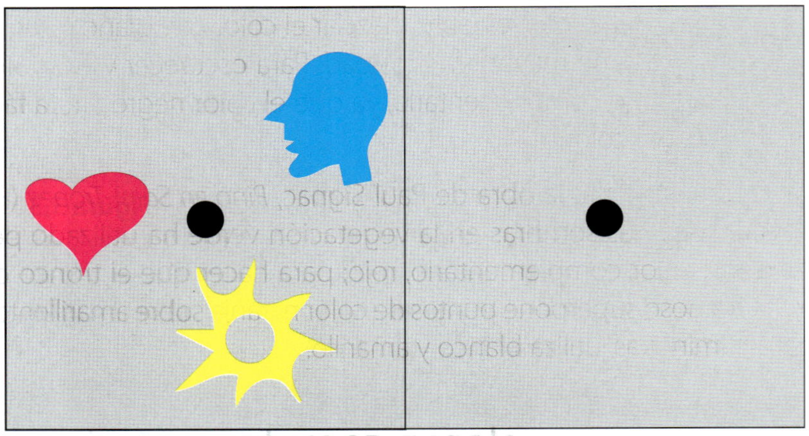

Figura 3.32.

8.1. Alteraciones de tono

Un mismo color colocado sobre dos fondos diferentes puede variar su sensación tonal. Por ejemplo, un tono verde se vuelve azulado sobre un fondo amarillo, mientras que, si el fondo es cian, el verde se ve más amarillento (Fig. 3.33).

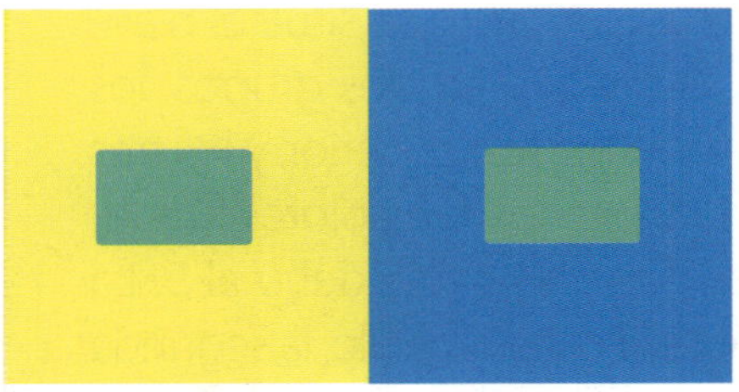

Figura 3.33.

8.2. Alteraciones de valor

Cualquier color puede variar su valor en función del color del fondo donde esté situado. Por ejemplo, un tono naranja sobre fondo blanco parecerá más oscuro que si se coloca sobre un fondo negro (Fig. 3.34).

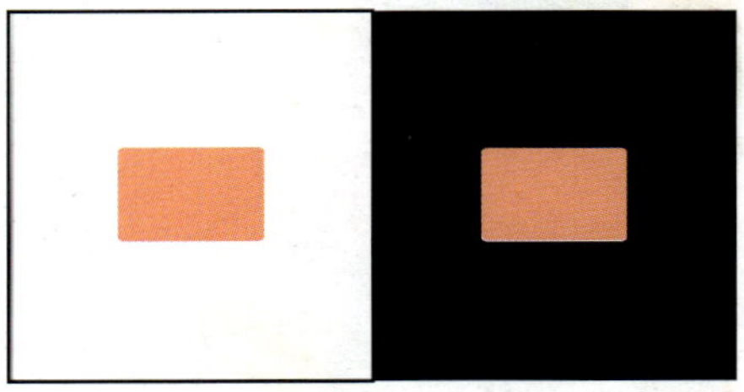

Figura 3.34.

8.3. Alteraciones de saturación

Siempre que colocamos un tono muy saturado sobre otro poco saturado se ve más puro. Por ejemplo, si ponemos un tono magenta grisáceo sobre un fondo gris, parece más coloreado y puro que si lo colocamos sobre un fondo magenta (Fig. 3.35).

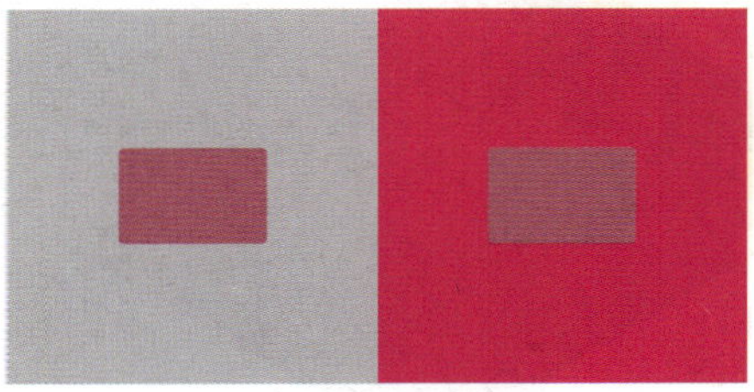

Figura 3.35.

9. El color como instrumento de soluciones plásticas

Saber ciertas normas y características del color en una representación, como las que puedes leer a continuación, aporta soluciones plásticas esenciales para conseguir los efectos pretendidos y transmitir ideas:

- Un color tiende a aumentar su tono si añadimos más cantidad de ese color.
- Un color pierde saturación cuando se mezclan más de dos tonos o al añadir blanco o negro. La mezcla de dos colores complementarios supone utilizar los tres colores primarios; por tanto, el resultado es un tono poco saturado y pardo.
- Para aclarar una zona es conveniente mezclar el color con blanco y amarillo, de esta manera se obtiene mayor luminosidad. Para oscurecer y dar volumen se puede utilizar el tono complementario, ya que el color negro altera fácilmente las propiedades del color.

Si observas detenidamente la obra de Paul Signac, *Pino en Saint-Tropez* (Fig. 3.36), verás que para hacer las sombras en la vegetación verde ha utilizado pequeñas pinceladas de su color complementario, rojo; para hacer que el tronco del árbol parezca más luminoso superpone puntos de color naranja sobre amarillentos, y para aclarar zonas iluminadas, utiliza blanco y amarillo.

Figura 3.36.
Paul Signac, *Pino en Saint-Tropez*, 1909.

9.1. Trabajar con colores complementarios

Cuando se trabaja una imagen con estos colores deben tenerse en cuenta las siguientes observaciones:

- Si se colocan juntos dos colores complementarios, la línea que surge de su separación vibra y cansa mucho la vista. Para evitar el contraste excesivo se puede colocar una línea o arabesco entre ellos. Una solución utilizada por Matisse consiste en emplear una línea blanca o negra que rebaje esta vibración. En su *Retrato de Lydia Delectorskaya* (Fig. 3.37) separa los colores complementarios por una gruesa línea negra. Observa el cromatismo y la expresividad obtenida por el contraste de tonos complementarios, azul con amarillo, verde con rojo anaranjado.
- Cuando se observa detenidamente un color, el ojo produce la visión de su complementario sin que este se encuentre presente. Por esta razón se debe evitar colocar juntos varios colores complementarios, ya que el efecto producido es la percepción de un tono grisáceo. Para comprobarlo, traza con rotulador líneas paralelas alternando dos colores complementarios. Lo mismo ocurre con pequeñas pinceladas o puntos.
- Una posibilidad para trabajar enfrentando colores complementarios consiste en manipular su mezcla para disminuir la vibración, es decir, crear parejas parecidas: azul rojizo al lado de un rojo anaranjado, verde junto a rojo amarillento, violeta con amarillo anaranjado, etc. Si observas detenidamente los colores de la obra de Matisse, verás que tanto el azul como el amarillo tienen magenta en su composición.

Figura 3.37.
Henri Matisse, *Retrato de Lydia Delectorskaya*, 1947.

10. Procedimientos para mezclar colores

A continuación, vamos a explicar brevemente en qué consisten los procedimientos de amasado, superposición y yuxtaposición.

Figura 3.38.
Honoré Daumier, *Don Quijote*, 1868.

10.1. Mezclas por amasado

Consiste en mezclar pintura con un pincel o espátula. Cuando se amasan diferentes colores, surge otro como producto de su mezcla; la mezcla se puede realizar en la paleta o directamente en el soporte, es decir, en la superficie sobre la que se trabaja (papel, cartón, tabla, lienzo, etc).

10.2. Mezclas sustractivas por superposición

Se produce cuando se coloca un color encima de otro y se puede ver el tono que hay debajo.

- **Veladura húmeda:** se coloca un tono transparente encima de uno opaco; es conveniente que el color que está debajo sea más claro.
- **Transparencias:** se trabaja de tonos claros a oscuros. Las zonas más claras deben respetarse desde el principio del trabajo. Con el procedimiento de las transparencias, el color aumenta su tono, pierde valor y saturación. La técnica de la acuarela consiste en colorear por capas de color transparente.
- **Veladura seca:** consiste en colocar un color opaco sobre otro opaco. Se aplica una capa de pintura poco húmeda sobre un tono, de manera que se vea parcialmente el tono de debajo. Si la superficie tiene textura, la pintura se deposita solamente en las protuberancias más salientes. Observa las zonas claras de la obra *Don Quijote*, de Daumier (Fig. 3.38), en ellas se ven partes del color oscuro de debajo.

Figura 3.39.
Georges Seurat, *Estudio para «Les Poseuses»*, 1887.

10.3. Mezclas partitivas por yuxtaposición

Cuando se coloca un tono al lado de otro, la mezcla de los colores se realiza en la retina; por esta razón, las mezclas yuxtapuestas vibran y crean movimiento. Observa la infinidad de puntos de colores yuxtapuestos que ha utilizado Seurat para hacer la figura femenina (Fig. 3.39).

10.4. Mezclas mixtas

Existen muchas formas de combinar los diferentes tipos de mezcla, como superponer un tono por yuxtaposición sobre una superficie o zona previamente coloreada. Si se cree conveniente, se puede aplicar después una veladura. Generalmente, las veladuras húmedas y secas se utilizan para las últimas capas.

11. El color en el arte y los movimientos artísticos

El estudio de las posibilidades gráficas y expresivas del color en el arte se desarrolla a partir de la segunda mitad del siglo XIX con la aparición de las vanguardias. El término vanguardia hace referencia a los artistas innovadores que luchan contra lo que está establecido, con una intención renovadora de avance, exploración e investigación.

En esa época surgieron grupos de artistas simultáneos que se enfrentaron al estudio del color como el elemento más importante del lenguaje plástico. Experimentando con nuevos materiales y soportes, cambiaron la intención de la pintura como imitación de la naturaleza, para transformarla y crear un nuevo lenguaje.

11.1. Impresionismo

Los artistas pertenecientes a este movimiento estaban en contra de las normas establecidas por la academia y centraron el estudio del color en la manera de representar la «impresión de lo que el ojo ve en un momento determinado», utilizando básicamente el color para construir imágenes. Los artistas más importantes de este movimiento son: **Cézanne, Degas, Manet, Monet** y **Renoir,** entre otros. Sus pinceladas y manchas cromáticas, que estudian la luz y el color, facilitan plasmar el pulso vital en la recreación de las formas con las que construyen sus imágenes sueltas y vibrantes. La obra *Baile en el Moulin de la Galette,* de Renoir (Fig. 3.40), representa magistralmente la luz en los personajes que bailan y charlan bajo la sombra de los árboles.

Figura 3.40.
Pierre-Auguste Renoir, *Baile en el Moulin de la Galette,* 1876.

Figura 3.41.
Vincent Van Gogh, *La iglesia de Auvers-sur-Oise,* 1890.

11.2. Post-impresionismo

Autores como Cézanne, Gauguin y Van Gogh fueron considerados por los post-impresionistas como las principales figuras de su movimiento. **Cézanne** evolucionó hacia la preocupación de la estructura de la forma a través del color. **Gauguin** exploró en el uso simbólico del color y de la línea. **Van Gogh,** apasionado, con una fuerte intensidad emocional, dio origen al Expresionismo (Fig. 3.41). **Seurat** se concentró en el análisis científico de las teorías del color y utilizó pinceladas menudas como puntos yuxtapuestos para realizar mezclas en la retina.

11.3. Fauvismo

La característica más llamativa de los autores que pertenecieron a este movimiento es su violencia cromática. Su nombre, ***fauves,*** significa fieras. Los promotores más representativos fueron **Matisse, Derain** y **Vlaminck,** entre otros. Utilizaron una pincelada muy expresiva y distorsionaron la realidad con tonos puros muy saturados. Sus temas más frecuentes fueron el paisaje y el retrato. La obra de Vlaminck, *El puente de Chatou* (Fig. 3.42), es un claro ejemplo de la fuerza cromática del fauvismo. Su pasión y fuerza le llevó a pintar incluso con los dedos. En esta obra, la violencia cromática de la parte inferior se ve equilibrada con la horizontalidad del puente y las verticales de las casas.

Figura 3.42.
Maurice de Vlaminck,
El puente de Chatou, 1906.

11.4. Expresionismo

Este término se aplica a obras de distintas épocas. Se representan imágenes deformadas y exageradas para obtener mayor expresividad emocional. Sus miembros tuvieron una actitud innovadora, en oposición a la pintura como «imitación». Influidos por artistas impresionistas y postimpresionistas, llevaron el color y la forma hasta las últimas consecuencias de la evocación y la simbología. **Ensor** describió la bajeza de la naturaleza mediante la representación de horribles y grotescas máscaras de carnaval. **Munch** utiliza el color de forma violenta y sus formas se distorsionan para expresar temor, amor, odio, etc. Su obra *El grito* (Fig. 3.43) nos muestra un personaje desfigurado por el miedo: su grito tiene tal intensidad que se propaga por el espacio mediante ondas que solo se equilibran por la forma recta del puente. Observa la violencia que genera el color y la expresión de la cara.

Figura 3.43. Edvard Munch, *El grito,* 1893.

El punto álgido del Expresionismo alemán llegó con el grupo Der Blaue Reiter, constituido principalmente por **Kandinsky** y **Marc,** entre otros. Estos artistas intentaron expresar sentimientos espirituales mediante el color y la luz.

11.5. Futurismo

Los principales protagonistas de este movimiento fueron **Boccioni, Carrá** y **Russolo.** Estos artistas investigaron la manera de transmitir la sensación de velocidad, combinando la línea, la pincelada y el dinamismo del color. Un ejemplo que transmite con claridad la sensación de velocidad es la obra *Dinamismo de un coche,* de Luigi Russolo (Fig. 3.44). Observa la dirección de las líneas, las pinceladas y los planos, así como el dinamismo generado por el contraste entre azules y rojos rematados con llameantes amarillos.

Figura 3.44.
Luigi Russolo,
Dinamismo de un coche,
1912-1913.

11.6. La Bauhaus

Fue una escuela innovadora de conceptos de arte y diseño en la que los artistas y los profesores propusieron diferentes teorías sobre el color para utilizarlas como base de su expresión creadora. Los artistas que destacan en el estudio cromático son **Itten, Klee, Schlemmer, Kandinsky** y **Albers.** Todos ellos trabajaron el color en sus obras como medio de investigación de sus atributos y características expresivas. En su obra *La escalera de la Bauhaus* (Fig. 3.45), Schlemmer utiliza la escalera diseñada por Walter Gropius para colocar personajes sin identidad propia. Estas figuras, vistas de frente, de espaldas y de perfil, crean trayectorias visuales interrelacionadas en todas las direcciones del espacio. Utiliza un fuerte contraste de tonos muy saturados con grises y negros que refuerza el dinamismo generado de subir y bajar.

Figura 3.45.
Oskar Schlemmer,
La escalera de la Bauhaus,
1932.

11.7. Expresionismo abstracto

Fue el primer movimiento pictórico importante que tuvo Estados Unidos. Sus representantes consideraban el soporte como un campo de liberación emocional, de excitación y energía. Los artistas más importantes de este movimiento que estuvieron preocupados por la expresividad del color son, entre otros, **Kooning, Still, Rothko** y **Newman.** El cuadro *Number 10,* de Rothko (Fig. 3.46), es un ejemplo de cómo representaba el universo infinito a través del color. La fuerza expresiva y la delicadeza de sus tonos residen en la sutileza de su elección y aplicación con capas muy finas y sin bordes. Si retienes la mirada un rato en la superficie amarilla, verás cómo se va oscureciendo, y si miras hacia el blanco, sin parpadear, verás como un color luz azulado se superpone creando sensaciones lumínicas.

Figura 3.46.
Mark Rothko, *Number 10,* 1950.

11.8. *Pop-art*

Es una modalidad pictórica en cuyas obras se refleja la vida cotidiana de la gran ciudad. Los artistas de esta tendencia emplean objetos, materiales y colores para provocar determinados estados de ánimo. Reivindican un lenguaje visual que resulte sencillo para una gran mayoría. Utilizan los colores básicos, muy saturados y generalmente planos. Los representantes más importantes de este «arte popular» son: **Johns, Warhol, Lichtenstein** y **Wesselmann.** La obra *Marilyn,* de Warhol (Fig. 3.47), es un claro ejemplo del *Pop-art.* En ella, la popular actriz se inmortalizó como una superestrella universal. Aunque todas las Marilyns que pintó parecen iguales, presentan tantas variaciones que se funden en una sola: la que cada espectador quiere ver.

Figura 3.47.
Andy Warhol, *Marilyn,* 1964.

11.9. Arte cinético

En su *Manifiesto amarillo,* muestran una gran preocupación por el dinamismo y el movimiento dentro de la obra. Parten de los conocimientos desarrollados por los artistas futuristas para crear obras abstractas de claro cinetismo.

Dentro de este movimiento, conocido también como ***Op-art,*** están artistas como **Vasarely, Soto, Sempere** y **Riley.** Estos autores mezclan los colores por yuxtaposición, buscan la vibración de sus mezclas mediante contrastes y juegos visuales.

Un ejemplo de estos juegos visuales es la obra de Vasarely *Arcturus II* (Fig. 3.48); observa las tramas cuadradas y sus valores cromáticos para dejarte llevar por la forma-color como lo harías por el ritmo del sonido.

Figura 3.48.
Victor Vasarely, *Arcturus II,* 1966.

11.10. Neoexpresionismo

Este movimiento se caracteriza por su agresividad brutal, por sus descarnados temas y por la forma en que estos son tratados.

Baselitz utiliza la pintura como pretexto para desarrollar un lenguaje agresivo, trágico y angustioso. Los colores se mezclan en el soporte con pinceladas rápidas y seguras, los tonos son poco saturados y los emplea para configurar la forma de los elementos.

Basquiat y **Haring** combinan la agresividad con el humor y la ironía. Utilizan generalmente colores básicos muy saturados, formando manchas planas o, en el caso de Haring, líneas y contornos muy definidos. Observa su obra *Sin título (Mickey)* (Fig. 3.49): con colores básicos muy saturados, el personaje de cómic se integra en un mundo de símbolos que cuestionan las decisiones políticas de su país.

Figura 3.49.
Keith Haring, *Sin título (Mickey),* 1985.

Aplicaciones

La intencionalidad cromática

Es importante conocer las propiedades y las singularidades del color cuando se tiene la intención de transmitir un mensaje. El color se asocia a diferentes objetos y sensaciones, y puede transmitir o sugerir sentimientos. Cada época y cultura ha encontrado en el color una simbología diferente. Estos valores se trasladan a la creación de signos, señales, anuncios publicitarios, cine, etc.

- **Blanco:** es signo de pureza, limpieza, ausencia, verdad (Fig. 3.50). Se puede utilizar para indicar que un producto es nuevo, a estrenar.
- **Negro:** se asocia a la oscuridad, al miedo, al vacío. Es un color que indica respeto y temor, por esta razón suele utilizarse en trajes y uniformes. En moda indica elegancia (Fig. 3.51).
- **Amarillo:** relacionado con el sol, la vida, el calor y el oro, produce sed, ansiedad. En la Edad Media era un color relacionado con el oro, metal precioso que indicaba acercamiento a Dios, sabiduría (Fig. 3.52).
- **Rojo:** se relaciona con elementos como corazón, amor, sangre, violencia, peligro. A menudo se utiliza para comunicar pasión y alegría (Fig. 3.53).
- **Azul:** asociado al agua, sugiere frescura, cielo, tristeza, espiritualidad, inmortalidad. En publicidad puede ser utilizado para indicar que un producto es sano o que está limpio (Fig. 3.54).
- **Verde:** evoca vegetación, naturaleza, esperanza, ecología; por eso este color se utiliza para los contenedores de reciclaje de vidrio o en algunas papeleras (Fig. 3.55).

Los tonos saturados son vivos y alegres, mientras que los colores poco saturados dan la sensación de sucios o viejos, desgastados.

Los colores claros son suaves, dulces, acarician y transmiten tranquilidad, pero los oscuros son tristes, agresivos y dan sensación de temor y miedo.

Figura 3.50.

Figura 3.51.

Figura 3.52.

Figura 3.53.

Figura 3.54.

Figura 3.55.

Procedimientos y técnicas

Las pinturas al agua

Las pinturas están formadas por pigmentos de colores, unidos entre sí mediante una sustancia llamada aglutinante. El aglutinante de la acuarela es la goma arábiga, y utiliza la glicerina como plastificante. La témpera también lleva goma, pero es más espesa y tiene más glicerina que las acuarelas. La pintura acrílica se hace mediante la mezcla de los pigmentos con acetato de polivinilo (una especie de cola blanca).

Todas estas pinturas tienen un mismo disolvente, el agua, que es capaz de desunir las partículas de pigmento destruyendo las propiedades del aglutinante.

Acuarela

Es transparente y se aplica superponiendo capas finas de color. La característica más importante es su capacidad para reflejar las cualidades cromáticas de cada pigmento. El color blanco es el blanco del soporte. El papel que se emplea es especial, y el mejor es el que se realiza a mano.

Existen varios procesos de realización en acuarela:

- **Húmedo sobre húmedo.** Consiste en aplicar el color sobre un papel humedecido con agua.
- **Húmedo sobre seco.** Una vez que el papel se ha humedecido y se ha dejado secar, se aplica el color.
- **Raspados y enmascaramientos.** Se usan para obtener blancos. Actualmente se emplea el fluido de enmascarar, una solución de látex de caucho que se extiende en el papel para proteger las zonas que no se quieran colorear. Una vez finalizado el trabajo se quita el fluido con una goma de borrar (Fig. 3.56).

Figura 3.56.

Témpera

Se utiliza para conseguir zonas de color uniformes y planas. Es una técnica opaca que, al secar, da un resultado mate y aterciopelado (Fig. 3.57). No es aconsejable utilizar mucha pintura, ya que puede craquelar o desprenderse. Para realizar veladuras, combinar la témpera con la acuarela.

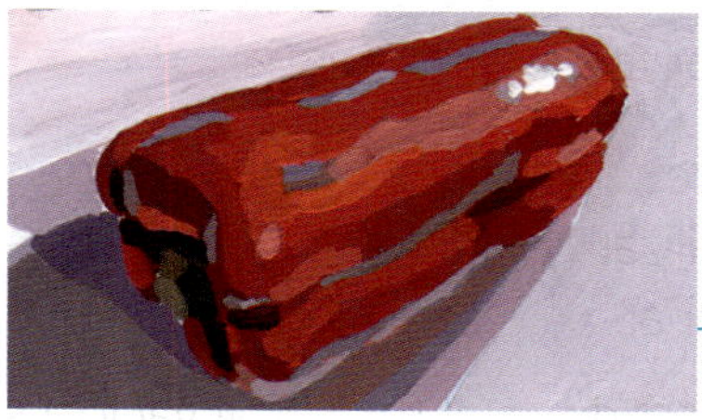

Figura 3.57.

Acrílico

Contiene partículas sólidas dispersas en el agua que, al secarse, forman una película flexible y sólida resistente al agua. Presenta acabados en brillo, satinado o mate. Con esta técnica se pueden mezclar los colores por amasado, superposición, yuxtaposición y veladuras.

- **Acrílico transparente:** se puede utilizar como si fuera acuarela empleando retardadores de secado.
- **Impasto:** cuando se añade un medio en forma de gel a la pintura, esta adquiere una mayor consistencia, y así se pueden crear texturas y superponer veladuras.
- **Acrílico opaco:** permite superponer colores eliminando el tono de abajo. Se puede utilizar sobre superficies texturadas y para aplicar veladuras secas (Fig. 3.58).

Figura 3.58.

Ahora hazlo tú

Dibuja un paisaje y cálcalo tres veces. Utiliza los mismos colores para cada composición, pero pinta cada uno con una técnica diferente.

Actividades finales

- La luz blanca

1. Para hacer una peonza cromática, dibuja y recorta sobre una cartulina blanca de formato A-4 un círculo dividido en seis partes iguales. Colorea cada porción con un color básico.

Para trazar el círculo emplea el compás, y para colorear, lápiz o rotuladores.

Después, recorta otro círculo de cartón con el mismo tamaño. Pega los dos círculos y atraviesa el centro con un lápiz muy corto o un bolígrafo estropeado (Fig. 3.59). Haz girar la peonza y observa los colores que has pintado.

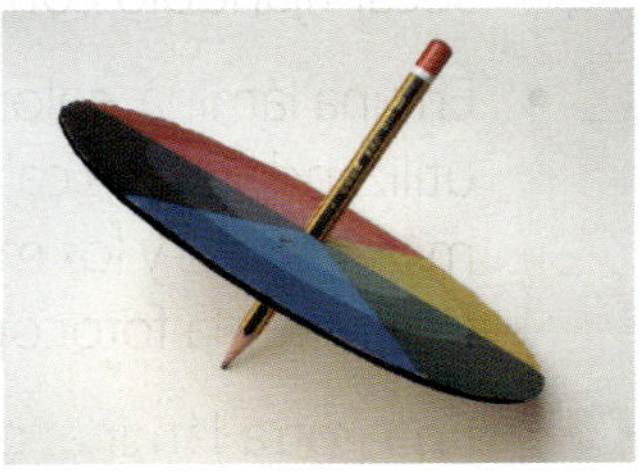

Figura 3.59.

- Luces de colores

2. Coge tres linternas y coloca sobre cada una, sujeto con gomas, papel celofán con los tres colores de luz primarios. Proyecta la luz sobre la pared de dos en dos para obtener los colores secundarios.

A continuación, pide ayuda a un compañero para proyectar las tres linternas a la vez. Poned un objeto opaco delante y observad las sombras que se producen.

Por último, selecciona objetos de diferentes colores muy saturados y colócalos sobre una mesa. ¿Qué ocurre con los colores de los objetos cuando son iluminados con las linternas de colores? Anota los cambios que se producen (Fig. 3.60).

Figura 3.60.

- El color y la televisión

3. Si puedes manipular los colores de tu televisor, prueba a quitar uno a uno los colores primarios y a variar su proporción. Los mandos también te permitirán controlar la cantidad de negro. Observa los cambios que se producen en los elementos que aparecen en la pantalla.

- Círculo cromático

4. Para realizar la siguiente actividad necesitarás una lámina de dibujo A-4, papel transparente de los colores primarios, un compás, una regla, escuadra y cartabón, un lapicero HB y unas tijeras.

Para pintar, deberás utilizar témperas de color magenta, cian, amarillo y blanco, que aplicarás con ayuda de dos pinceles cortos y redondos, de pelo suave y terminados en punta, uno fino y otro medio (por ejemplo, 3 y 8). Para proteger la mesa, cúbrela con un plástico.

Realiza un círculo cromático en el que aparezcan, como mínimo, los colores primarios y secundarios con variaciones de valor (Fig. 3.61). Inventa una forma sin cambiar su orden.

Después, separa los colores con diámetros en función de la sensación térmica que producen.

Finalmente, recorta tres semicírculos transparentes, cada uno de ellos de un color primario. Colócalos de manera que aparezca un círculo completo con los secundarios. Investiga lo que ocurre cuando superpones el círculo transparente sobre el que has pintado.

Figura 3.61.

Actividades finales

Series cromáticas

5. Forma un equipo con tres compañeros de clase y realizad el siguiente ejercicio:

- Buscad papeles impresos de diferentes colores y separad los trozos de papel según sea su tono, su valor y su saturación. Formad doce grupos de colores y reservad los colores que no encajan en ninguno de ellos.
- A continuación, formad tres escalas ordenando los trozos de papel (Fig. 3.62):
  - **a. En función del tono.** Colocad los colores por tonos que cambian poco a poco a otro tono. Por ejemplo, de amarillo a verde, de verde a cian, de cian a violeta, y así sucesivamente.
  - **b. En función del valor.** Cada tono básico se va haciendo cada vez más oscuro o más claro.
  - **c. En función de la saturación.** Colocad los colores por tonos de manera que cada vez se vean más saturados o más grisáceos.
- Con ayuda de la escuadra y el cartabón, dibujad columnas iguales, divididas en nueve bandas cada una, y pegad los trozos de papel ordenados sobre las tablas.
- Realizad una composición con los papeles que han sobrado, intentando transmitir un mensaje.

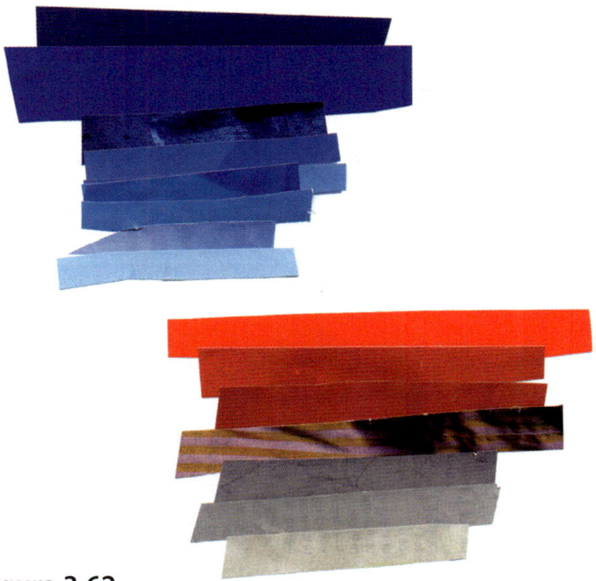

Figura 3.62.

Componer con el color

6. Realiza una composición siguiendo estos pasos:

- Busca una fotografía de un cuadro abstracto que te guste y fotocópiala en blanco y negro.
- Calca la obra en dos láminas de dibujo. Recuerda que, si utilizas papel de acuarela, es conveniente sumergirlo en agua durante un par de horas y dejarlo secar fijándolo con pinzas en un tablero.
- En una lámina, colorea con acuarela la composición utilizando tonos calientes. Intenta colocar los tonos más oscuros y los más claros en el mismo lugar que tienen en la fotocopia (Fig. 3.63).
- En la otra lámina, colorea con témperas la misma composición empleando tonos fríos. Respeta la colocación de los valores (Fig. 3.64).
- Por último, haz una versión libre de la misma composición. Busca en casa pigmentos originales como azafrán, pimentón, café, hojas machacadas y coladas, etc. (Fig. 3.65). Utiliza un aglutinante soluble en el agua (yema de huevo o clara de huevo batida a punto de nieve dejándola reposar, cola blanca de carpintero, etc).

Figura 3.63.

Figura 3.64.

Figura 3.65.

Otras propuestas

Altera los atributos del color

Sobre rectángulos de cartulinas de colores, coloca parejas de figuras sencillas, de manera que se alteren el tono, el valor y la saturación que existen entre ellas (Fig. 3.66).

Figura 3.66.

Cambia el mensaje de una imagen

Elige una imagen que transmita un mensaje claro y cambia su significado mediante la manipulación del color. Utiliza la técnica que consideres más apropiada para conseguirlo (Fig. 3.68). También puedes utilizar un programa de retoque fotográfico para realizar esta actividad.

Figura 3.68.
Vincent Van Gogh, *Autorretrato,* 1889.

La armonía del contrastre

En una lámina de dibujo de formato A-4, realiza un paisaje figurativo y cambia el color de los elementos por su complementario. Por ejemplo, el azul del cielo por el naranja, y el verde de los árboles por el rojo o el magenta. Utiliza una técnica al agua (Fig. 3.67).

Figura 3.67.

Transmite un mensaje

Diseña un cartel publicitario en contra de la guerra y a favor de la paz. Utiliza la simbología y la asociación del color. Emplea todos los recursos plásticos que sean necesarios para que el mensaje sea claro y sencillo (Fig. 3.69). Para realizar esta actividad puedes utilizar, incluso, diferentes partes de fotografías y manipularlas con un programa de retoque fotográfico.

Figura 3.69.

¿Qué has aprendido?

Completa en tu cuaderno

1. ¿Qué trasmiten las sensaciones térmicas del color?
2. Explica, con la ayuda de esta imagen, cómo se transmite la luz por el espacio.

3. ¿Cuáles son las parejas de tonos complementarios?
4. ¿Cuáles son los receptores visuales que traducen el color?

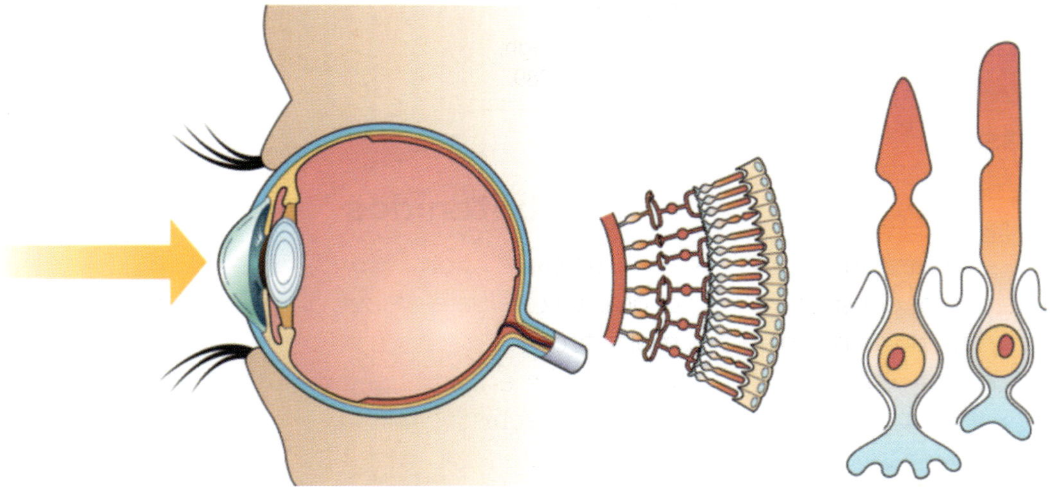

5. Enumera los atributos del color y explícalos brevemente.
6. ¿Por qué vemos el color de los objetos?
7. ¿Qué es la síntesis sustractiva? Explícalo y pon ejemplos.

4 Análisis y representación de formas

Competencias básicas

En esta unidad trabajaremos las siguientes competencias:

2. Matemática.

6. Cultural y artística.

7. Aprender a aprender.

8. Autonomía e iniciativa personal.

Contenidos

1. Formas orgánicas.

2. Formas geométricas.

3. Estructuras.

4. Relaciones métricas.

Aprenderás a:

Nuestro entorno es una fuente inagotable de formas que se relacionan entre sí formando estructuras: los pétalos que conforman una flor, los engranajes que forman una máquina, etc. Entre los múltiples tipos de formas destacan las orgánicas y las geométricas. El rasgo más característico de las primeras es su contorno ondulado, formas que podemos encontrar en la naturaleza y que el hombre imita en el diseño de objetos.

Las formas geométricas, aunque presentes también en la naturaleza, donde mejor pueden contemplarse es en los elementos fabricados por los seres humanos. No olvidemos que las curvas, los polígonos y demás formas geométricas son abstracciones que empleamos no solo para construir, sino también para interpretar la realidad que nos rodea. De ellas se han servido muchos artistas de muy variados estilos a lo largo de la historia.

Un cuadro

Pablo Palazuelo, *Sydus III*, 1997. Óleo sobre lienzo.

En muchas obras de este pintor, y en especial en esta, podrás observar cómo busca composiciones en las que se conecten y entrecrucen líneas. Se forman así redes en las que la belleza se crea a partir de la variedad de posibilidades de que las formas cambien.

Un libro

Bourgoin, J.: *Arabic geometrical pattern & Design*. Nueva York, Dover.

En las páginas de este libro verás multitud de bellos diseños árabes que se basan en los polígonos regulares que, como el triángulo equilátero y el hexágono, generan un sistema en el que las redes geométricas se descomponen en unidades idénticas que se repiten en secuencias regulares.

Una web

http://w3.cnice.mec.es/eos/MaterialesEducativos/mem2001/dibujotecnico/index.html

Entra en esta página web y busca los capítulos *Polígonos II*, *Tangencias*, *Óvalos* y *Ovoides*. Si activas el botón *Reproducir* observarás cómo los polígonos se van construyendo en movimiento paso a paso.

1. Formas orgánicas

Llamamos formas orgánicas a aquellas en cuya configuración predomina la línea curva sobre la línea recta. Las podemos observar sobre todo en elementos de la naturaleza: nubes, árboles, agua en movimiento, etc. Por tanto, muchas formas naturales se pueden incluir también dentro del grupo de las orgánicas.

Vocabulario

Hiperrealismo: movimiento artístico contemporáneo que surgió a mediados del siglo xx y que se caracteriza por representar la realidad con el máximo grado de fidelidad al modelo.

1.1. Tratamiento de la forma orgánica

A la forma en general, y en particular a la orgánica, se le puede dar diversos tratamientos de expresión. En esta ocasión te presentamos tres posibilidades de trabajar con este tipo de forma.

Tratamiento realista

En este caso, las formas tratan de imitar la realidad que vemos en nuestro entorno. En ocasiones, también contribuyen a este propósito elementos como el color o la textura.

En el dibujo titulado *Manos enguantadas para Marilyn en Embajadores* (Fig. 4.1), realizado por el pintor Antonio López, uno de los artistas plásticos más destacados del movimiento hiperrealista español, se puede observar el realismo con el que han sido dibujadas todas las formas que componen la imagen. Se han registrado hasta los más mínimos detalles para mostrar de manera inequívoca cómo eran exactamente los guantes y la acción que expresaban. En el mismo sentido, Pedro Martínez Sierra dibuja, en su obra *Desnudo femenino* (Fig. 4.2), una representación realista de la figura humana.

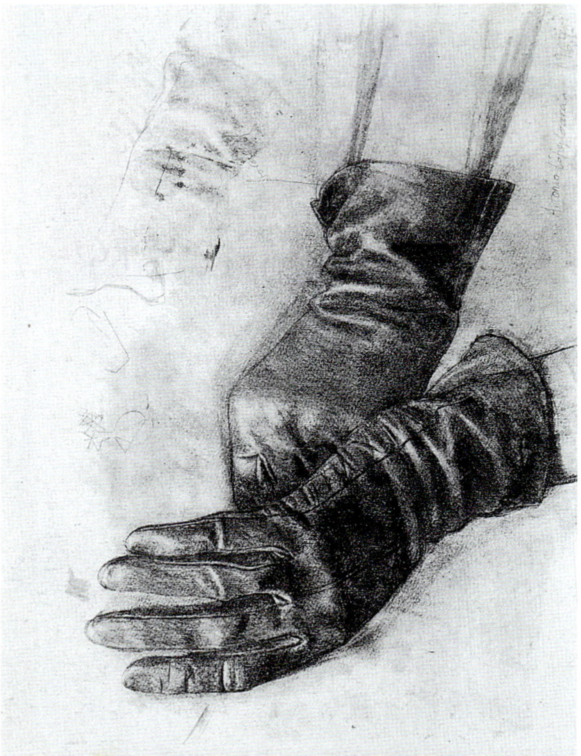

Figura 4.1.
Antonio López, *Manos enguantadas para Marilyn en Embajadores*, 1964.

Figura 4.2.
Pedro Martínez Sierra, *Desnudo femenino*, 1970-1971.

Tratamiento geométrico

También conocido como **geometrización** o **simplificación** de la forma, básicamente consiste en suprimir los detalles de las formas que no son imprescindibles para comprenderlas (Fig. 4.3).

Este modo de trabajar hace que las formas sean más comprensibles al eludir detalles poco significativos. Pero también es posible simplificar de tal manera que la forma inicial aparezca irreconocible a nuestros ojos; el resultado, entonces, sería una imagen abstracta.

Figura 4.3.
Juan Gris, *Botella y jarra,* 1912.

Tratamiento de contornos y siluetas

Recuerda que **contorno** es la línea con la que dibujamos el exterior de la figura, y **silueta,** la forma cuya superficie interior es de un mismo color o de una misma textura.

El contorno, al estar realizado por una línea, se puede tratar con distintos grosores e intensidades de grises, en función de la importancia que tenga la forma en su conjunto. Con este tratamiento se consiguen dibujos de una gran belleza y sensibilidad, como el que realizó Pablo Ruiz Picasso sobre *La metamorfosis de Ovidio* (Fig. 4.4).

El empleo de siluetas da una mayor rotundidad a la visión de la forma y, por tanto, al dibujo en su totalidad. Sin embargo, tiene una parte negativa con respecto al tratamiento anterior, y es que se pierde la sensibilidad del trazo en el contorno. Aun así, la silueta permite, por sí misma, realizar obras de gran expresividad, como el *Desnudo azul,* de Henri Matisse (Fig. 4.5).

Figura 4.4.
Pablo Ruiz Picasso, *La metamorfosis de Ovidio,* 1930. Relato de Néstor sobre la guerra de Troya.

Figura 4.5.
Henri Matisse, *Desnudo azul,* 1952.

1.2. Dibujar con formas orgánicas

Antes de dibujar una forma debemos establecer relaciones entre los tamaños que tienen sus diferentes partes. Es decir, entre unas partes y otras, y entre el todo y las partes.

El proceso de elaboración de un dibujo se puede simplificar en tres fases: encajado, desarrollo y detalles.

Figura 4.6.

Encajado

Consiste en situar una o varias formas dentro del espacio limitado por el papel de dibujo, de modo que todas sus partes mantengan la proporción correcta y ocupen el lugar adecuado (Fig. 4.6).

En esta fase no se dibujan detalles: se trazan líneas generales de situación, simetría y contornos destacados con un lápiz blando, lo que permite borrar con facilidad los trazos no deseados. Las formas observadas de la realidad deben simplificarse en figuras geométricas sencillas, como círculos, triángulos, rectángulos, etc., para posteriormente introducir en ellas las configuraciones concretas de las formas reales.

Observa en el dibujo adjunto cómo esta operación facilita la medición y la proporción de los trazados.

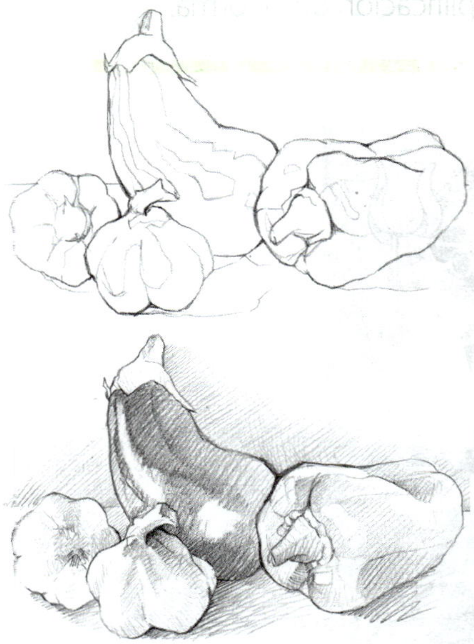

Figura 4.7.

Desarrollo

Una vez encajadas las formas, conviene aplicar sobre ellas sombras para definirlas mejor. De esta manera se consigue dar una impresión más aproximada a cómo son en la realidad (Fig. 4.7).

Cuando las sombras presentan un fuerte contraste y delimitan masas concretas, se dibuja la sombra mediante líneas auxiliares. Se llama así a las líneas que se utilizan para apoyar y aclarar los dintornos de formas complejas en un dibujo. Esta operación resulta más difícil en dibujos en los que las sombras quedan difuminadas, es decir, que disminuyen de manera progresiva su nitidez y no concretan bien sus contornos.

Detalles

En esta fase se tratará de terminar el dibujo, proporcionándole el mayor grado posible de exactitud y aproximación a la realidad (Fig. 4.8).

Se repasarán y corregirán los contornos de las formas delimitándolas con mayor rigor. Lo mismo se hará con las sombras, observando su conjunto y, en función de su impresión general, se pasará a oscurecer las zonas que así lo requieran y a aclarar con una goma de borrar aquellas otras que estén subidas de tono.

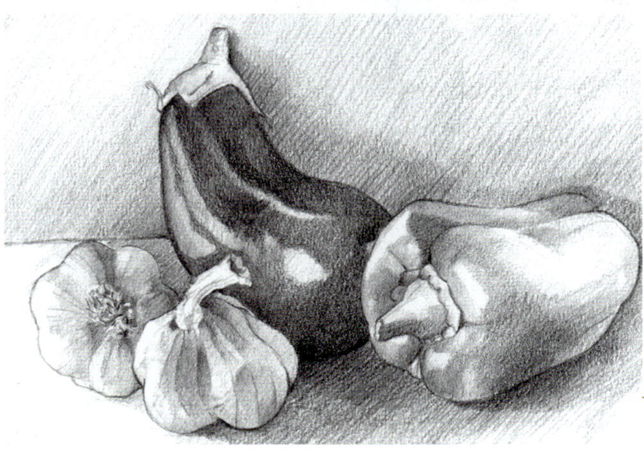

Figura 4.8.

Aplicaciones

Simplificar formas complejas

Hemos analizado algunos de los tratamientos expresivos con los que se puede dibujar: el realismo de Antonio López en su obra *Manos enguantadas para Marilyn en Embajadores;* la geometrización de la forma que utilizaba habitualmente Juan Gris para la elaboración de sus pinturas cubistas, y que tan magistralmente emplea en su cuadro *Bodegón con botella y cuchillo;* y, por último, el tratamiento de las formas por medio de contornos y siluetas usado por muchos artistas plásticos para expresarse a lo largo de la historia.

Pablo Ruiz Picasso utilizó para realizar su obra *El toro* (Fig. 4.9) todos los tratamientos expresivos expuestos de manera secuenciada. Es decir, el proceso que siguió para desarrollar este dibujo fue simplificar las formas complejas que constituyen la figura que deseaba plasmar, partiendo, por tanto, de la versión más realista del toro, para posteriormente ir reduciendo, mediante geometrizaciones, las formas hasta conseguir la imagen esquemática final.

Ahora hazlo tú

Prueba tú también a simplificar formas. Realiza un dibujo de algún animal doméstico, como un perro, un gato, o cualquier otro que se te ocurra, con el tratamiento de la forma por medio del contorno y el procedimiento de simplificación de la forma.

Figura 4.9.
Pablo Ruiz Picasso, *El toro,* 12 de diciembre de 1945.

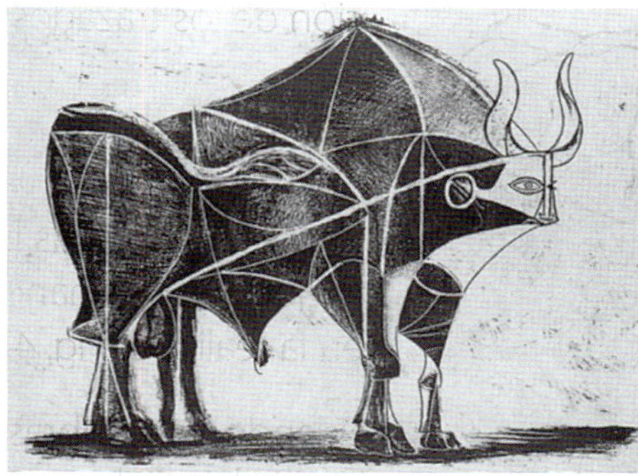

Pablo Ruiz Picasso, *El toro,* 24 de diciembre de 1945.

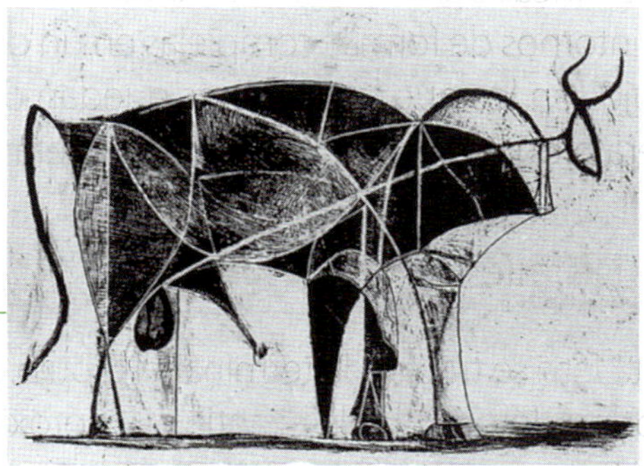

Pablo Ruiz Picasso, *El toro,* 26 de diciembre de 1945.

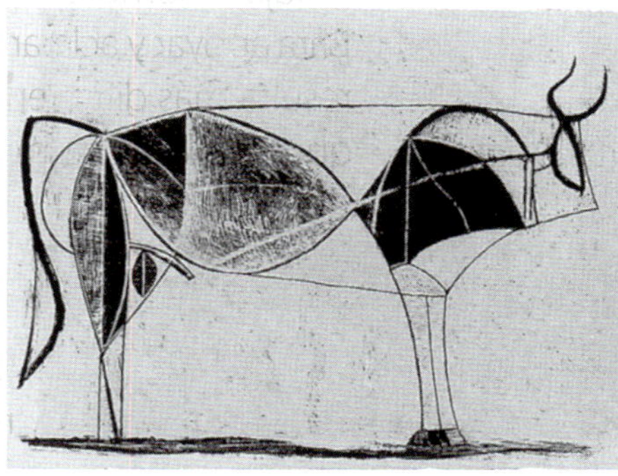

Pablo Ruiz Picasso, *El toro,* 2 de enero de 1946.

Pablo Ruiz Picasso, *El toro,* 5 de enero de 1946.

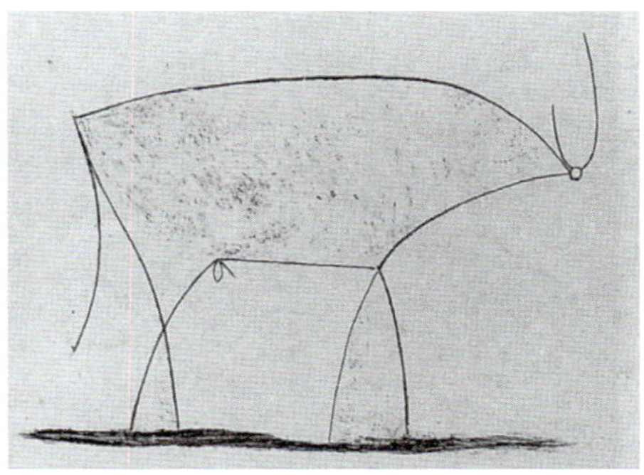

Pablo Ruiz Picasso, *El toro,* 17 de enero de 1946.

2. Formas geométricas

2.1. Construcción de polígonos regulares conociendo el lado

Los métodos de representación son de dos tipos: el general (para cualquier polígono regular con el número de lados que se desee) y el particular (para cada polígono en concreto).

Se utilizan métodos particulares, por la sencillez de sus trazados, en la construcción de triángulo equilátero, cuadrado, pentágono, hexágono, heptágono y octógono. La aplicación del método general la usaremos para dibujar polígonos con más de ocho lados.

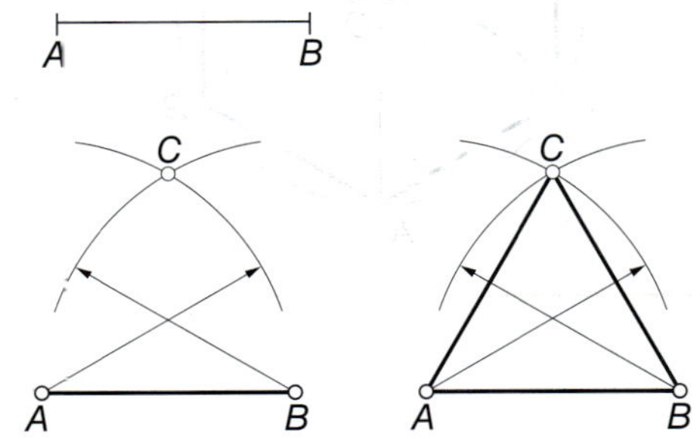

Figura 4.10.

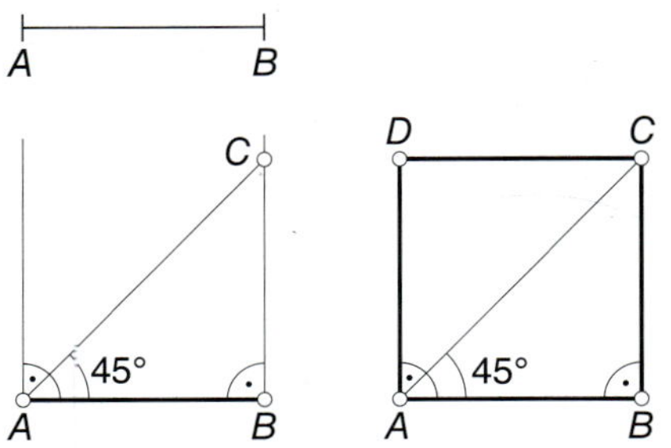

Figura 4.11.

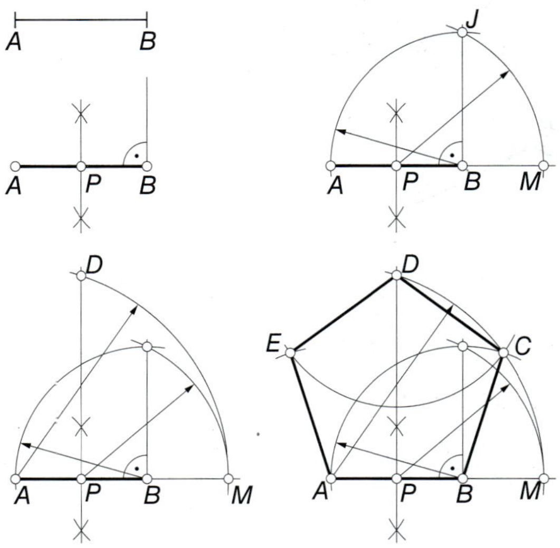

Figura 4.12.

Métodos particulares

- **Trazado del triángulo equilátero conociendo su lado (Fig. 4.10)**

1. Se dibuja un segmento *AB* con el valor del lado que se da.
2. Haciendo centro de manera sucesiva en los vértices *A* y *B*, con una apertura de compás igual a *AB*, se trazan dos arcos que determinan el punto *C*, vértice opuesto al lado *AB*.
3. El triángulo pedido se obtiene al unir *C* con *A* y con *B*.

- **Trazado del cuadrado conociendo su lado (Fig. 4.11)**

1. Se traza el lado *AB* dado.
2. Se levanta una recta perpendicular sobre *A* y *B* con la escuadra y el cartabón. A partir de *A* se traza una recta oblicua que forme con el lado *AB* un ángulo de 45°. Esta recta determinará el punto *C* al cortar la perpendicular trazada en *B*.
3. Simplemente al trazar una paralela a *AB* por *C*, se obtiene el cuadrado.

- **Trazado del pentágono conociendo su lado (Fig. 4.12)**

1. Se dibuja el lado *AB* con el valor dado y se halla su mediatriz, con lo que se obtiene el punto *P*.
2. Se levanta una recta perpendicular en *B*, y desde este punto, y con radio *BA*, se traza un arco que determinará el punto *J* al cortar a la perpendicular.
3. Con radio *PJ* y centro en *P* se dibuja un arco que cortará en el punto *M* a la prolongación de *AB*.
4. Tomando como centro *A*, y una abertura de compás *AM*, se dibuja un arco que determina el punto *D* sobre la mediatriz.
5. Por último, trazamos arcos con centro en *D*, *A* y *B*, y radio igual al lado *AB*. Estos arcos, al cortarse entre sí, determinan los puntos *C* y *E*, vértices del pentágono. El pentágono se obtiene al unir los puntos *C*, *D* y *E* con los extremos *A* y *B*.

- **Trazado del hexágono regular conociendo su lado (Fig. 4.13)**

El hexágono regular es el único polígono regular en el que se cumple la igualdad de su lado y del radio de la circunferencia circunscrita a él. Esto facilita su construcción, puesto que, si nos dan el valor del lado o del radio de la circunferencia que lo circunscribe, podremos construirlo siempre del mismo modo.

1. Se traza una circunferencia de radio *r* igual al lado *AB* dado y un diámetro cualquiera, *AD*.
2. Con centro en *A* y radio *AO* se describe un arco que corte a la circunferencia en los puntos *B* y *F*. Del mismo modo, haciendo centro en *D* con radio *DO* se traza un arco que vuelva a cortar a la circunferencia en los puntos *E* y *C*.
3. Al unir estos puntos entre sí obtenemos el hexágono.

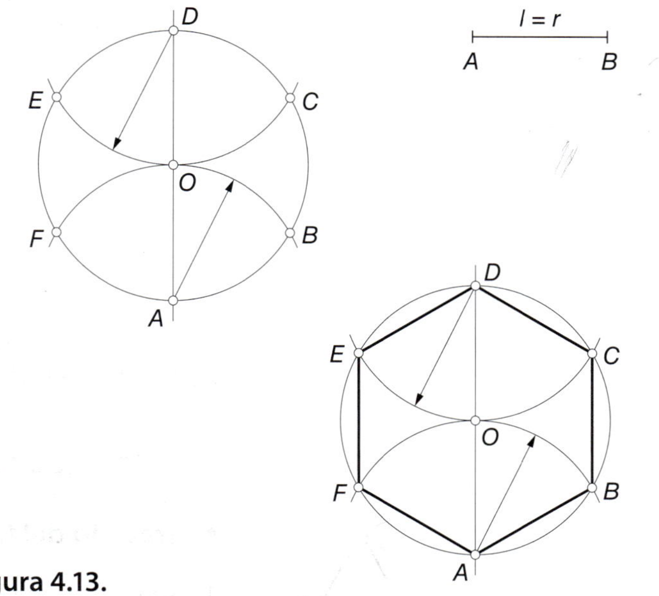

Figura 4.13.

- **Trazado del heptágono regular conociendo su lado (Fig. 4.14)**

1. Se dibuja el lado *AB* y se traza una perpendicular por uno de sus extremos, por ejemplo, el *B*. Se traza también la mediatriz de este lado.
2. En el extremo *A*, sobre *AB*, se construye un ángulo de 30°, prolongando el lado hasta que corte la perpendicular trazada desde *B* en el punto *P*. Para hacer este ángulo se ha transportado el de 30° que ofrece el cartabón.
3. Con centro en *A* y radio *AP* se describe un arco que cortará a la mediatriz de *AB* en el punto O, centro de la circunferencia circunscrita al heptágono, cuyo radio será el segmento *OA* u *OB*.
4. Sobre la circunferencia se traslada la magnitud del lado *AB* siete veces, obteniéndose los puntos *C, D, E, F* y *G*.
5. El heptágono que nos piden se determina uniendo los puntos.

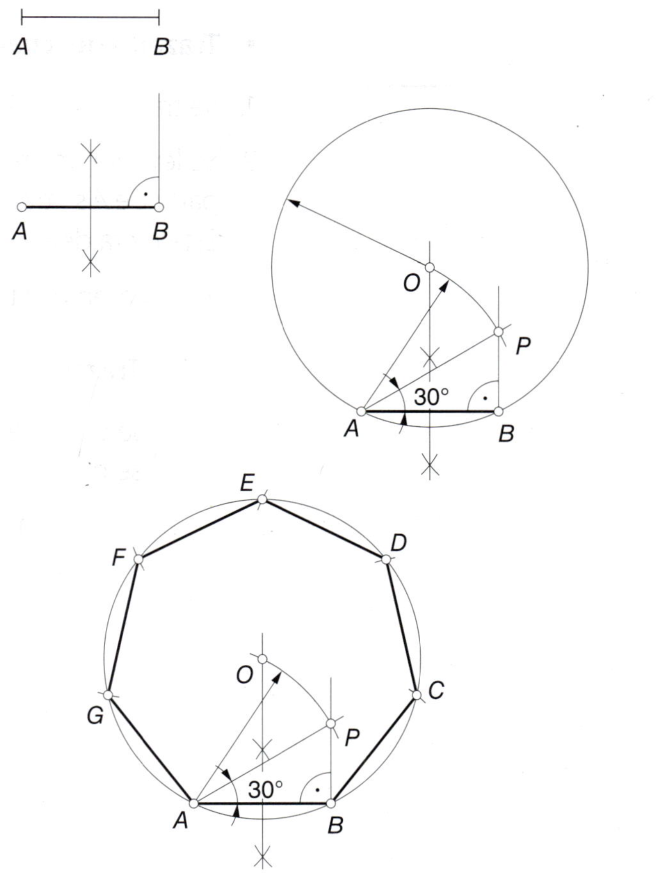

Figura 4.14.

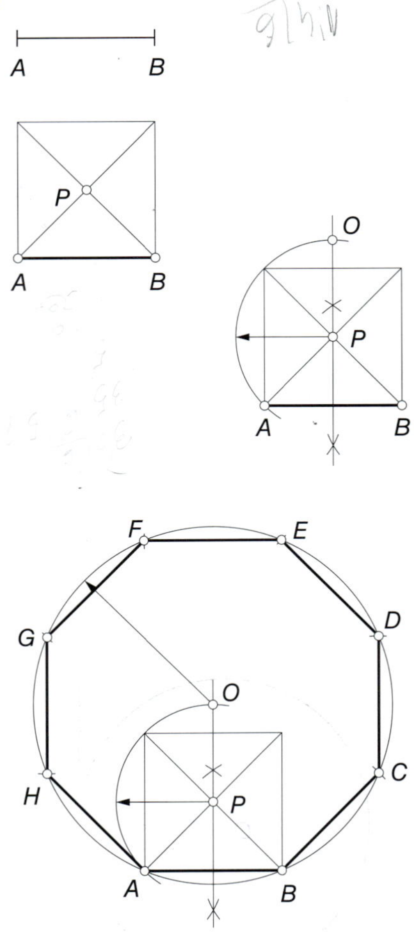

Figura 4.15.

- **Trazado del octógono regular conociendo su lado (Fig. 4.15)**

1. Con la magnitud *AB,* lado del octógono, se construye un cuadrado con este valor de lado.
2. Se trazan sus diagonales para así determinar el punto *P,* centro de este cuadrado. Con centro en *P* y radio *PA* se traza un arco que cortará en *O* a la mediatriz de *AB.*
3. El punto *O* es el centro de la circunferencia circunscrita al octógono y cuyo radio es el segmento *OA* u *OB.*
4. Sobre esta circunferencia se traslada la magnitud del lado *AB* ocho veces, con lo que resultan los puntos *C, D, E, F, G* y *H.*
5. Uniendo estos puntos se determina la figura del octógono.

Método general conociendo el lado

Para estudiar los diferentes procesos de este método, vamos a tomar como ejemplo la construcción de un **eneágono regular** de lado *AB* (Fig. 4.16).

1. Se halla la mediatriz del segmento *AB.*
2. Con centro en *A* y radio *AB* se traza un arco que cortará a la mediatriz en el punto *C* (observa que el punto *C* es el centro del hexágono regular de lado *AB*). Sobre esta recta van a estar situados los centros de las circunferencias de los polígonos.
3. Con centro en *C* y radio *AC* se traza una circunferencia, y, donde esta corta a la mediatriz, se obtiene el punto *P.*
4. El radio *CP* se divide en seis partes iguales, y para ello aplicamos el teorema de Tales. Hallamos así los puntos 7, 8, 9, 10, 11 y 12. Cada uno de ellos constituye el centro de la circunferencia circunscrita a los polígonos regulares de 7, 8, 9… lados.
5. En nuestro caso, el centro será el punto 9 y el radio, la magnitud *A9.* Trazamos la circunferencia y, a partir de *A,* llevamos el valor de *AB* con el compás sobre ella tantas veces como lados tenga el polígono propuesto.
6. Finalmente, se unen los vértices determinados anteriormente para construir el polígono.

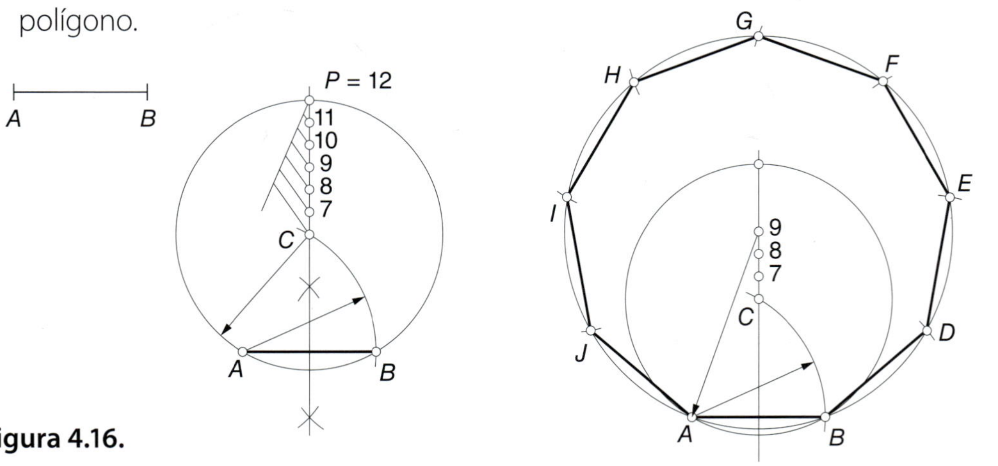

Figura 4.16.

2.2. Tangencias

Se dice que dos figuras son tangentes cuando tienen un solo punto en común, al que se conoce como **punto de tangencia** (Fig. 4.17). La unión armónica entre curvas y rectas o de curvas entre sí se llama **enlace** (Fig. 4.18) y esta unión debe producirse por tangencia.

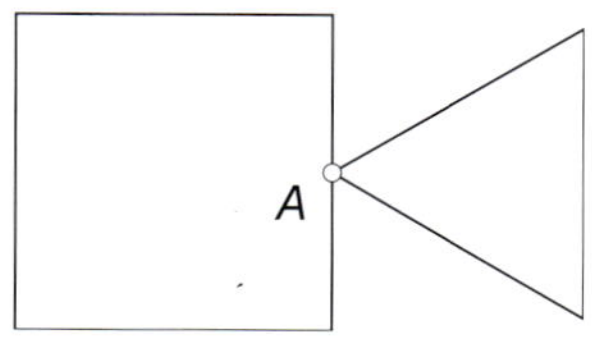

Figura 4.17.

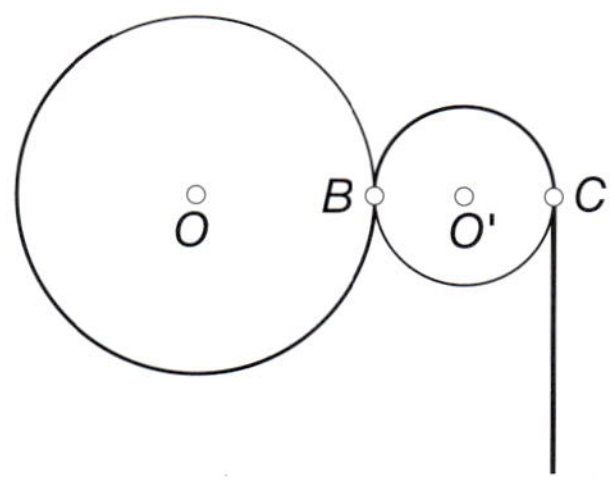

Figura 4.18.

Las tangencias pueden darse entre circunferencias, entre circunferencias y rectas, entre polígonos y rectas, entre circunferencias y polígonos, etc. Sin embargo, las tangencias más habituales en los dibujos geométricos son aquellas que se generan entre rectas y circunferencias, y entre circunferencias entre sí.

Propiedades básicas de las tangencias

Para solucionar con exactitud los trazados de tangencias, han de tenerse en cuenta los siguientes teoremas:

- **Primer teorema:** una recta es tangente a una circunferencia cuando tienen entre sí solamente un punto *(M)* en común, y la recta es perpendicular al radio de la circunferencia en el punto *(M)* (Fig. 4.19).
- **Segundo teorema:** una circunferencia es tangente a dos rectas que se cortan si su centro está situado en la bisectriz del ángulo que forman las rectas (Fig. 4.20).
- **Tercer teorema:** dos circunferencias son tangentes si tienen un punto en común *(N)* alineado con los centros de las circunferencias (Fig. 4.21).

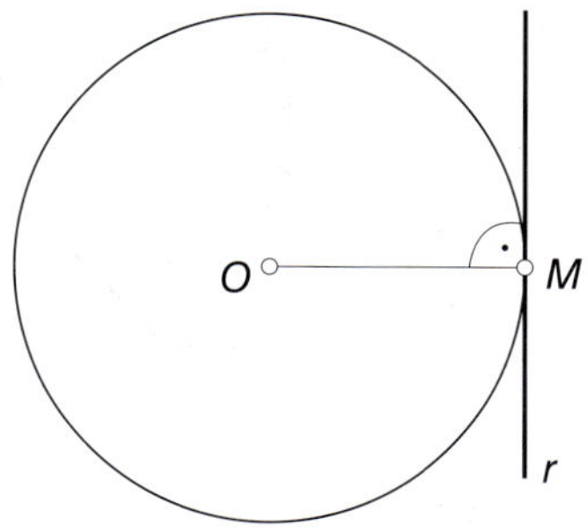

Figura 4.19.

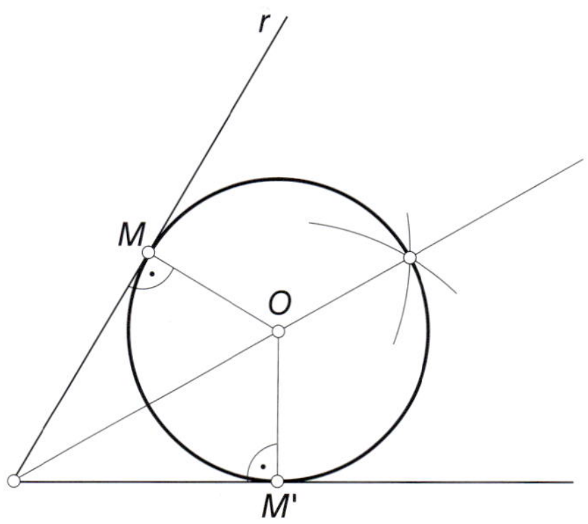

Figura 4.20.

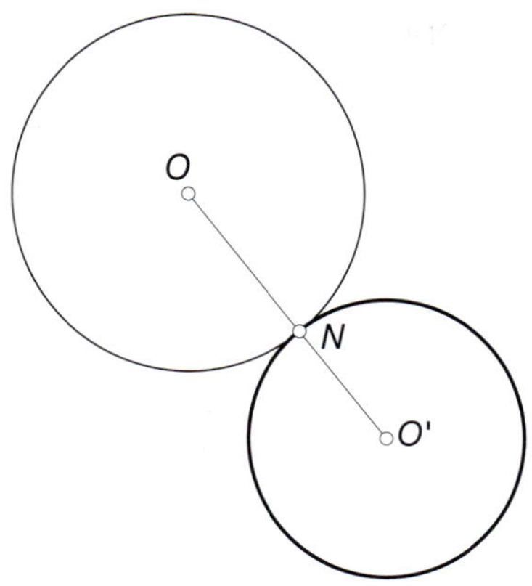

Figura 4.21.

Tangencia entre recta y circunferencia

A continuación te presentamos algunos de los trazados de tangencias más utilizados en dibujo técnico.

- **Trazado de una recta tangente a una circunferencia conocida por un punto *P* de la misma recta (Fig. 4.22)**

1. Se traza el radio que une los puntos *O* y *P*.
2. A continuación, se dibuja por el punto *P* la recta perpendicular al radio, que es la recta tangente *r* buscada.

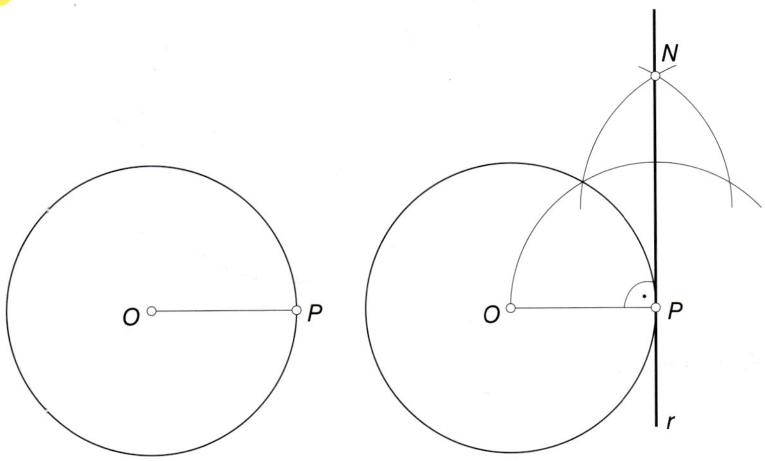

Figura 4.22.

- **Trazado de rectas tangentes a una circunferencia conocida desde un punto *P* exterior a ellas (Fig. 4.23)**

1. Se une el punto *P* con el centro de la circunferencia, *O*, y se dibuja la mediatriz del segmento *OP* para obtener así el punto *H*.
2. Con centro en *H* y radio *HO*, se dibuja un arco que corta a la circunferencia dada en los puntos *M* y *M'*, que son los puntos de tangencia.
3. Las rectas de tangencia *r* y *s* resultan de unir el punto *P* con *M* y *M'*.

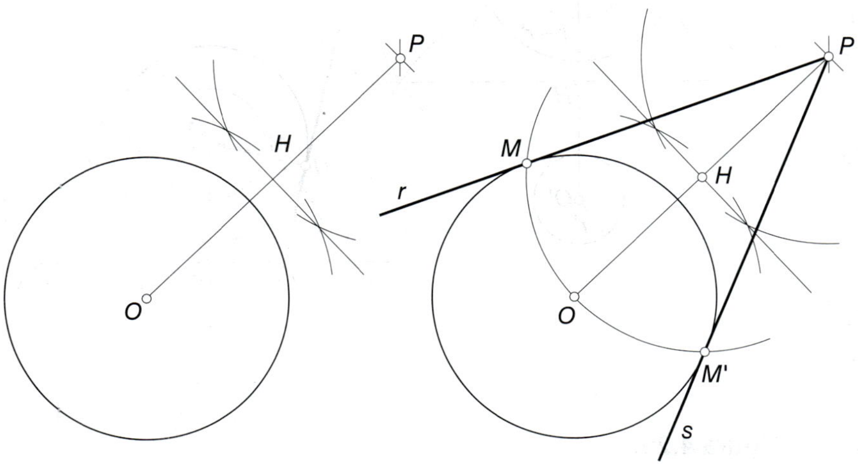

Figura 4.23.

- **Trazado de una circunferencia de radio conocido tangente a dos rectas *r* y *s* convergentes (Fig. 4.24)**

1. Se dibuja la bisectriz del ángulo que determinan las rectas.
2. Se traza una recta *t* paralela a una de las rectas dadas y, separada de ella, la medida del radio *r* conocido. La intersección de *t* con la bisectriz es el centro de la circunferencia que se ha de trazar.
3. Los puntos de tangencia son *M* y *M'*, que se hallan al dibujar los radios perpendiculares a las rectas *r* y *s*.

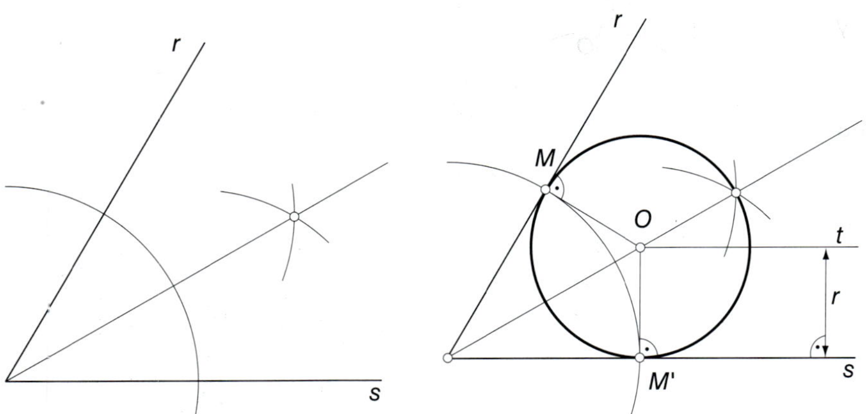

Figura 4.24.

- **Trazado de una circunferencia que pase por el punto *M* y sea tangente en *P* a la recta *r* (Fig. 4.25)**

1. Puesto que *M* y *P* tienen que ser puntos de la circunferencia que se desea trazar, su centro tiene que encontrarse en la mediatriz de *MP*.
2. Al ser *P* el punto de tangencia en la recta *r*, el centro *O* de la circunferencia se sitúa donde la perpendicular trazada desde *P* a *r* corta a la mediatriz *MP*.
3. Por último, con centro en *O* y radio *OP* y *OM* se traza la circunferencia pedida.

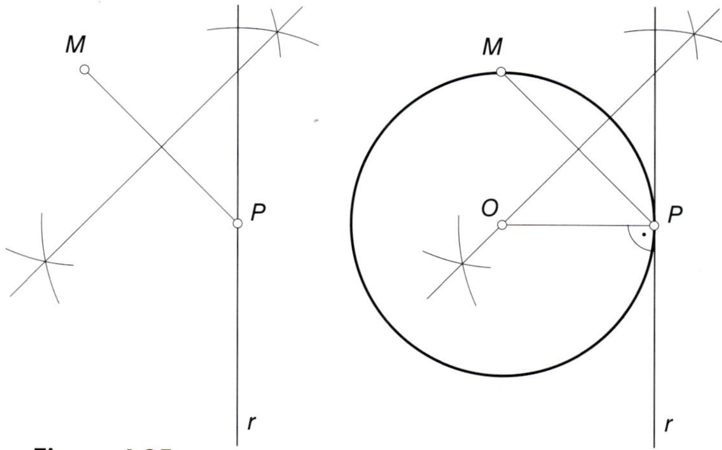

Figura 4.25.

- **Trazado de rectas tangentes exteriores a dos circunferencias conocidas de distinto radio (Fig. 4.26)**

1. Se unen los puntos *O* y *O′* y se halla el punto medio de *OO′*, al que llamamos *H*.
2. Se traza una circunferencia concéntrica a la de mayor radio que sea igual a la diferencia entre los radios mayor y menor.
3. Con centro en *H* y radio *HO*, se traza un arco hasta cortar a la circunferencia auxiliar en *M* y *M′*.
4. Se une *O* con *M* y *M′*, resultando así los puntos *U* y *V*.
5. Se dibujan por *O′* dos radios paralelos a *OV* y *OU* para conseguir los puntos *S* y *T*. Al unir *V* con *T* y *U* con *S*, se trazan las rectas tangentes *r* y *l*.

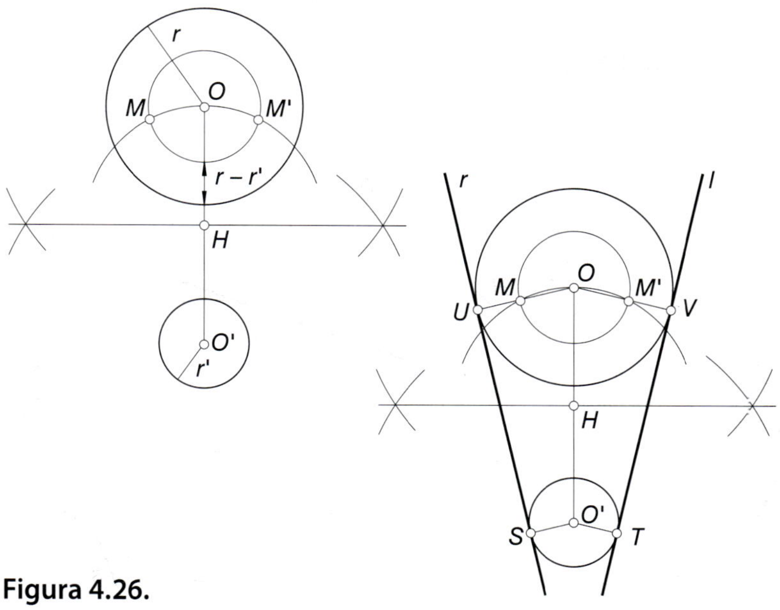

Figura 4.26.

- **Trazado de rectas tangentes interiores a dos circunferencias conocidas y de distinto radio (Fig. 4.27)**

1. Se unen los puntos *O* y *O′* y se determina el punto medio de *OO′*, que es *H*.
2. Se traza una circunferencia de radio igual a *r* más *r′* y con centro en *O*.
3. Con centro en *H* y radio *HO*, se traza un arco hasta cortar a la circunferencia auxiliar en *M* y *M′*.
4. Se unen los puntos *M* y *M′* con *O*, con lo que se obtienen los puntos *U* y *V* en la circunferencia.
5. Se dibujan por *O′* dos radios paralelos *OV* y *OU*, trazados en sentido contrario para conseguir los puntos *S* y *T*.
6. Basta con dibujar las rectas que contienen, respectivamente, a *U* y *T*, y a *V* y *S*, para conseguir las rectas tangentes *r* y *l*.

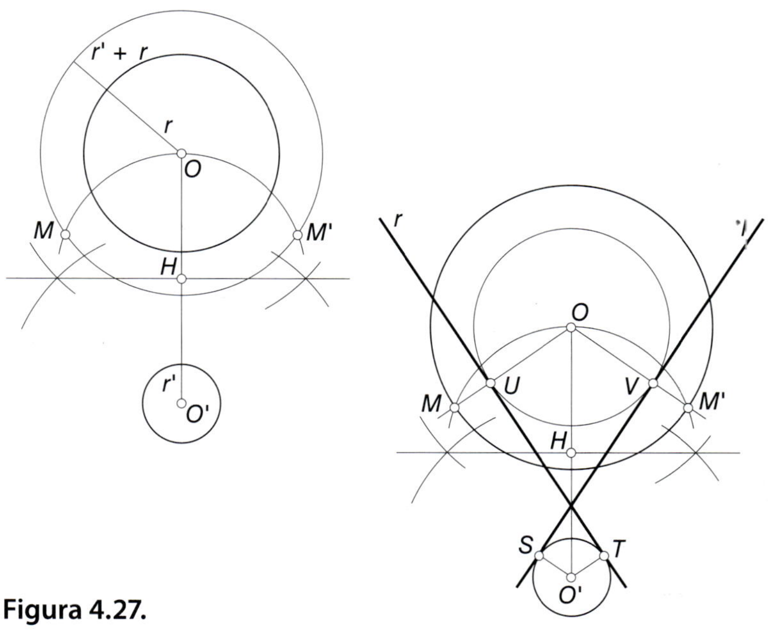

Figura 4.27.

Tangencia entre circunferencias

Las circunferencias tangentes pueden ser de dos tipos: interiores y exteriores. En las primeras, la distancia de sus centros es igual a la diferencia de sus radios; y en las segundas, la distancia de sus centros es igual a la suma de sus radios.

- **Trazado de una circunferencia de radio *r* tangente exterior a otra circunferencia conocida de centro *O* en el punto *P* (Fig. 4.28)**

1. Se prolonga un radio de *O* que contenga al punto *P*.
2. Se le suma el radio *r* a partir de *P* y se obtiene *O'*.
3. Finalmente, se traza la circunferencia que se busca con centro en *O'* y radio *O'P*.

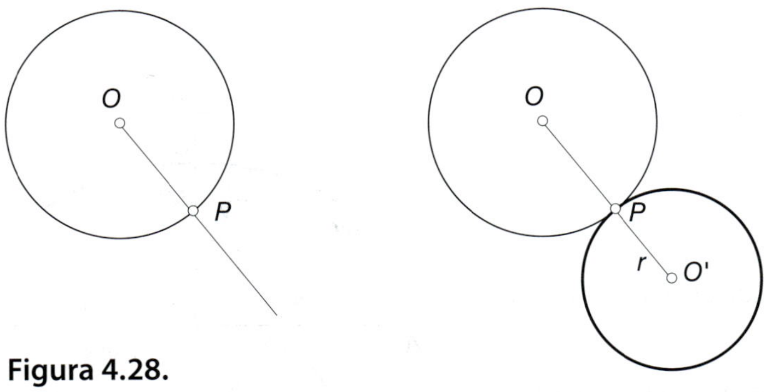

Figura 4.28.

- **Trazado de una circunferencia tangente a otra conocida en un punto *M* y que pase por otro punto interior *N* (Fig. 4.29)**

1. Al ser *M* y *N* puntos de la misma circunferencia, su centro estará en la mediatriz de *MN*.
2. Se une *O* con *M* y, donde corte a la mediatriz, se obtiene el centro *O'* de la circunferencia, que dibujaremos con radio *O'N*.

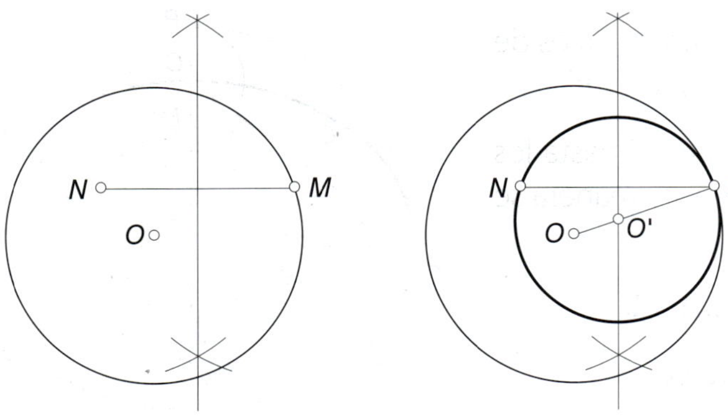

Figura 4.29.

- **Trazado de una circunferencia de radio *r* conocido, tangente a otra circunferencia y a una recta dada (Fig. 4.30)**

1. Se traza un arco con centro en *O* y que tenga como radio la suma del radio de la circunferencia dada más el radio conocido.
2. Se dibuja una recta paralela a la dada que diste de esta la medida del radio que se conoce. La intersección de esta paralela con el arco es el centro *O'* de la circunferencia buscada, y los puntos *M* y *N* son los puntos de tangencia.

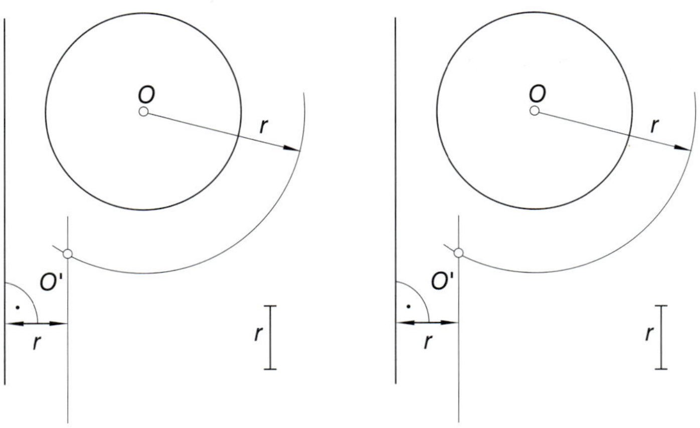

Figura 4.30.

2.3. Enlaces

Óvalo y ovoide

Los óvalos y los ovoides son curvas planas, cerradas y simétricas. Las primeras son simétricas respecto a sus dos ejes perpendiculares, mientras que las segundas lo son solo en relación con su eje mayor. En ambos casos, estas figuras están formadas por cuatro arcos de circunferencia.

- **Trazado de un óvalo del que se conocen sus dos ejes (Fig. 4.31)**

1. Se traza un arco de centro en *O* con radio *OA* que corta a la prolongación de *CD* en el punto *P*. Se une *A* con *C*.
2. Se dibuja un arco de radio *CP* con centro en *C* hasta cortar al segmento *AC* en *V*.
3. Se dibuja la mediatriz de *AV*, que corta la prolongación de *OD* en el punto *M* o dentro del propio segmento, y al semieje mayor en el punto *N*.
4. Se dibujan los puntos simétricos de *M* y *N* respecto a los ejes del óvalo, *M'* y *N'*.
5. Se unen los puntos *M* y *M'* con *N* y *N'*, respectivamente, y se trazan los arcos de centro *M'* y *M* con radio *M'D* y *MC*, obteniéndose los puntos *Q* y *Q'* y *P* y *P'*.
6. Por último, se dibujan los arcos de centro *N* y *N'* con radio *NA* y *N'B* hasta los puntos de tangencia anteriormente trazados: *Q* y *Q'* y *P* y *P'*; de esta manera se consigue construir el óvalo.

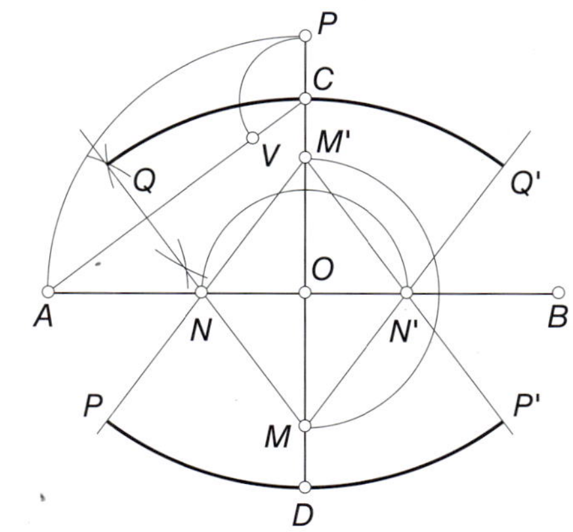

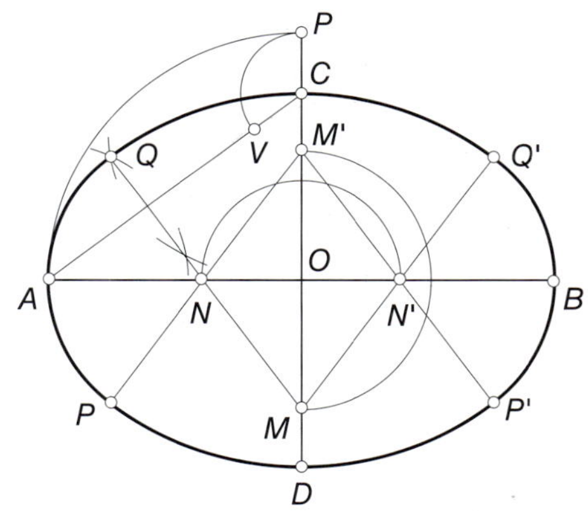

Figura 4.31.

- **Trazado de un ovoide del que se conoce su eje menor (Fig. 4.32)**

1. Se dibuja la mediatriz del eje conocido *AB*, y se obtiene el punto *O*.
2. Con centro en *O* y radio *OA*, se traza una circunferencia que cortará a la mediatriz en el punto *P*.
3. Se unen los puntos *A* y *B* con *P*, con lo que se llega a las rectas *r* y *s*.
4. Se dibujan dos arcos con radio *AB* y centro en los puntos *A* y *B*, y se obtienen así los puntos *M* y *M'*.
5. Con centro en *P* y radio *PM* o *PM'*, se traza el último arco que configura el ovoide que se pide.

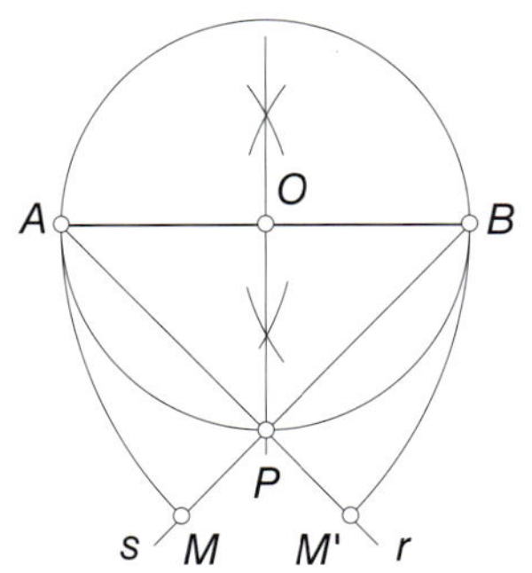

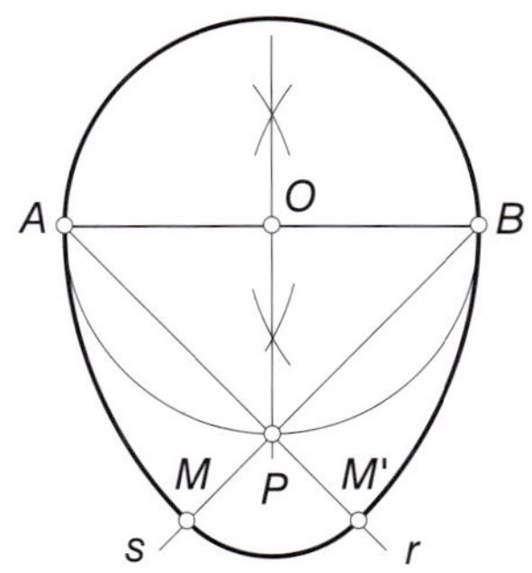

Figura 4.32.

Espirales

Las espirales son curvas planas, abiertas y continuas que se configuran en expansión alrededor de un núcleo central, lineal o poligonal, mediante arcos de circunferencia.

En una espiral, el paso es la distancia longitudinal que se desplaza un punto de ella en una vuelta completa.

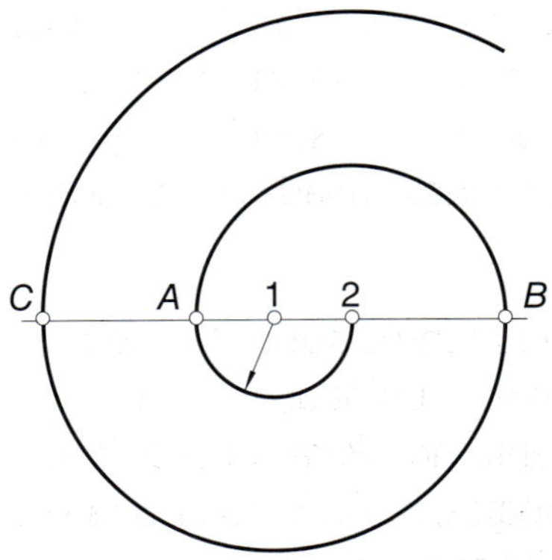

Figura 4.33.

- **Trazado de una espiral de dos centros (Fig. 4.33)**

1. Se dibuja una recta y sobre ella se definen dos puntos, 1 y 2.
2. Se hace centro en el punto 1 y, con radio igual al segmento 1-2, se traza una semicircunferencia. Al cortar la recta se obtiene el punto *A*.
3. Tomando como centro el punto 2 y como radio 2*A*, se dibuja otra semicircunferencia hasta determinar el punto *B* sobre la recta.
4. Se toma 1 como centro y con radio 1*B* se vuelve a dibujar otra semicircunferencia, de modo que resulta el punto *C*. De esta manera, alternando sucesivamente los centros 1 y 2, y mediante el trazado de semicircunferencias, se va configurando la espiral.

- **Trazado de una espiral de tres centros situados en los vértices de un triángulo equilátero (Fig. 4.34)**

1. Se dibuja un triángulo equilátero al que se prolongan los lados y numeran sus vértices: 1, 2 y 3.
2. Con centro en el punto 1 y con radio 1-3, se realiza un arco de circunferencia hasta determinar el punto *A* sobre el lado prolongado 2-1 del triángulo.
3. Del mismo modo, haciendo centro en el punto 2 y con radio 2*A*, se dibuja otro arco hasta obtener el punto *B* sobre el lado 3-2, también prolongado.
4. Alternando este procedimiento sucesivamente (centro en 3 con radio 3*B* que determina el punto *C*, etc.), se va construyendo la espiral.

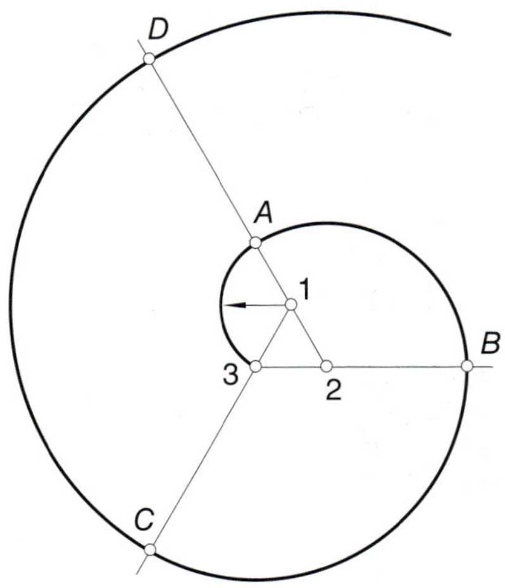

Figura 4.34.

Aplicaciones

Polígonos regulares en los objetos

Desde sus orígenes, el ser humano, al observar la naturaleza, advirtió las múltiples ventajas que ofrecían las formas poligonales y, más concretamente, las de configuración regular.

Si prestamos atención a nuestro entorno, nos daremos cuenta de que en muchos de los objetos que nos rodean están presentes los polígonos regulares: desde la forma del cuadrado de algunas ventanas de los edificios hasta el pavimento que pisamos en las aceras están constituidos por este y otros polígonos regulares (triángulos, pentágonos, hexágonos, etc.).

En la actualidad, una parte de los objetos que se fabrican están realizados bajo algún tipo de estructura poligonal regular. Una de las más sencillas es la estructura espacial mediante retículas triangulares regulares o cuadradas. Algunos ejemplos se pueden ver en los diseños de estructuras de edificios, muebles, piezas industriales, etc. (Fig. 4.35).

Figura 4.35.

La espiral en el diseño gráfico

Observa la Figura 4.36. Es un grafismo que se construye haciendo arrancar sucesivas espirales de ocho centros a partir de un octógono regular. Observa cómo se ha realizado el dibujo. Verás que es muy sencillo y que se presta para hacer interpretaciones variadas libres sobre la idea de espiral.

Basándote en estos conocimientos sobre la espiral y en lo que has aprendido en esta unidad, dibuja un grafismo similar al que te presentamos. Para conseguir mayor expresividad en tus trabajos, aplícale color una vez que estén hechos a lápiz. Utiliza rotuladores.

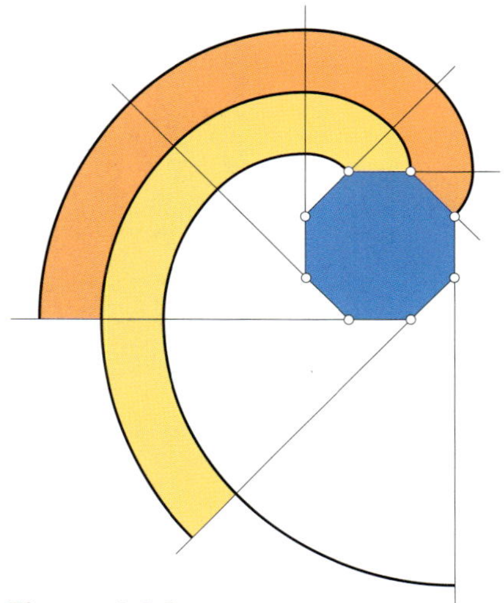

Figura 4.36.

Ahora hazlo tú

Elige dos objetos que tengas en tu casa cuya forma esté configurada por algún polígono regular. Dibújalos sobre un papel formato A-4 y comenta por qué piensas que el diseñador ha empleado en su obra ese polígono.

3. Estructuras

> **Recuerda**
>
> Podemos definir una **estructura bidimensional** como una organización lineal que compone y ordena una superficie.

Si observamos estas imágenes (Fig. 4.37) no apreciamos, en principio, que tengan nada en común. Las formas y los colores son totalmente diferentes; además, unas son formas creadas por la naturaleza, mientras que otras han sido realizadas por el ser humano. Sin embargo, si nos fijamos detenidamente, descubrimos que lo que tienen en común es la idea de estructura. Es decir, esas líneas interiores que distribuyen y ordenan las formas que componen la imagen: situación concreta de espacios interiores y exteriores, formas que se repiten de manera secuenciada y armónica, etc.

Por muy irregulares que sean las formas, existe un orden interno en ellas que estructura y condiciona su apariencia externa. El orden y la proporción que tienen las formas en muchas ocasiones están determinados por su función. Las formas procedentes de la naturaleza responden a estructuras concretas basadas en relaciones matemáticas, como la cristalización de los minerales o los nervios que forman parte de una hoja.

Figura 4.37.

Estructuras bidimensionales	
Estructuras regulares	Se distinguen por tener iguales todos los elementos que las componen y por seguir un ordenamiento regular. Las más características son las simétricas con un eje, las radiales, las unidireccionales, las básicas y las complejas.
Estructuras irregulares	Se caracterizan porque los elementos que las componen son desiguales y no poseen un ordenamiento regular. Son básicamente tres: radiales, unidireccionales y complejas.

3.1. Estructuras regulares

Ya hemos comentado que las estructuras regulares se caracterizan porque los elementos que las componen son iguales y mantienen una distribución regular. Las estructuras regulares pueden ser:

- Simétricas respecto a un eje (Fig. 4.38): los elementos de la estructura regular están repetidos, de manera invertida, a uno y otro lado de un eje de simetría.
- Radiales (Fig. 4.39): son las estructuras regulares que están formadas por elementos que parten de un centro y se distribuyen en el espacio, repitiéndose de modo regular.
- Unidireccionales (Fig. 4.40): se denomina así a una estructura regular cuando existe un conjunto de líneas paralelas que organiza y ordena los elementos de la composición.
- Básicas (Fig. 4.41): este tipo de estructuras también se conoce como redes planas básicas y ya las has estudiado en cursos anteriores. Recuerda que son aquellas que se estructuran por medio de triángulos equiláteros y de cuadrados. La suma de redes básicas genera redes complejas (Fig. 4.42).

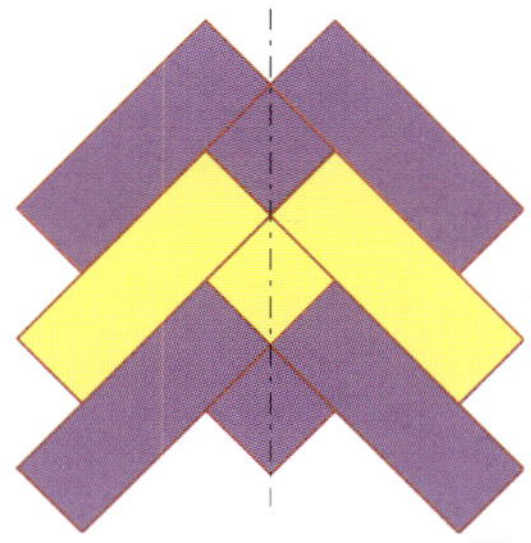

Figura 4.38.

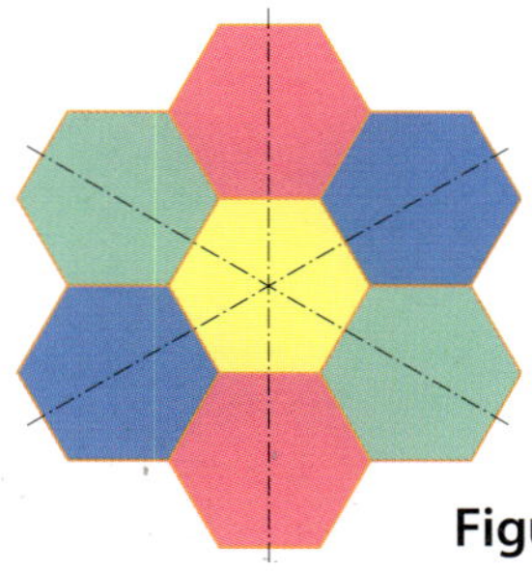

Figura 4.39.

Figura 4.40.

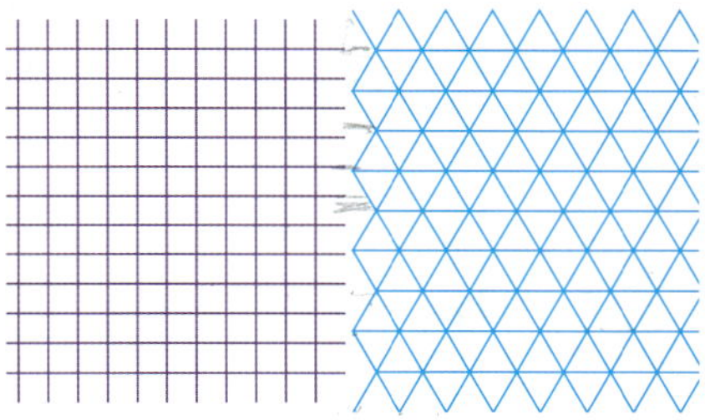

Figura 4.41.

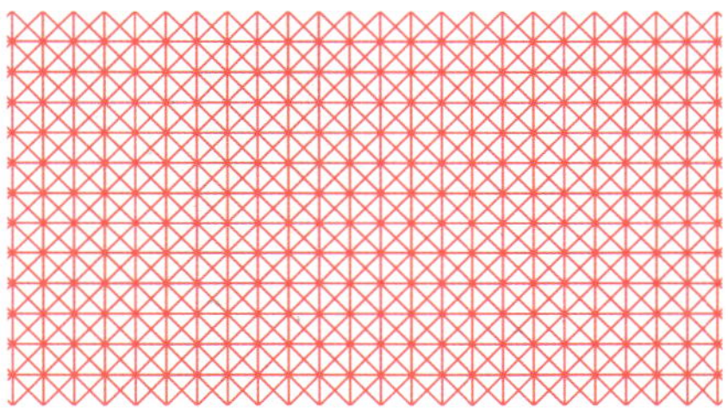

Figura 4.42.

3.2. Estructuras irregulares

Las estructuras irregulares pueden ser:

- Radiales (Fig. 4.43): se caracterizan por tener una forma circular y, por tanto, los elementos lineales que la componen tienen su origen en el centro.
- Unidireccionales (Fig. 4.44): son aquellas en las que todos sus elementos se orientan hacia una misma dirección.
- Complejas (Fig. 4.45): se distinguen porque los elementos lineales estructurales no tienen una ordenación regular.

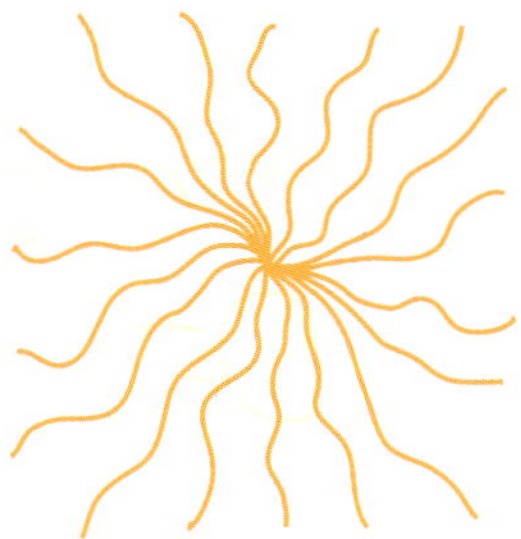

Figura 4.43.

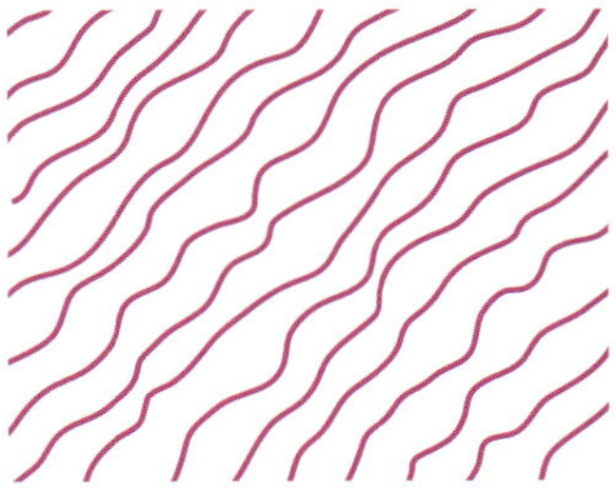

Figura 4.44.

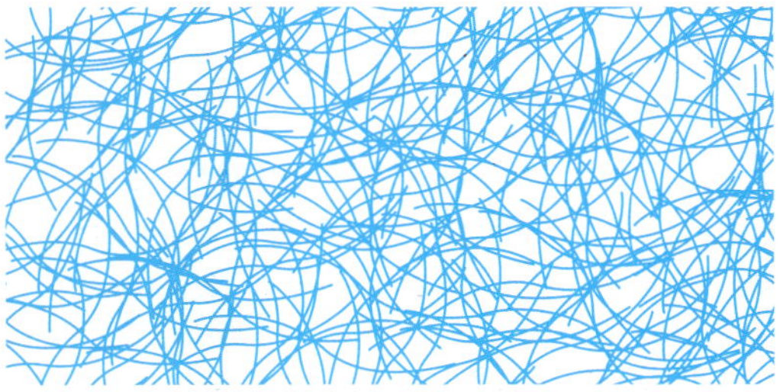

Figura 4.45.

3.3. Módulo

El **módulo** es una forma que puede ser regular o irregular, y que se repite, formando una red, un número concreto de veces y en un determinado orden (Fig. 4.46). Con él se pueden crear estructuras regulares o irregulares, tanto en el plano como en el espacio. Por ejemplo, son módulos básicos los triángulos equiláteros y los cuadrados que forman las redes planas básicas.

De momento, nos interesa analizar los módulos bidimensionales; por ello, los ejemplos que te presentamos giran en torno a esta idea.

Existe la posibilidad de crear otros tipos de módulos, formados mediante la unión de dos, tres o más módulos. A estos módulos se les denomina **módulos compuestos** (Fig. 4.47).

Figura 4.46.

Figura 4.47.

Las redes básicas también suelen utilizarse como base para realizar composiciones más complejas; por ejemplo, en la red triangular pueden dibujarse hexágonos (Fig. 4.48), y en la red cuadrada, octógonos (Fig. 4.49).

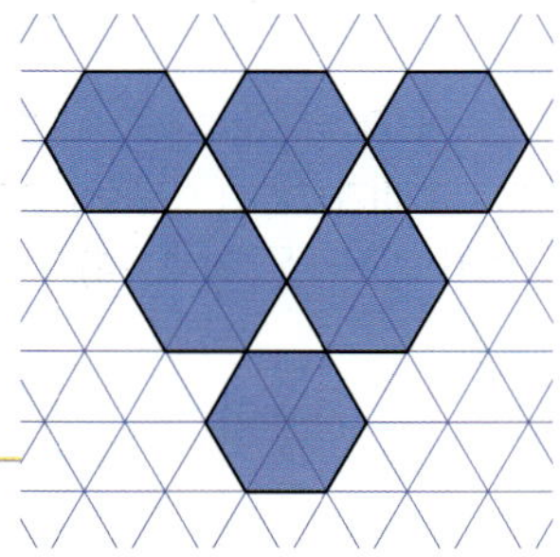

Figura 4.48.

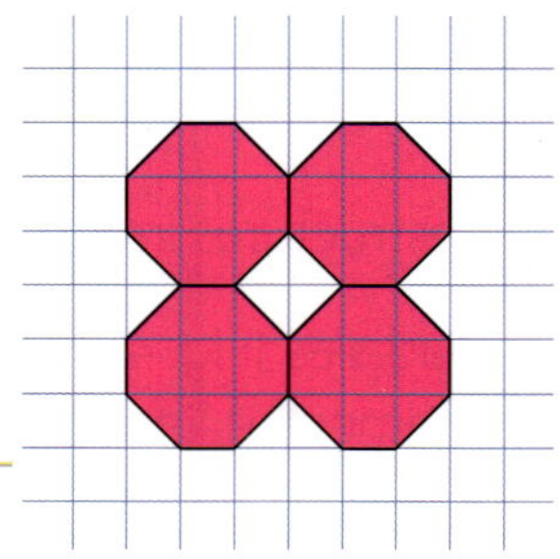

Figura 4.49.

Además, ambas redes sirven de base para realizar composiciones aún mucho más complejas utilizando líneas diagonales, semicirculares, circulares, etc. (Fig. 4.50).

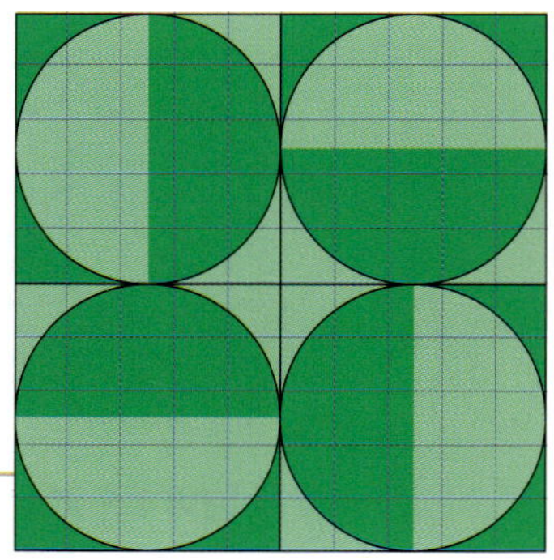

Figura 4.50.

3.4. Submódulo

Un submódulo es una parte de un módulo, de igual forma que este y contenido en él un número exacto de veces. Fíjate en las imágenes que te mostramos. Si dibujamos, por ejemplo, un cuadrado de 40 mm de lado y lo tomamos como módulo, podremos observar que los dieciséis cuadrados de 10 mm de lado que se pueden dibujar dentro de dicho cuadrado son, por definición, submódulos de este (Fig. 4.51). Por tanto, módulos y submódulos de igual forma pueden componerse de múltiples maneras entre sí, creando estructuras que pueden ser desde muy sencillas hasta muy complejas.

Una de las posibilidades plásticas que brinda el submódulo es la capacidad de crear una nueva estructura o red modular de dimensiones menores, e incluso de combinar diferentes tamaños de submódulos. Esta posibilidad de manipulación permite realizar creaciones de una gran belleza compositiva y plástica (Fig. 4.52).

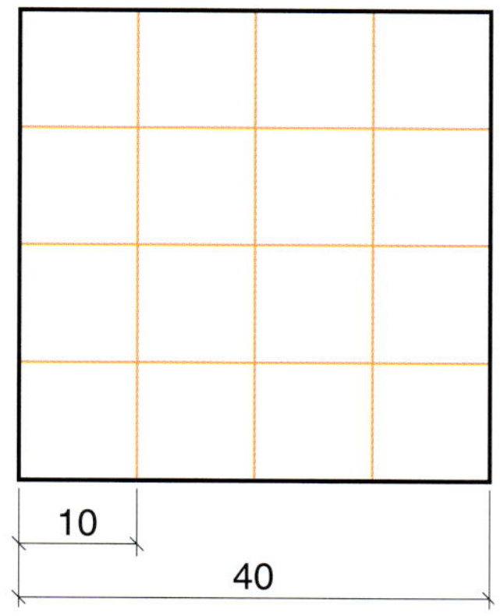

Figura 4.51.

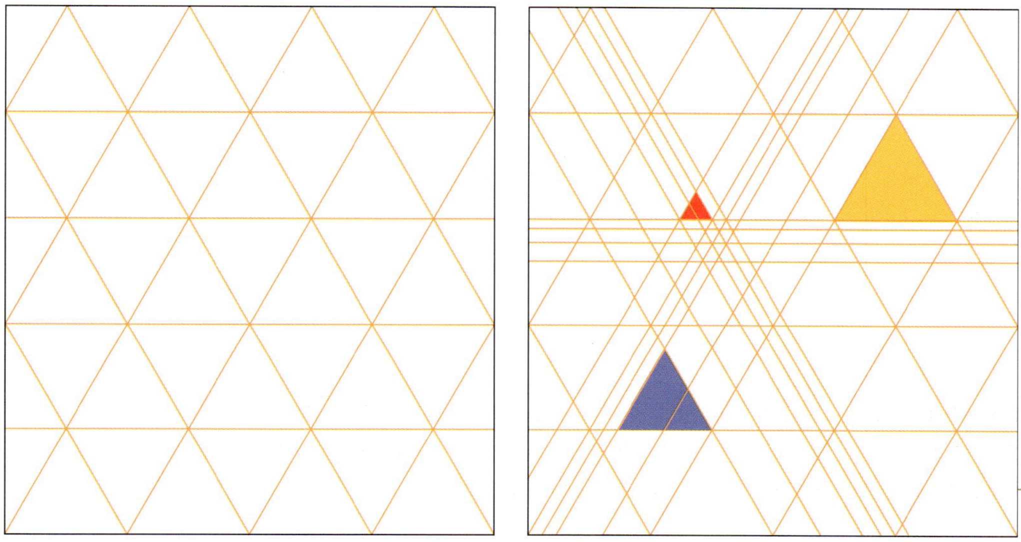

Figura 4.52.

Los dibujos que aparecen a continuación han sido realizados por personas de tu edad. Como puedes ver, se ha partido para su realización de redes submodulares, basadas en cuadrados y triángulos equiláteros (Figs. 4.53 y 4.54).

Figura 4.53.

Figura 4.54.

3.5. Superposición de estructuras básicas

Si superponemos dos estructuras o redes básicas, una cuadrada y otra triangular, y hacemos coincidir los centros de los cuadrados o triángulos equiláteros con los vértices donde concurren dichas redes, obtenemos una nueva estructura que posibilita la realización de formas planas o volumétricas.

Observa cómo la superposición de una red de cuadrados sobre otra con cuadrados más pequeños, y situados en sentido diagonal, generan triángulos rectángulos isósceles (Fig. 4.55). Por otro lado, la superposición de una red de triángulos equiláteros con otra del mismo tipo de triángulos, pero cuyos lados miden 2/3 de la altura de los primeros, da lugar a una red de triángulos rectángulos con ángulos de 60° y 30° (Fig. 4.56).

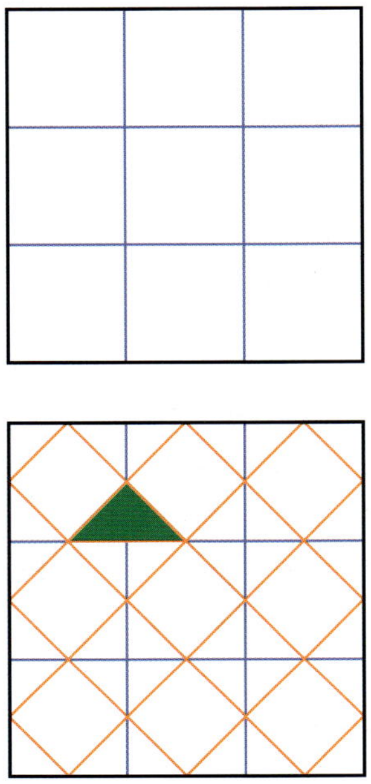

Figura 4.55.

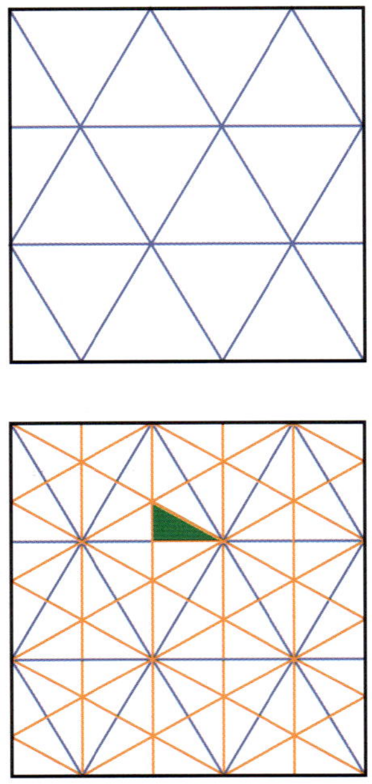

Figura 4.56.

Figura 4.57. Diseño del Carpenter Centre for Visual Arts (Cambridge, Estados Unidos).

El pintor español José María Yturralde, o instituciones como el Carpenter Center for Visual Arts de Cambridge (Estados Unidos), aplican esta estrategia constructiva para realizar obras plásticas (Figs. 4.57 y 4.58). Observa los ejemplos que te mostramos. Comprobarás que, aplicando el concepto de superposición de estructuras básicas, se pueden crear infinidad de composiciones, todas ellas con un gran sentido de la estética.

Figura 4.58. Diseño de José María Yturralde.

4. Relaciones métricas

4.1. Proporción

En geometría se dice que la **proporción** es la relación que existe entre dos figuras que tienen la misma forma, pero diferente tamaño (Fig. 4.59).

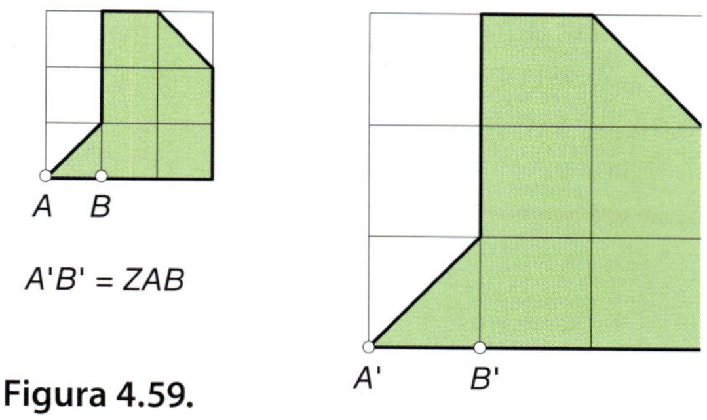

Figura 4.59.

4.2. Semejanza

Vamos a recordar y a profundizar sobre algunos aspectos de la semejanza ligados a la proporción en su vertiente geométrica.

Dos figuras son semejantes cuando tienen todos sus ángulos iguales y los lados proporcionales y dispuestos en el mismo orden. Los elementos que se corresponden en una semejanza, es decir, los ángulos y los lados, se denominan homólogos (Fig. 4.60).

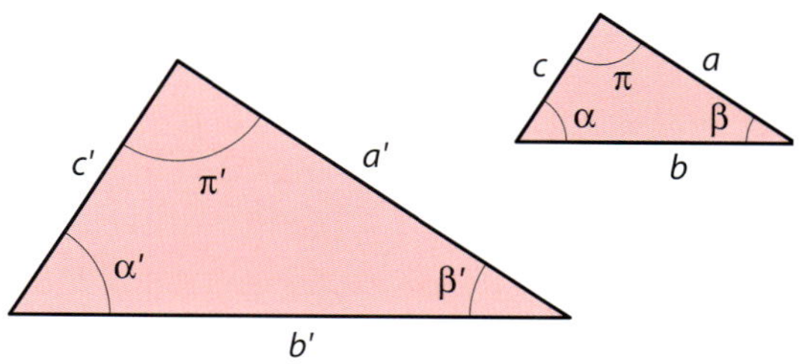

Figura 4.60.

Una de las propiedades más notables de la semejanza consiste en que, para que dos figuras planas sean semejantes, la relación o proporción entre sus áreas debe ser igual a la proporción entre los cuadrados de dos aristas **homólogas.**

Construcción de figuras geométricas semejantes

Para construir polígonos semejantes existen varios procedimientos; los más habituales son los que se basan en el paralelismo de sus lados. En esta ocasión, te presentamos un método muy sencillo de aplicar (Fig. 4.61):

- Partimos siempre de un punto O cualquiera situado fuera del polígono en el que se van a unir las líneas que contienen los vértices de los polígonos, tanto del inicial como del semejante que se va a construir.
- Desde O trazamos rectas que contengan los vértices del polígono y las prolongamos. Se sitúa un punto cualquiera sobre una de las rectas, por ejemplo, A.
- De esta manera, al trazar los lados paralelos al polígono dado, construiremos un polígono proporcional al de partida.

Observa que con este procedimiento se pueden realizar figuras semejantes de formato mayor o menor al original.

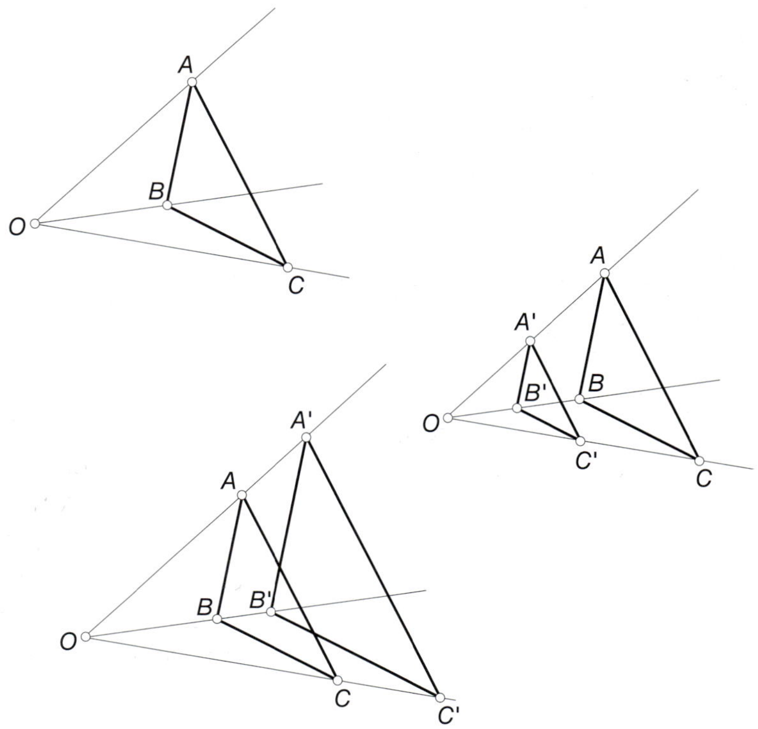

Figura 4.61.

4.3. Sección áurea

> **Recuerda**
>
> Se denomina **sección áurea** a la proporción que se considera más armónica y estética entre dos dimensiones.

En el Renacimiento italiano, periodo que comprende los siglos XV y XVI, para componer dibujos, pinturas, esculturas y edificios se utilizaron los principios sobre la proporción que había dejado escritos el arquitecto romano Vitruvio 1 500 años antes. Estos trabajos desarrollan en alguno de sus apartados lo que se conoce como la sección áurea.

Su definición puede expresarse de este modo: para que un segmento dividido en dos partes desiguales resulte armónico, debe existir entre la parte menor *(AC)* y la mayor *(CB)* la misma relación que entre la parte mayor y el todo, es decir, *AB*.

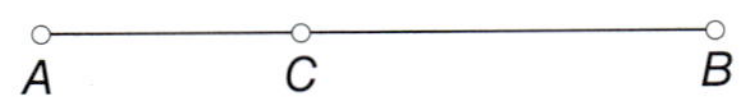

$$\frac{AC}{CB} = \frac{CB}{AB}$$

División áurea de un segmento dado *AB* (Fig. 4.62)

1. Se traza la mediatriz del segmento *AB* que nos dan para determinar el punto *O*. Por uno de los extremos del segmento, por ejemplo *A*, se dibuja una recta *r* perpendicular a *AB*.
2. A continuación, trazamos un arco con centro en *A* y radio *AO* hasta cortar en el punto *M* a la recta *r*. Después se une *M* con *B*.
3. Con centro en *M* y con radio *MA*, se traza un arco que cortará al segmento *MB* en el punto *N*.
4. Con centro en *B* y radio *BN*, se traza un arco que cortará al segmento *AB* en el punto *C*, que lo divide en dos partes desiguales, *AC* y *CB*, las cuales tienen entre sí la proporción áurea.

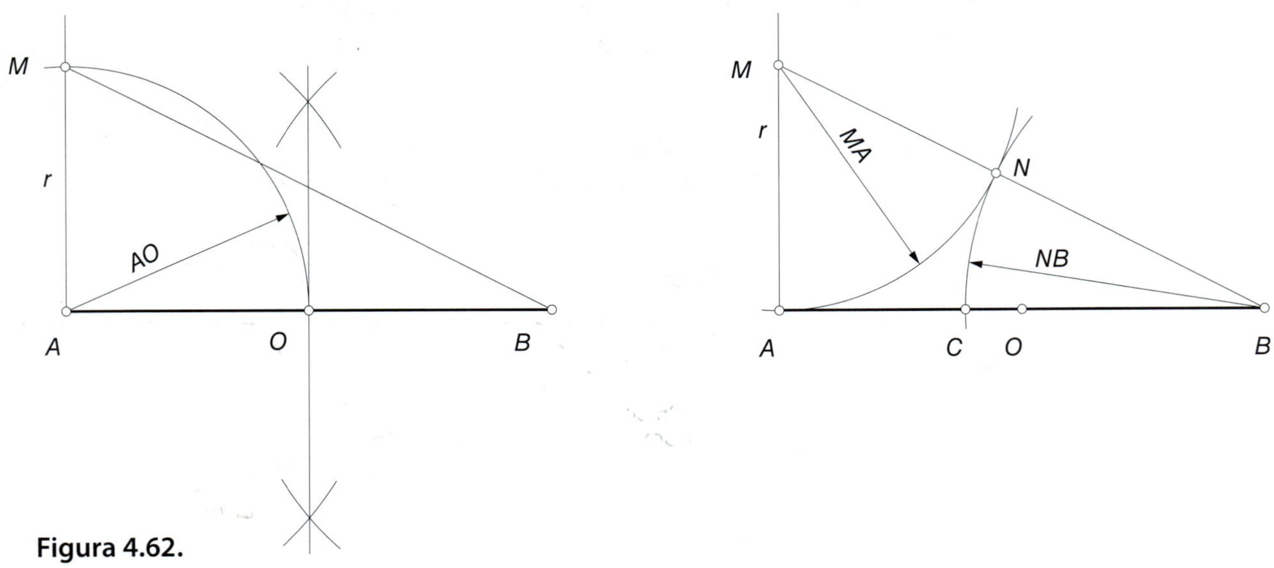

Figura 4.62.

4.4. Escalas

Cuando se va a representar un objeto, a veces surgen dificultades derivadas de su tamaño, bien porque es muy grande para dibujarlo en los límites del papel de dibujo, o porque es muy pequeño y no se pueden precisar detalles de su forma. Las escalas surgen para dar solución a estos problemas que se plantean en la representación gráfica de los objetos.

> **Recuerda**
>
> La **escala** es una relación entre las dimensiones de un dibujo y sus correspondientes medidas en la realidad.
>
> Escala = medida del dibujo / medida de la realidad.

Tipos de escalas

Existen tres tipos de escalas:

- Escala natural (Fig. 4.63): es la que tiene la relación 1:1. En ella, las medidas del dibujo son iguales a las de la realidad.
- Escala de reducción (Fig. 4.64): las medidas del dibujo son menores que las reales; por ejemplo, 1/2.
- Escala de ampliación (Fig. 4.65): en este caso las medidas del dibujo son mayores que las reales; por ejemplo, 3/2.

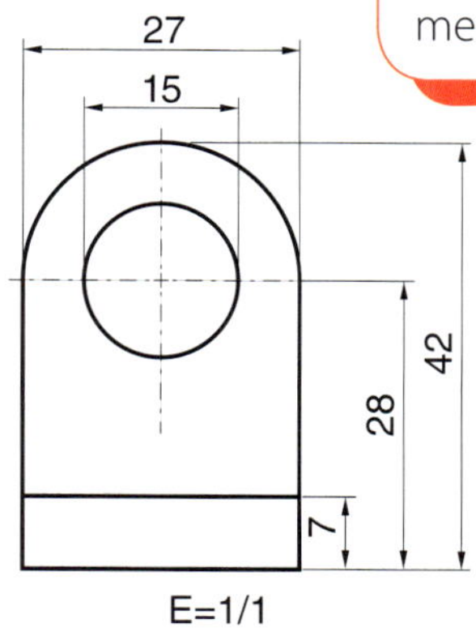

Figura 4.63.

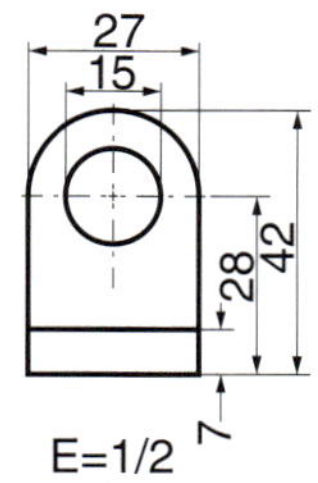

Figura 4.64.

Construcción de escalas gráficas

Es posible expresar las escalas de manera gráfica y de forma proporcional sobre un segmento graduado. Este procedimiento permite leer y transportar directamente las medidas que necesitamos para comprender o ejecutar un dibujo con rapidez y exactitud.

El método con el que se realiza una escala gráfica (también conocida como volante) se basa en determinar el valor de la unidad en esa escala. Para que esta escala gráfica tenga además un tamaño de trabajo adecuado, es conveniente elegir bien la unidad en la que se va a desarrollar. Se miden las décimas de una unidad de escala y se construye la contraescala, para lo que se divide dicha unidad en diez partes iguales. Vamos a poner un ejemplo de este procedimiento (Fig. 4.66):

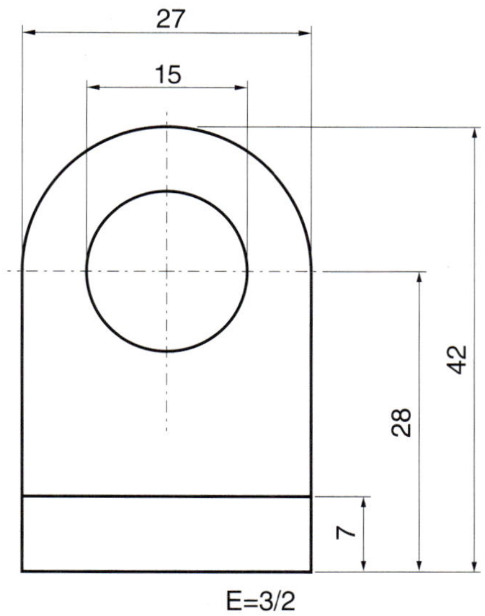

Figura 4.65.

Supongamos que la escala es de 1/8. Podríamos expresarla también en forma decimal: 0,125, lo que nos indica que, por cada unidad en la realidad, utilizamos 0,125 unidades en el dibujo.

Si elegimos el centímetro como unidad, 100 cm reales tendrían una representación en el dibujo de 12,5 cm; es decir, 1 m sería igual a 12,5 cm. En este caso, colocaremos sobre el borde de un papel o cartulina la medida de 12,5 cm y la dividiremos en diez partes iguales, con lo que obtendremos el valor de cada decímetro en la escala gráfica.

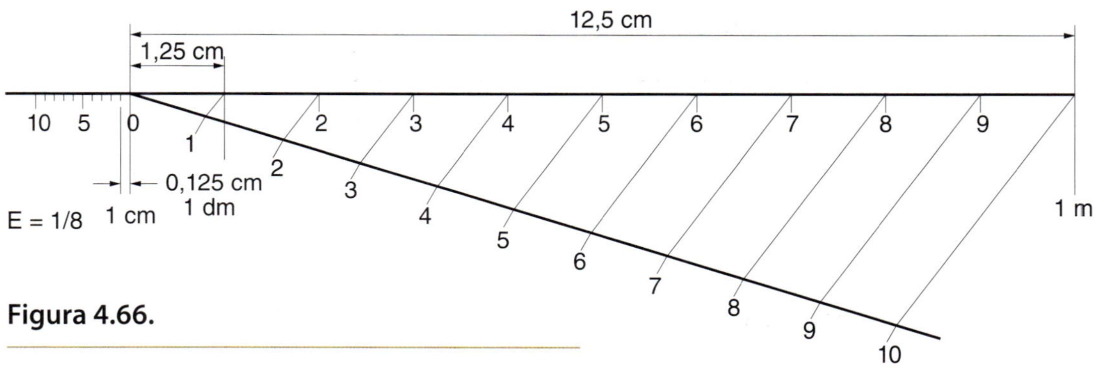

Figura 4.66.

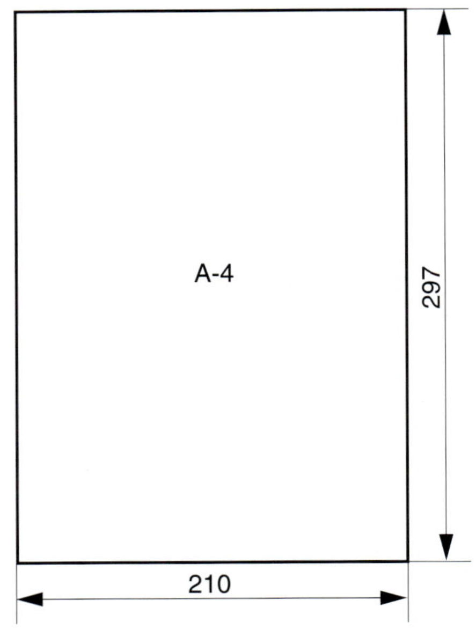

Figura 4.67.

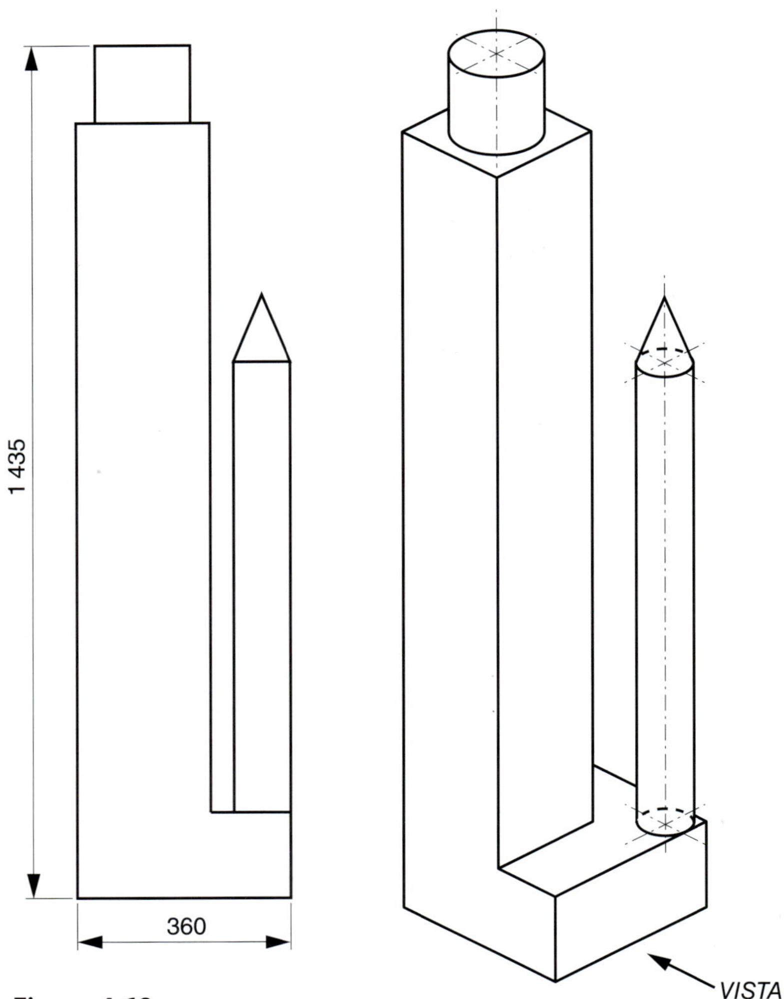

Figura 4.68.

Elección de escalas

Es muy importante determinar la escala más adecuada a cada dibujo. El mejor procedimiento para elegirla consiste en relacionar las medidas máximas de longitud y anchura de la superficie en la que se va a realizar el dibujo con las máximas de las mismas magnitudes del objeto real. De este modo tendremos enunciadas dos escalas. Cuando se trate de reducir, se debe elegir la escala que reduzca más y, en caso de ampliación, la escala que amplíe menos, puesto que así siempre tendrá cabida la otra dimensión.

Vamos a poner un caso práctico:

El papel de formato A-4 tiene como medida máxima de longitud 297 mm, y de anchura, 210 mm (Fig. 4.67). La medida mayor del objeto que vamos a representar en longitud es de 1 435 mm, y la referente a su anchura, 360 mm (Fig. 4.68). Las escalas que podemos realizar con estas medidas son las siguientes:

- Dividir la longitud del formato A-4 por la longitud del dibujo, teniendo en cuenta que la zona útil del papel viene determinada por unos márgenes que deben respetarse por estética, normalmente 5 mm para los márgenes superior, inferior y derecho, y 25 mm para el izquierdo.

$$297 - 10 = 287$$

$$287 / 1\,435 = 0{,}20$$

- Dividir la anchura de la hoja de papel A-4 entre la del dibujo.

$$210 - (25 + 5) = 180$$

$$180 / 360 = 0{,}50$$

En este caso, la escala apropiada es 0,20, ya que es la que reduce y garantiza que el dibujo quepa en la hoja. Si multiplicamos 0,20 por 100, podremos expresar esta escala así: 20:100, que es igual que 1/5.

4.5. El teorema de Tales y la proporción

Tales de Mileto demostró que si dos rectas concurrentes se cortan con una serie de rectas paralelas, los segmentos que obtenemos son proporcionales (Fig. 4.69).

Basándonos en este teorema, podemos construir una figura semejante a otra dada con la proporción que deseemos. Observa este ejemplo.

Trazamos rectas paralelas horizontales y verticales por todos los vértices de la figura dada. Estas rectas cortarán a dos ejes de coordenadas, *r* y *s*, en los puntos 1, 2 y 3, y *a, b, c, d* y *e*, respectivamente. De esta manera queda constancia de las diferentes alturas y anchuras que tienen los diversos vértices de los que consta la figura (Fig. 4.70).

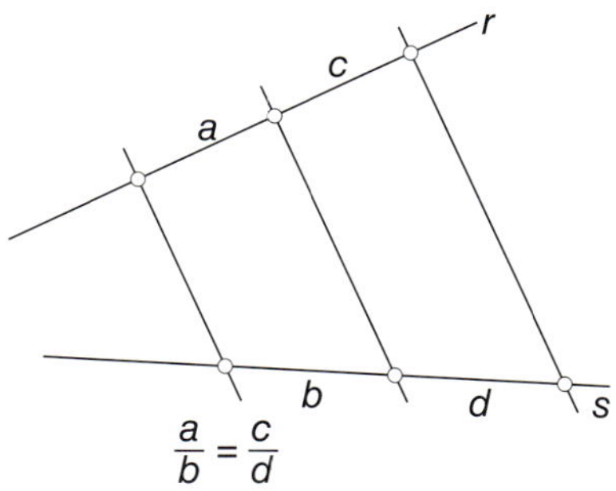

Figura 4.69.

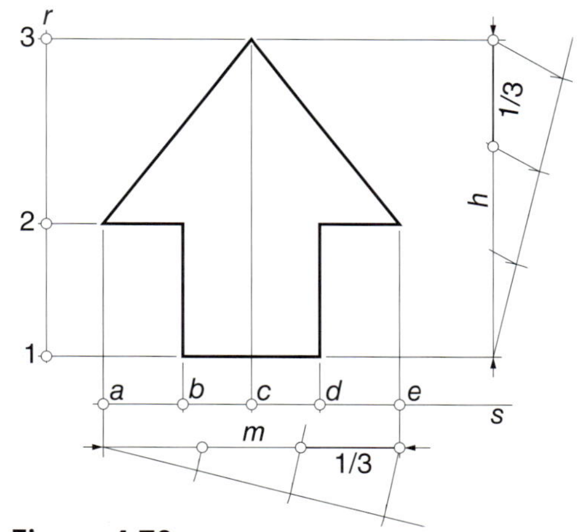

Figura 4.70.

Ahora, supongamos que deseamos ampliar la figura 1/3. Trazaremos dos rectas perpendiculares *r'* y *s'*. Sobre *r'* situaremos la altura *h* + 1/3 de *h*, y así obtendremos el punto 4'; en *s'* llevaremos la longitud *m* + 1/3 de *m* y hallaremos *d'*.

Por último, trazamos dos rectas convergentes a las rectas *r'* y *s'*, sobre las que situamos los puntos 1, 2 y 3, y los puntos *a, b, c, d* y e. Se unen los puntos 3 con 3' y *e* con *e'*. Aplicamos el teorema de Tales y obtenemos en *r'* los puntos 3' y 2', y en *s'*, *c'* y *b'* (Fig. 4.71).

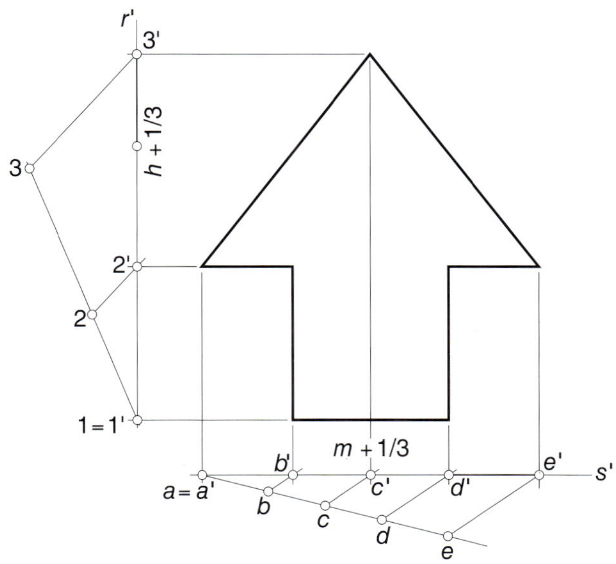

Figura 4.71.

4.6. Construcción de imágenes planas semejantes

Sobre la imagen de la que partimos (dibujo, fotografía, etc.), se dibuja un cuadrado o un rectángulo que la contenga. Trazamos en él una cuadrícula con rectas paralelas a sus lados, con lo que se forman módulos cuadrangulares o rectangulares.

En el soporte sobre el que vamos a dibujar la nueva imagen, trazamos otra cuadrícula con las medidas de los lados de los módulos diferentes al original, es decir, las longitudes de los lados de esos módulos serán menores o mayores si queremos que la imagen sea más pequeña o más grande que la de partida.

Es muy importante que ambas cuadrículas sean semejantes y, por ello, guarden la misma proporción. Observa el proceso en las Figuras 4.72 y 4.73.

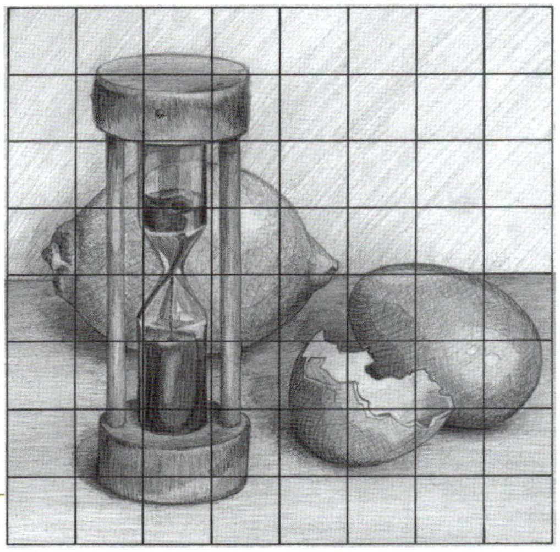

Figura 4.72.

Figura 4.73.

Aplicaciones

Construcción del triángulo universal de escalas

Partiendo de un triángulo podemos crear cualquier tipo de escala gráfica, tanto de reducción como de ampliación, siempre que no sea mucho mayor o menor que la natural, es decir, 1:1. Podemos hacerlo de dos formas distintas: mediante el trazado de un triángulo equilátero de 10 cm de lado o dibujando uno isósceles cuyos catetos midan, igualmente, 10 cm.

En el primer caso dividiremos la base, que representará la escala 1:1, en diez partes iguales; cada una de ellas tendrá una longitud de 1 cm. Haremos lo mismo con otro de los lados del triángulo y trazaremos paralelas a la base, de forma que este lado quede definido por diez unidades diferentes. Después, uniremos el vértice opuesto a la base con cada uno de los puntos que señalamos antes, equivalentes a 1 cm, 2 cm, 3 cm... de esta base. De esta forma habremos creado nueve escalas de reducción.

Si tomamos la división 5 de uno de los lados, podemos comprobar que la paralela a la base que trazamos ha quedado dividida en diez partes iguales. Para determinar a qué escala corresponde, debemos fijarnos en el lado; en este caso podríamos afirmar que hemos cogido 5 unidades de 10, o sea, 5/10 = 1/2 = 0,5, con lo que deducimos que la nueva escala es 1:2. Lo mismo ocurriría si, por ejemplo, tomásemos la división 1 del lado. Habríamos tomado 1 unidad de 10, es decir, 1/10 = 0,1. Luego la escala sería 1:10.

Hasta ahora, solamente hemos reducido la escala natural de la que partíamos. Para aumentarla es necesario prolongar los lados del triángulo y seguir dividiendo uno de ellos progresivamente en unidades de 1 cm cada uno. Como hicimos antes, trazaremos desde estos puntos paralelas a la base; así conseguiremos nuevas escalas: 11:10, 12:10 (igual a 6:5), siguiendo el mismo procedimiento que acabamos de explicar (Fig. 4.74).

En el segundo caso se parte de un triángulo isósceles y se procede de igual modo que se ha hecho con el triángulo equilátero. Sin embargo, esta vez serán únicamente los catetos los que estarán divididos en 10 partes iguales; como ya comentamos, en este caso ambos lados medirán 10 cm (Fig. 4.75).

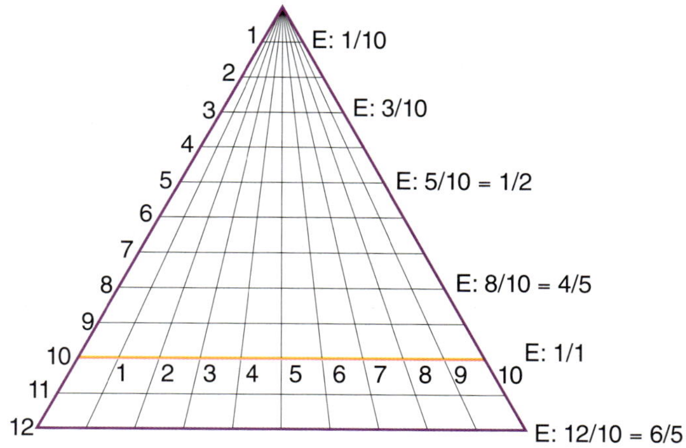

Figura 4.74.

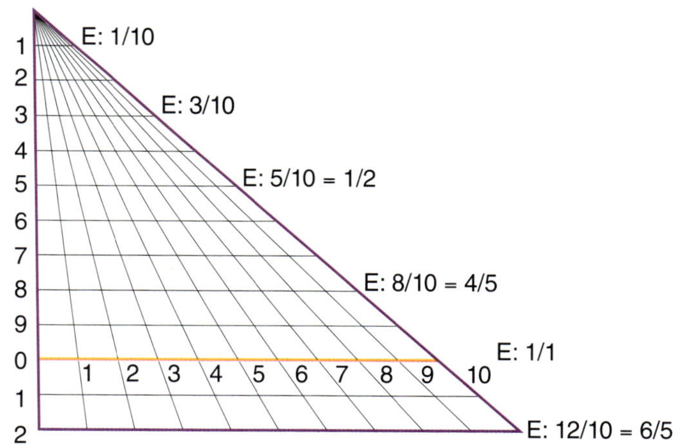

Figura 4.75.

Ahora hazlo tú

Anímate y realiza un triángulo universal de escalas.

Procedimientos y técnicas

Trabajar con estructuras

Habrás observado que es posible realizar una gran variedad de imágenes con estructuras, tanto regulares como irregulares, y todas ellas de gran belleza.

Te proponemos que formes un grupo de trabajo con dos compañeros. Entre todos, dad rienda suelta a vuestra imaginación en la elaboración de las siguientes propuestas:

Propuesta 1

Buscad fotografías en revistas, catálogos y libros donde aparezcan formas, tanto naturales como artificiales: hojas de árboles, frutas, portadas de libros, pavimentos, etc. Recortadlas o fotocopiadlas y comentad entre los miembros del grupo las estructuras que habéis descubierto en ellas (Fig. 4.76).

Figura 4.76

Propuesta 2

Dibujad dos componentes diferentes de cada tipo de estructura sobre una hoja de papel blanco formato A-4. Si no se os ocurren ideas, comenzad realizando alguna de las que hemos expuesto en la unidad. Podéis variar alguno de sus elementos y veréis cómo poco a poco encontráis nuevas soluciones.

Comenzad trazando cada una de las estructuras con lápiz de grafito; de este modo, si cometéis algún error, será fácil borrarlo. No se trata de llenar todo de líneas o de color, los espacios blancos también son importantes en el dibujo. Cuando tengáis terminada la composición, coloreadla con lápices de color o *gouaches*.

Por último, elegid las que más os gusten y montad un mural con ellas. Es importante que la elección la hagáis con criterios estéticos que hayáis comentado previamente (Fig. 4.77).

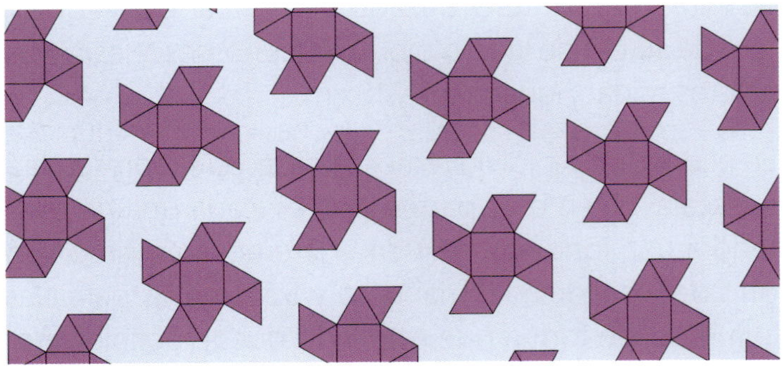

Figura 4.77.

Propuesta 3

Construid dos redes básicas, una triangular y otra cuadrada. Sobre cada una de ellas, realizad una composición con módulos obtenidos por la unión de dos o tres módulos básicos. Una vez terminada, coloreadla con colores cálidos.

También podéis hacer dos composiciones más: la primera sobre una red triangular, que utilizaréis de base para realizar hexágonos. Una vez elaborada, decoradla con colores fríos.

La segunda composición la podéis desarrollar sobre una red cuadrada, sobre la que trazaréis sus diagonales como elementos de apoyo. Emplead círculos y semicírculos en su realización. Una vez terminada, coloread la composición utilizando colores fríos para unas superficies y cálidos para las restantes. El ejemplo siguiente puede daros ideas para crear vuestro propio diseño (Fig. 4.78).

Figura 4.78

Actividades finales

Dibuja con formas orgánicas

1. Escoge dos o tres piezas de fruta, por ejemplo, una manzana, una pera y un plátano. Sitúalas sobre una mesa componiéndolas a tu gusto. A continuación, dibújalas sobre un papel blanco de formato A-4 con un lápiz blando.

Polígonos en el entorno

2. Te proponemos que observes de manera minuciosa todos los objetos que hay a tu alrededor con forma de polígono regular y que hayan sido realizados por el ser humano (Fig. 4.79).

Figura 4.79.

Elabora una lista en la que aparezca el nombre del objeto y el polígono o polígonos que tiene. Puedes fotografiarlos o dibujarlos para que se vean claramente los polígonos regulares utilizados.

Traza polígonos regulares

3. Dibuja en hojas de papel blanco, formato A-4, los siguientes polígonos regulares:

    - Un triángulo equilátero, un cuadrado y un pentágono, sabiendo que el valor de sus lados es de 40 mm.
    - Un hexágono, un heptágono y un octógono de 35 mm de lado.
    - Un eneágono regular de 30 mm de lado.

    En los dos primeros apartados, utiliza para cada polígono sus diferentes métodos particulares de construcción y realiza solo dos de ellos en cada hoja. Deja dibujadas todas las operaciones y repasa el resultado final con un rotulador grueso de color negro.

    Para la construcción del eneágono emplea el método general.

Trabaja las tangencias

4. Dada una circunferencia de 35 mm de radio y un punto *P* exterior a 75 mm de su centro, traza las rectas tangentes a la circunferencia desde este punto.
5. Dadas dos circunferencias, una de 30 mm y otra de 40 mm de radio, cuyos centros están separados una distancia de 90 mm; dibuja las rectas tangentes exteriores e interiores a estas circunferencias.
6. Dibuja un óvalo sabiendo que el eje mayor tiene una longitud de 90 mm y el eje menor, de 50 mm.
7. A continuación, dibuja un ovoide sabiendo que el valor de su eje menor es de 40 mm.

La espiral

8. Dibuja una espiral de dos centros sabiendo que la distancia entre ellos es de 15 mm.

Red modular

9. Observa esta imagen (Fig. 4.80) y analiza su red modular.

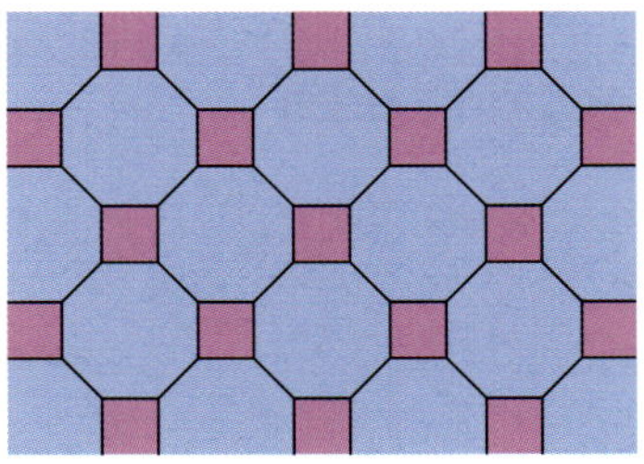

Figura 4.80.

¿Qué tipo de red se ha utilizado para su construcción? ¿Cuáles son sus módulos? Reproduce el modelo dado en una lámina de dibujo.

Otras propuestas

Superposición de redes básicas

Observa las características de las siguientes estructuras realizadas por medio de la superposición de redes básicas (Figs. 4.81 y 4.82). Realiza, con otro compañero, dos composiciones similares, y aplica en cada una de ellas un tipo de superposición de redes básicas; por ejemplo, la superposición de dos redes cuadradas en la primera composición; y, en la segunda, dos redes de triángulos equiláteros.

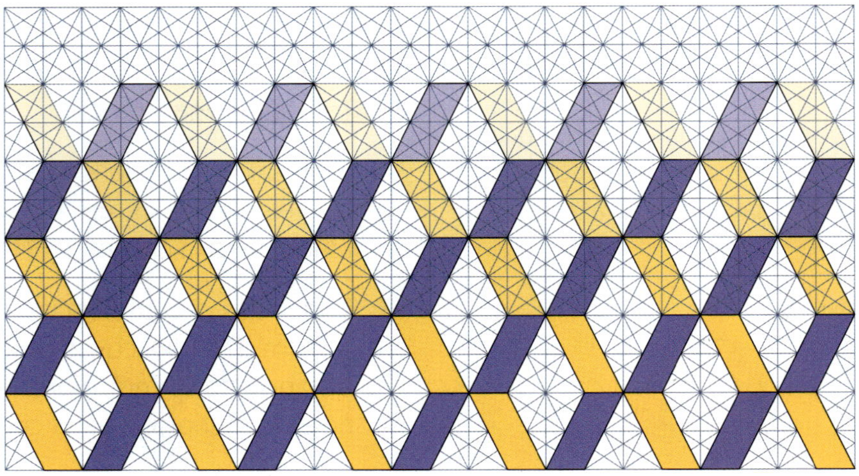

Figura 4.81.

Figura 4.82.

Sección áurea

Define, por escrito, qué es la sección áurea. A continuación, halla la sección áurea de un segmento de 8 cm de longitud.

Escalas gráficas

Teniendo en cuenta lo que has aprendido, representa, sobre diferentes tiras de papel, las siguientes escalas gráficas o volantes: 7:5, 2:3, 1:25 y 1:150.

Composición con módulos compuestos

Realiza una composición con módulos compuestos sobre una estructura básica cuadrada. Cuando la tengas terminada, coloréala a tu gusto con la técnica que prefieras.

Escala

Sobre el dibujo de un edificio se tomó una medida de 7 cm. Se sabe que el plano de este edificio está realizado a escala 1:150. ¿Cuánto mide en realidad el segmento tomado?

¿Qué has aprendido?

Completa en tu cuaderno

1. Define las fases que tienen lugar en el proceso de elaboración de un dibujo:

a) Encajado.

b) Desarrollo.

c) Detalles.

2. Explica las diferencias entre estas dos imágenes, ¿cuál de las dos dirías que es un contorno? ¿Y cuál una silueta?

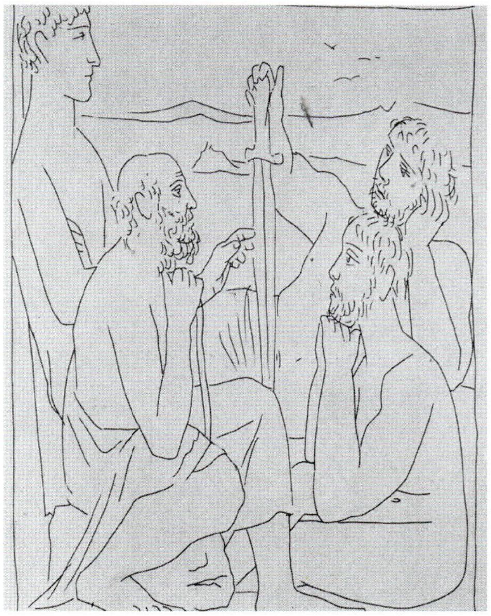

3. Explica qué es una forma poligonal y pon un ejemplo.

4. ¿Cuándo dos figuras son tangentes? Tomando como ejemplo esta figura, explica qué habría que hacer para hallar el punto exacto de tangencia entre dos circunferencias:

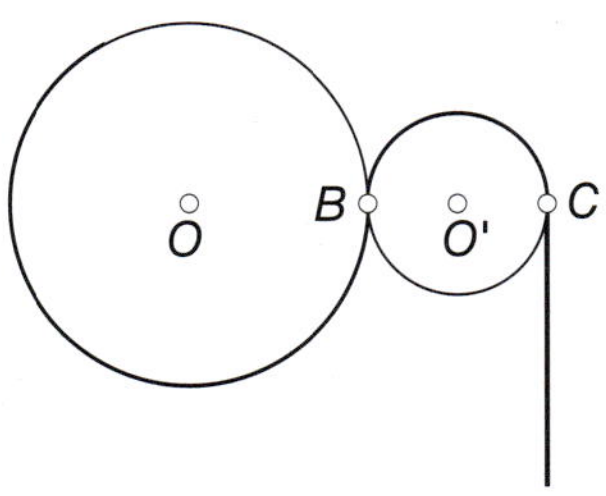

5. ¿En qué se diferencian las siguientes estructuras: simétricas respecto a un eje, radiales, unidireccionales y básicas?

6. Explica con tus palabras en qué consisten las escalas de reducción, de ampliación y natural.

5 Espacio y volumen

Contenidos

1. Los sistemas de representación.
2. El sistema diédrico.
3. El sistema cónico.
4. Volumen.
5. Materiales y técnicas volumétricas.

Competencias básicas

En esta unidad trabajaremos las siguientes competencias:

2. Matemática.

6. Cultural y artística.

7. Aprender a aprender.

8. Autonomía e iniciativa personal.

Aprenderás a:

Todos los sistemas de representación de los que se ocupa la geometría descriptiva se basan en métodos y teoremas que presentan las formas geométricas de figuras de dos o tres dimensiones sobre un soporte plano, denominado plano del cuadro. Estos sistemas se fundamentan en el concepto de proyección. En esta ocasión vamos a estudiar dos sistemas de representación: el sistema diédrico ortogonal y la perspectiva cónica.

El sistema diédrico ortogonal también se conoce como sistema de Monge, nombre del matemático francés que estableció sus fundamentos a principios del siglo XIX.

La perspectiva cónica es un método de expresión gráfica que se desarrolló a principios del siglo XV en Italia. Este sistema de representación, también denominado perspectiva lineal, se atribuye a dos arquitectos florentinos, León Battista Alberti y Filippo Brunelleschi.

Un libro

Catálogo: VV. AA. (2005): *Oteiza: mito y modernidad.* Madrid, Museo Reina Sofía.

En este catálogo puedes observar parte de la obra escultórica de Jorge Oteiza. Las obras que aquí aparecen son una síntesis de toda una vida de trabajo dedicada al estudio de las formas tridimensionales. En todas ellas podrás observar una detallada reflexión sobre el espacio y el volumen.

Una película

Alberto Durero, *Dibujante del hombre sentado,* 1525. Grabado.

En este grabado de Durero se aprecia uno de los instrumentos de la época para dibujar en perspectiva cónica. Este consistía en un caballete portátil provisto de una mesa con una tapa abatible, que se convertía en una mirilla regulable. A través de ella, guiñando un ojo, se veía el objeto que se iba a dibujar.

Una web

http://www.eduardo-chillida.com

Esta página web es del Museo Chillida-Leku. Este museo nació en honor al escultor Eduardo Chillida; en dicha página puedes navegar, entre otros apartados, en el de *La colección;* dentro de ella puedes ver esculturas realizadas con diversos materiales: hierro, acero, madera, piedra, hormigón, etc.

1. Los sistemas de representación

Se dice que un cuerpo en el espacio es proyectado desde un punto *V* sobre un plano α cuando obtenemos sobre α las intersecciones de los rayos proyectantes definidos por el centro *V* y por los diversos puntos que forman el citado cuerpo. Al unir estos puntos se determina una silueta a la que se denomina **proyección** (Fig. 5.1).

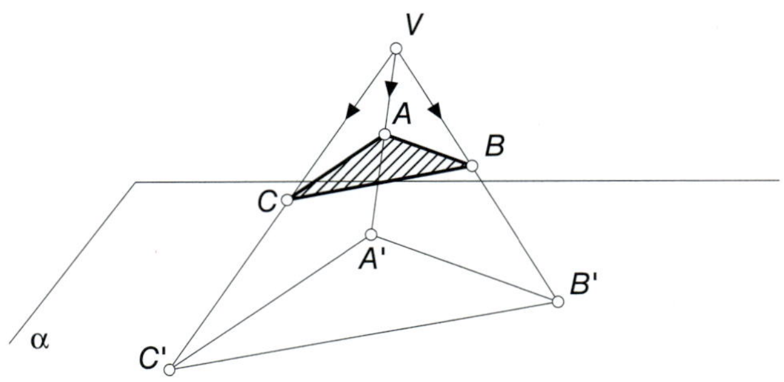

Figura 5.1.

El **centro de proyección** es el punto *V* del que parten todos los rayos proyectantes que, al pasar por los puntos más significativos del cuerpo, hacen intersección con el plano del cuadro α.

Los **rayos proyectantes** son los que, partiendo del cuerpo del centro de proyección y pasando por los puntos del cuerpo, inciden sobre el plano del cuadro α.

El **plano del cuadro,** también denominado **plano de proyección,** es aquel en el que hacen intersección los rayos proyectantes que van formando la proyección de la figura o cuerpo.

Cuando los rayos proyectantes son paralelos entre sí, la **proyección** es **cilíndrica.**

La proyección cilíndrica puede ser:

- **Ortogonal:** sus rayos proyectantes son perpendiculares al plano del cuadro (Fig. 5.2a).
- **Oblicua:** los rayos proyectantes son oblicuos al plano del cuadro (Fig. 5.2b).

Si los rayos proyectantes pasan por el punto *V*, o punto de vista, la **proyección** es **cónica.**

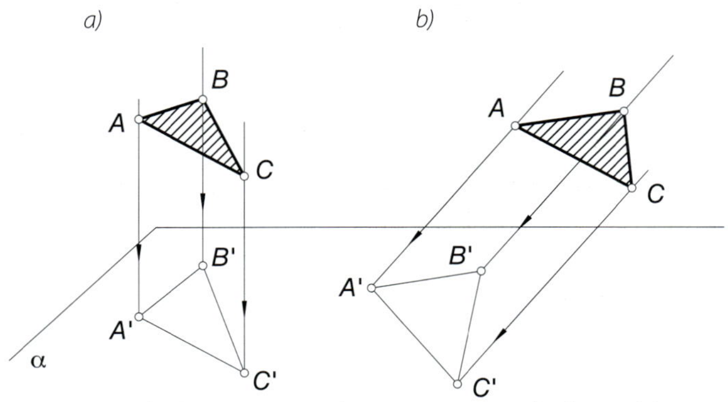

Proyección cilíndrica ortogonal   Proyección cilíndrica oblicua

Figura 5.2.

Sistemas de proyección		**Sistemas de representación**	**Aplicaciones**
Cilíndrica	• Ortogonal.	• Planos acotados. • Diédrico. • Axométrico: – Isométrica. – Dimétrica. – Trimétrica.	• Topografía. • Planos de taller: – Diseño. – Arquitectura. – Ingeniería. • Ingeniería.
	• Oblicua.	• Perspectiva caballera. • Perspectiva militar.	• Arquitectura.
Cónica	• Perspectiva cónica frontal. • Perspectiva cónica oblicua.		• Arquitectura. • Decoración de interiores. • Escenografía.

2. El sistema diédrico

Este sistema de representación es el que más se emplea dentro de la industria y del diseño para describir objetos. Se distingue de los otros sistemas de proyección ortogonal en que muestra de manera simultánea los objetos sobre dos planos perpendiculares entre sí, denominados **horizontal** *(PH)* y **vertical** *(PV).* La intersección de estos planos es una recta: la **línea de tierra** *(LT),* que se representa mediante una línea continua con dos pequeños trazos paralelos situados en la parte inferior y en los extremos.

Estos planos dividen al espacio en cuatro cuadrantes, de manera que los objetos pueden ser representados en este sistema en cualquiera de los cuadrantes. Como norma, el espectador siempre estará situado en el primer cuadrante; por eso, consideramos opacos los dos planos de proyección, y solo son perceptibles los objetos situados en él (Fig. 5.3).

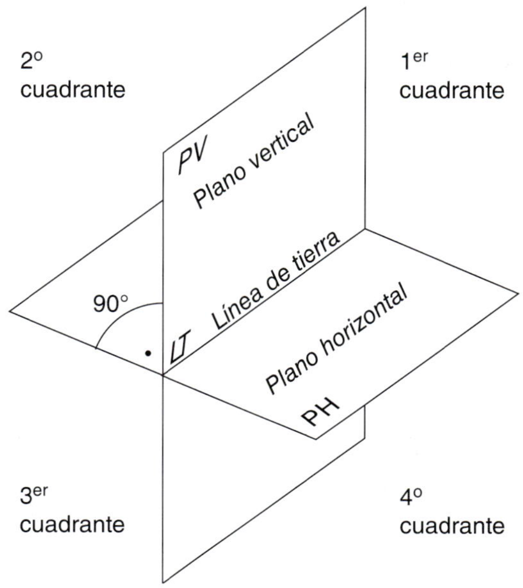

Figura 5.3.

Para obtener las proyecciones horizontal y vertical de un objeto en un único plano, uno de los planos de proyección se abate sobre el otro, de forma que ambos se superpongan. Esta operación se hace girando el plano horizontal alrededor de la línea de tierra, hasta confundirlo con el vertical. Esto permite representar simultáneamente en el mismo papel de dibujo las dos proyecciones de cualquier figura plana u objeto volumétrico.

Puesto que los planos de proyección carecen de límites, no se representan, ya que quedan definidos por la representación de la línea de tierra.

La proyección de objetos sobre el plano horizontal recibe el nombre de **proyección horizontal** o **representación en planta.** La proyección sobre el plano vertical se denomina **proyección vertical** o **representación en alzado.** Las proyecciones sobre un plano de perfil se conocen como **vistas laterales,** izquierda y derecha (Fig. 5.4).

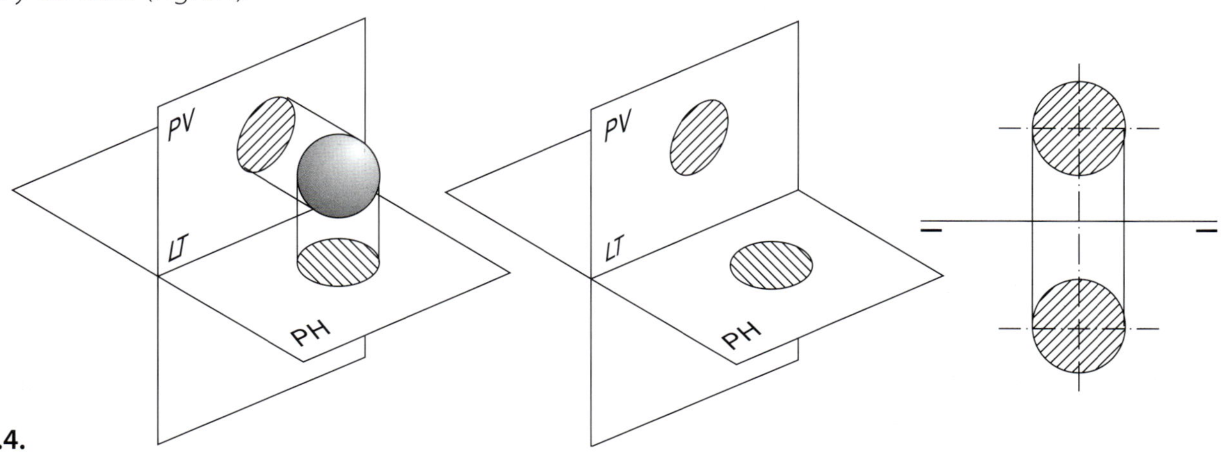

Figura 5.4.

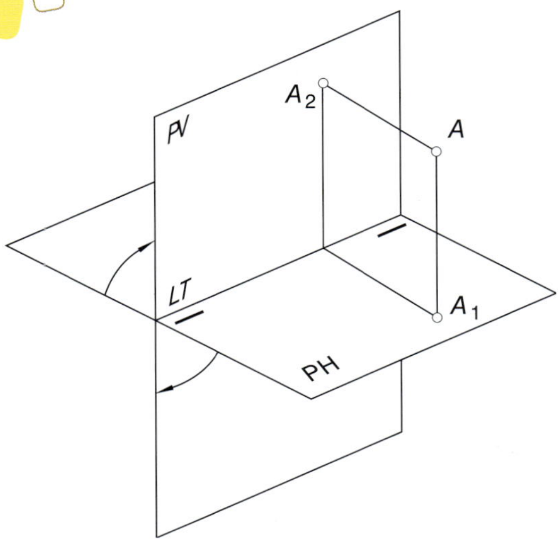

Figura 5.5.

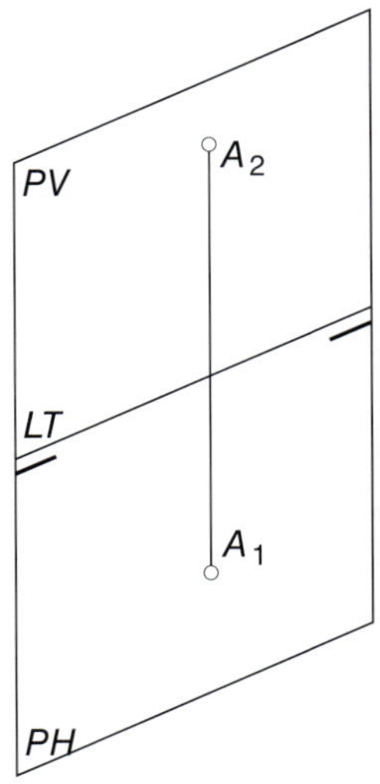

Figura 5.6.

2.1. Representación del punto

Un punto del espacio se representa a través de sus dos proyecciones ortogonales sobre los planos de proyección. En la Figura 5.5, el punto *A* se define por las proyecciones A_1 y A_2, que se llaman horizontal y vertical; como puedes observar, se designan con los subíndices 1 y 2, respectivamente.

Al abatir el plano horizontal alrededor de la línea de tierra sobre el vertical (Fig. 5.6), la proyección A_1 del citado punto se traslada con el plano, de tal modo que las dos proyecciones A_1 y A_2 quedan situadas de forma alineada. Por eso, estas proyecciones siempre se encuentran sobre una recta perpendicular a la línea de tierra llamada **línea de referencia.**

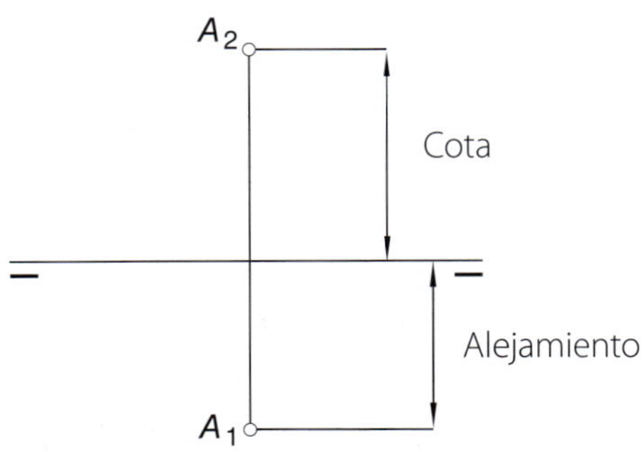

Figura 5.7.

Conceptos de cota y alejamiento

- **Cota** o **altura** de un punto es la distancia existente entre ese punto y el plano horizontal o, lo que es lo mismo, la distancia que hay entre la proyección vertical del punto y la línea de tierra (Fig. 5.7).
- **Alejamiento** es la distancia que va desde el punto al plano vertical, es decir, la distancia existente entre la proyección horizontal del punto y la línea de tierra (Fig. 5.7).

Posiciones generales del punto en el primer cuadrante

Las múltiples posiciones que puede tener un punto en el primer cuadrante se reducen a seis posiciones generales (Fig. 5.8).

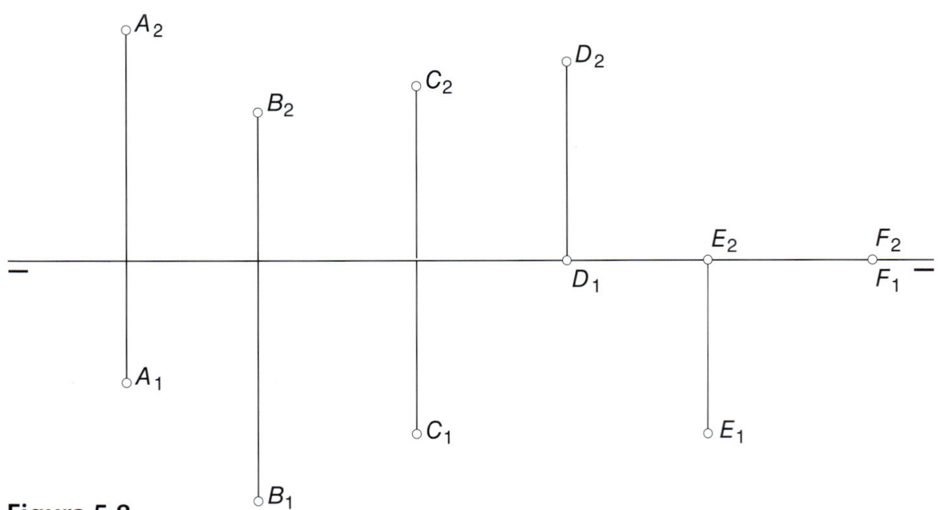

Figura 5.8.

2.2. Representación de la recta

Dos puntos en el espacio determinan una recta; por eso, para representarla en el sistema diédrico basta con conocer dos puntos cualesquiera de ella, *A* y *B*. Uniendo las proyecciones homónimas (es decir, A_1 con B_1, y A_2 con B_2) se obtienen las representaciones horizontal (r_1) y vertical (r_2) de la citada recta sobre los planos de proyección (Fig. 5.9).

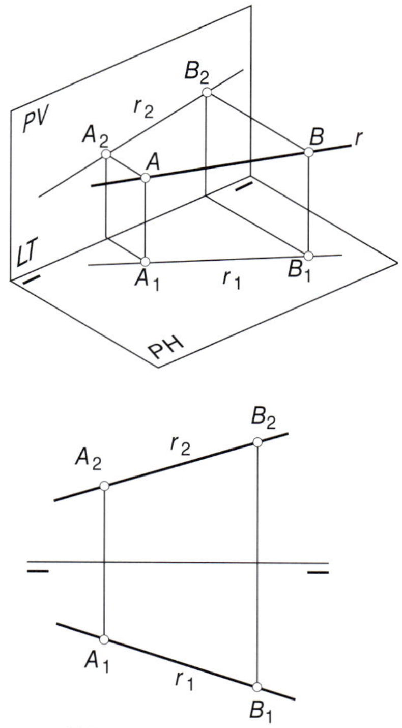

Figura 5.9.

Puntos traza de una recta

Son los puntos de intersección de la recta con los planos de proyección (Fig. 5.10). La traza horizontal de la recta *r* se denomina H_r, y la traza vertical, V_r.

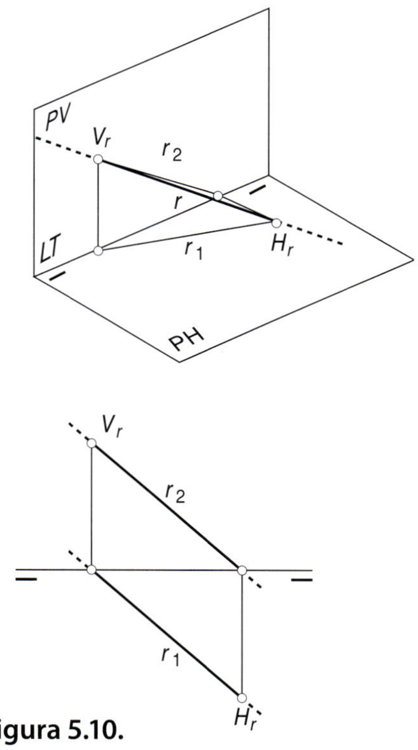

Figura 5.10.

Para hallar las trazas de una recta definida por sus proyecciones, r_1 y r_2, o por dos de sus puntos cualesquiera, *A* y *B*, hay que seguir estos pasos (Fig. 5.11):

- La **traza horizontal** se determina mediante la prolongación de su proyección vertical, r_2, hasta que corte a la línea de tierra en el punto *H*, por el que se dibuja una perpendicular a la línea de tierra hasta que corte a la proyección r_1 en el punto H_r, que es el punto traza buscado.
- De igual modo, para hallar la **traza vertical** se prolonga la proyección horizontal de la recta hasta que esta corte en *V* a la línea de tierra, y se dibuja por ese punto una perpendicular a la línea de tierra hasta que esta haga intersección en V_r con r_2, que es el punto traza que se quiere determinar.

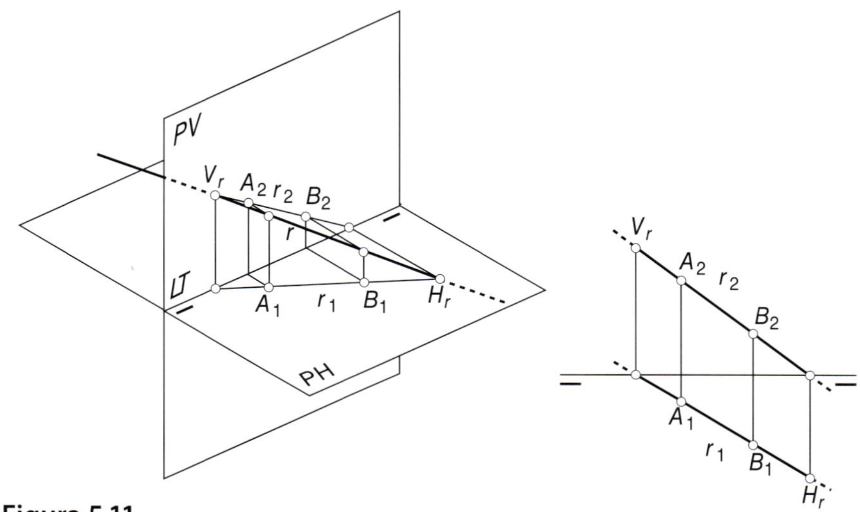

Figura 5.11.

Posiciones de la recta

La recta adopta diferentes posiciones en el espacio y respecto de los planos de proyección; puede ser paralela, perpendicular, oblicua, cortar a la línea de tierra o estar contenida en uno de los planos de proyección.

A continuación, te presentamos las posiciones más significativas de la recta y sus proyecciones (Fig. 5.12):

(A) Contenida en el plano vertical de proyección.

(B) Contenida en el plano horizontal de proyección.

(C) Frontal o paralela al plano vertical de proyección.

(D) Horizontal o paralela al plano horizontal de proyección.

(E) Paralela a la línea de tierra o paralela a ambos planos de proyección.

(F) De punta o perpendicular al plano vertical de proyección.

(G) Vertical o perpendicular al plano horizontal de proyección.

(H) Oblicua a ambos planos de proyección.

(I) Oblicua a la línea de tierra.

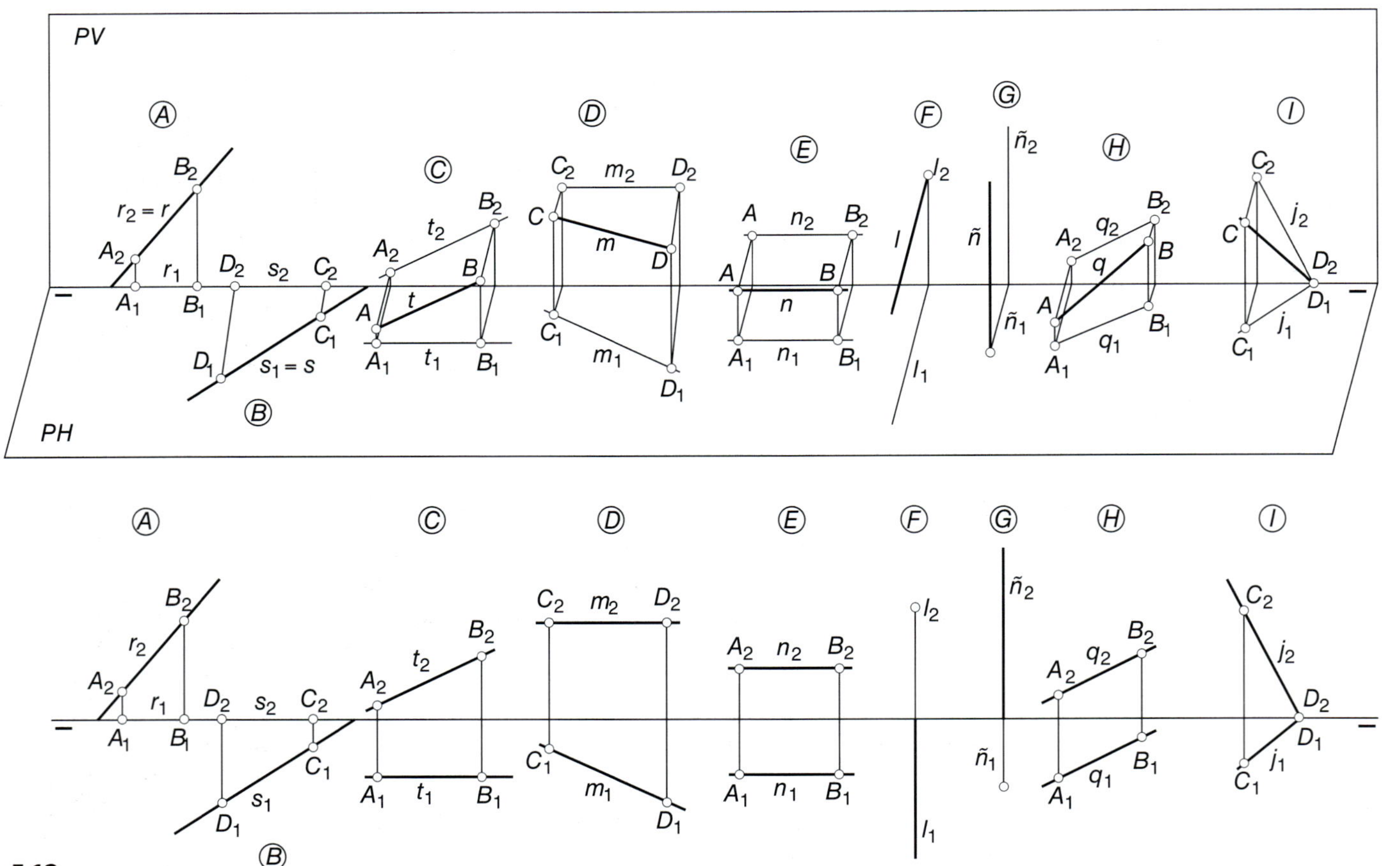

Figura 5.12.

2.3. Representación del plano

Un plano está determinado por tres puntos, *A, B, C,* no alineados en el espacio (Fig. 5.13). Si se unen dos de ellos, *A* y *B,* mediante una recta, *r,* observamos que esa recta y un punto exterior a ella también determinan un solo plano.

Si por un punto *C* se traza una recta *s* que corte a la recta *r* en el punto *A,* comprobamos que dos rectas que se cortan determinan un único plano.

Por último, si por el punto *C* se dibuja una recta *s* paralela a la recta *r,* verificamos también que dos rectas paralelas determinan un plano.

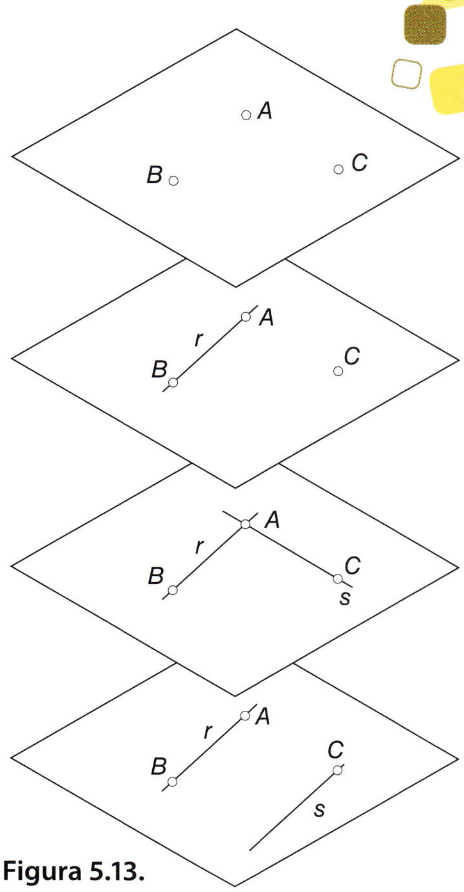

Figura 5.13.

Trazas del plano

El plano se representa por sus intersecciones con los planos de proyección, que se denominan trazas **vertical** y **horizontal** (Fig. 5.14). Estas trazas se identifican mediante las letras *v* y *h* y con letras griegas en subíndice, v_α y h_α. Si un plano tiene dos trazas, vertical y horizontal, y estas son oblicuas a la línea de tierra, ambas se cortarán en un punto de esa línea de tierra.

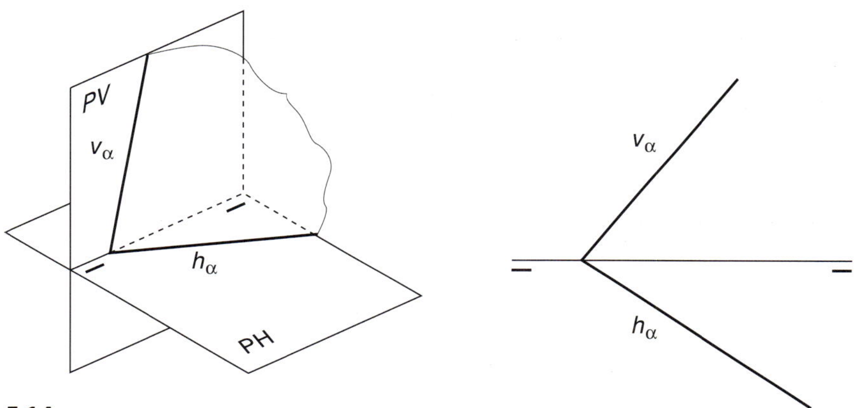

Figura 5.14.

Recta contenida en un plano

Para que una recta esté contenida en un plano, sus trazas han de pertenecer a las homónimas de este plano, esto es, a las que llevan el mismo nombre que las de la recta.

Por ejemplo, una recta *r* estará contenida en un plano α cuando los puntos traza de la recta, V_r y H_r, se sitúen en las trazas del plano, v_α y h_α (Fig. 5.15). De modo inverso, un plano contendrá a una recta cuando en sus trazas estén situadas las homónimas de esta. A partir de V_r y H_r se podrán determinar las proyecciones $r_1 - r_2$ de la recta contenida en el plano.

Punto contenido en un plano

Para situar un punto cualquiera en un plano α, basta con poner previamente una recta $r_1 - r_2$ sobre este plano de la manera que se ha propuesto, sobre la que se dibujará el punto, por ejemplo, $A_1 - A_2$ (Fig. 5.15).

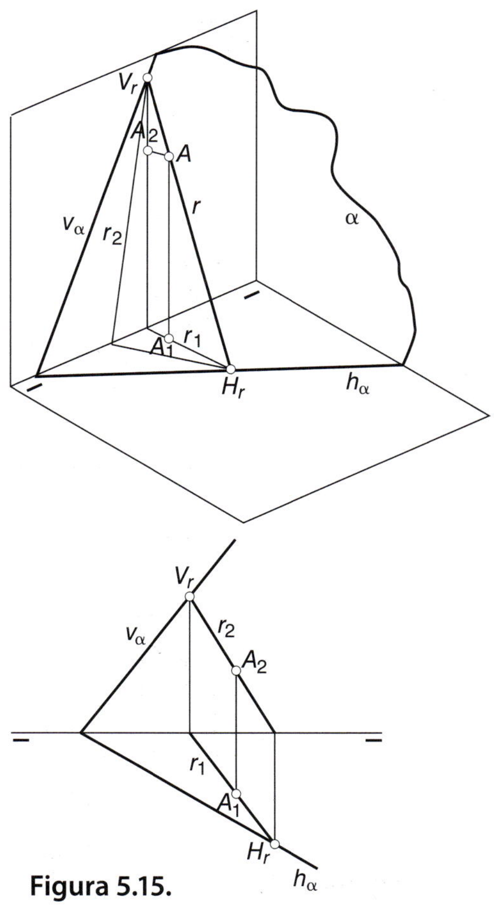

Figura 5.15.

Representación de figuras contenidas en el plano

Las figuras planas están definidas por contornos de líneas rectas o curvas. Su representación se reduce simplemente a situar en ese plano las proyecciones de sus vértices (en el caso de que tengan forma poligonal), o de puntos significativos de ellas (si son curvas), del mismo modo que se ha hecho antes para representar un punto o una recta contenida en un plano.

En la Figura 5.16 se analiza el proceso para dibujar las proyecciones diédricas de un triángulo contenido en un plano v_α y h_α, partiendo del conocimiento de su proyección horizontal.

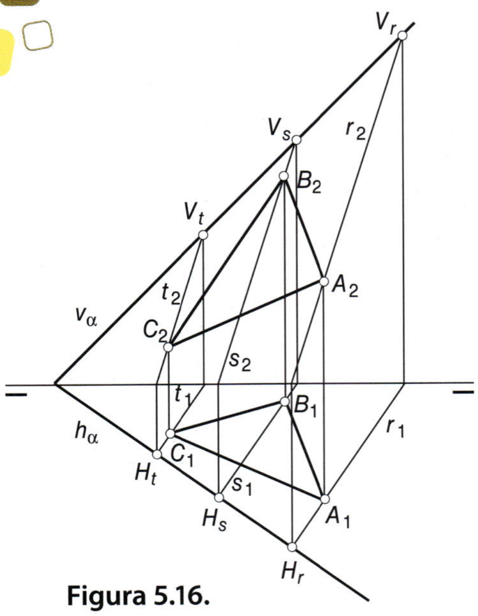

Figura 5.16.

Representación de un polígono paralelo al plano horizontal de proyección

Si se trata de un rectángulo *ABCD* (Fig. 5.17), por estar formado su contorno por líneas paralelas al plano horizontal de proyección, al proyectarse sobre él se obtendrá otro $A_1 B_1 C_1 D_1$ igual. La proyección vertical se representa por el segmento que contiene las proyecciones verticales de los vértices del rectángulo $A_2 B_2 C_2 D_2$.

Para determinar las proyecciones de la circunferencia se ha procedido de igual modo que en el caso del rectángulo (Fig. 5.18).

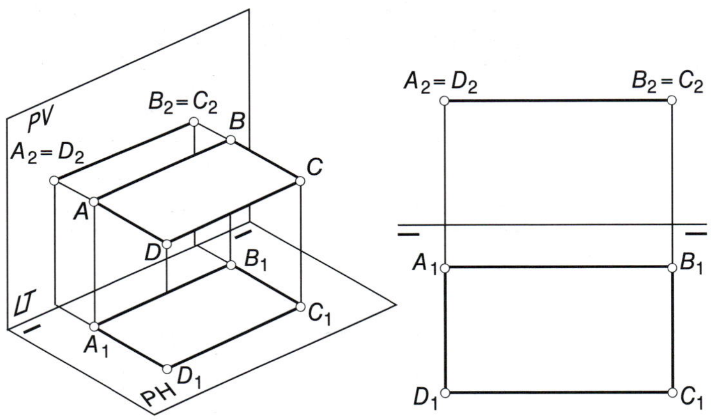

Figura 5.17.

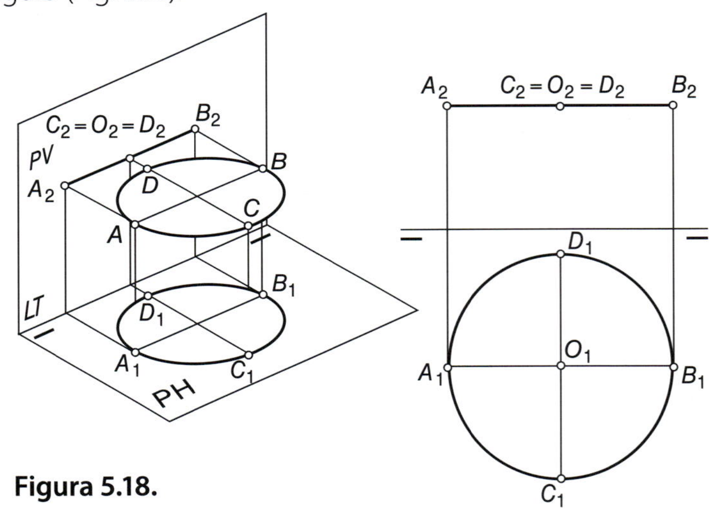

Figura 5.18.

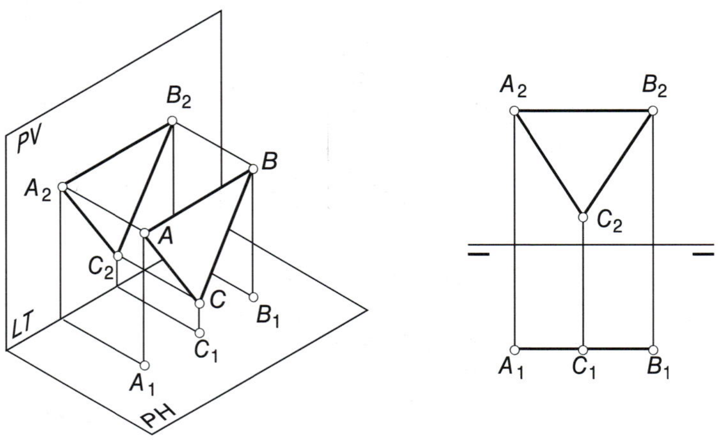

Representación de un polígono paralelo al plano vertical de proyección

Sea un triángulo equilátero *ABC* (Fig. 5.19). Fíjate que el sistema para hallar la representación del triángulo es parecida a la de las figuras anteriores.

Figura 5.19.

2.4. Representación de sólidos

Para definir en este sistema de representación un cuerpo se necesita, como mínimo, dos proyecciones. Es conveniente que esté situado de forma paralela a los planos vertical y horizontal de proyección con el fin de conseguir el mayor número posible de magnitudes reales en los elementos proyectados.

Alzado y planta

Las proyecciones verticales de los cuerpos son los alzados y determinan dos de sus dimensiones, la altura y la anchura, mientras que las proyecciones horizontales se conocen como plantas y definen su profundidad y su anchura (Fig. 5.20).

El alzado es la cara de mayor importancia de un cuerpo y la que ofrece más datos. Se obtiene al mirar el cuerpo frontalmente y determina la situación de las demás vistas. La planta resulta al observar el objeto desde arriba.

A la hora de representar sólidos, es habitual no dibujar la línea de tierra. Las proyecciones se caracterizan por el lugar que ocupan en el dibujo: la representación superior coincide con el alzado, y la inferior, con la planta.

Representaciones vistas y ocultas de un sólido

Para diferenciar las partes que están por delante de la figura de las que están por detrás, siempre se dibujarán con línea continua las primeras, es decir, las partes vistas; mientras que las partes posteriores del cuerpo, que son las partes ocultas, se trazarán con línea discontinua (Fig. 5.21).

El perfil o vista lateral

Las vistas principales de un cuerpo son: alzado o vista principal y planta o vista superior. Sin embargo, es frecuente que la información que proporciona la planta y el alzado de un cuerpo respecto a su forma y volumen no sea suficiente para saber cómo es con exactitud; por esta razón se hace necesaria una tercera proyección, la vista lateral o perfil de la figura (Fig. 5.22).

El perfil es la tercera representación que se puede hacer de un sólido para su determinación exacta. Se obtiene al mirar el objeto desde uno de sus laterales y en el dibujo se ubica junto al alzado.

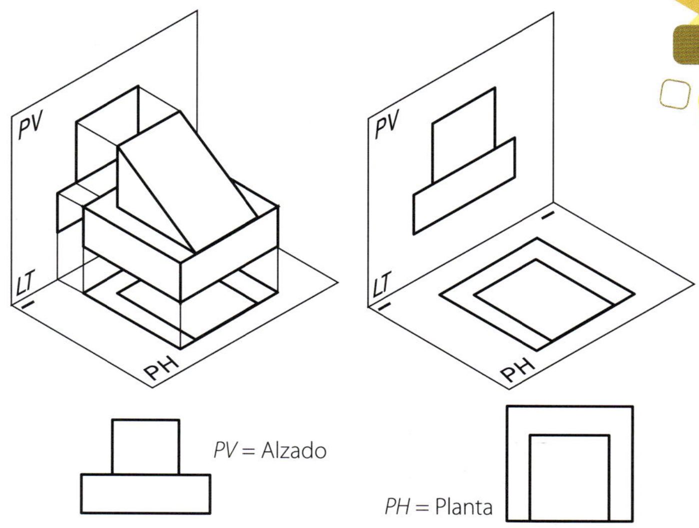

Figura 5.20.

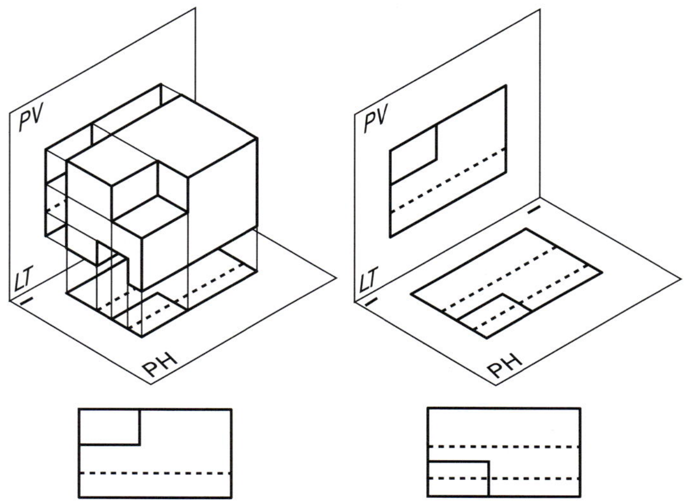

Figura 5.21.

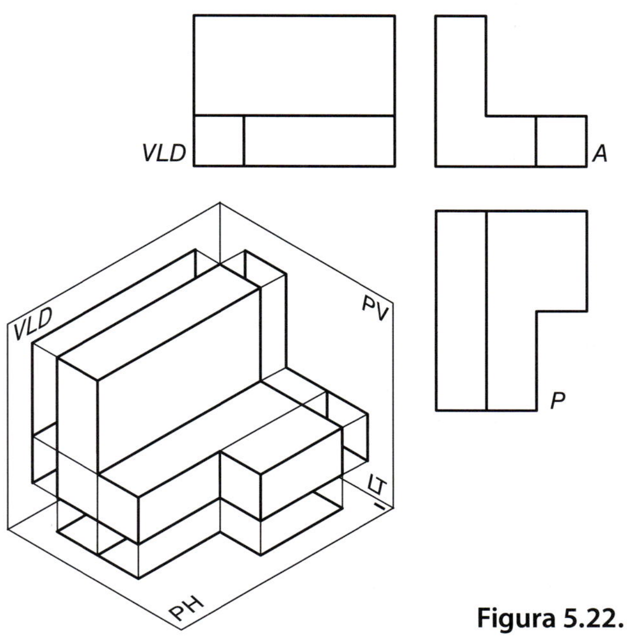

Figura 5.22.

Otras propuestas

Representación de cuerpos geométricos

Representación del cilindro recto

El cilindro proyectado según la Figura 5.23 tiene sus generatrices perpendiculares al plano horizontal de proyección.

En el plano vertical queda representado el cilindro con la figura de un rectángulo cuyos lados menores se corresponden con las dos bases, superior e inferior, y los lados mayores, con las generatrices del contorno. En el horizontal, al ser recto el cilindro, su representación es una circunferencia de radio igual al de la base del cuerpo.

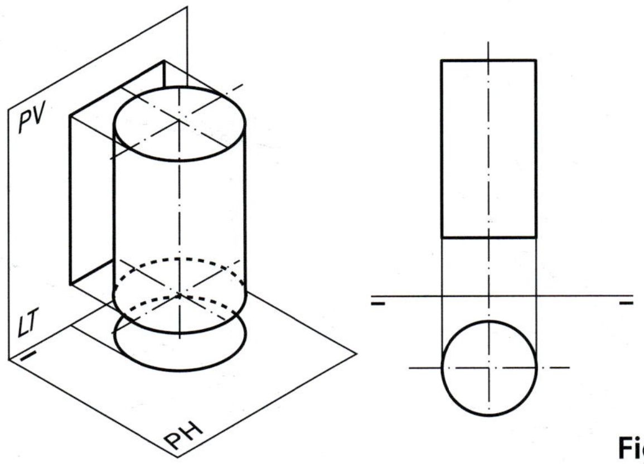

Figura 5.23.

Representación del prisma recto

El prisma que se representa en la Figura 5.24 tiene como bases dos triángulos rectángulos iguales, aunque las bases podrían estar formadas por cualquier otro polígono, tanto regular como irregular. La calificación de recto supone que las aristas laterales son perpendiculares a la base.

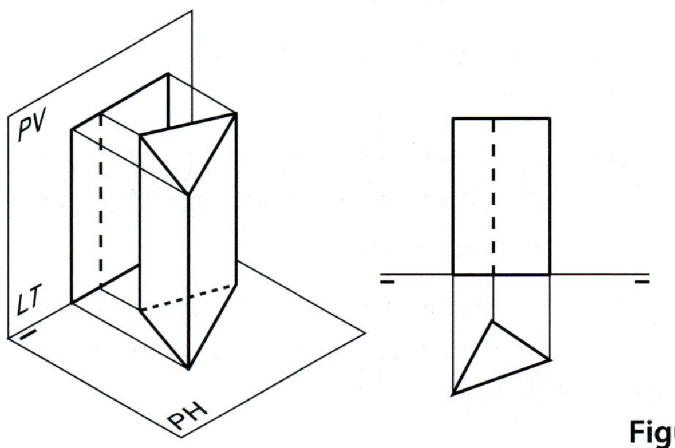

Figura 5.24.

En el plano vertical se representan todas las aristas que definen al prisma, incluyendo la oculta con trazo discontinuo. En el horizontal, la representación del prisma aparece como un triángulo que se corresponde con las dos bases.

Representación de la pirámide recta

La pirámide de la Figura 5.25 tiene como base el pentágono regular *ABCDE,* y es recta porque la proyección ortogonal del vértice coincide con el centro de la base.

En el plano vertical se representan todas las aristas. Las aristas del contorno definen la figura de un triángulo.

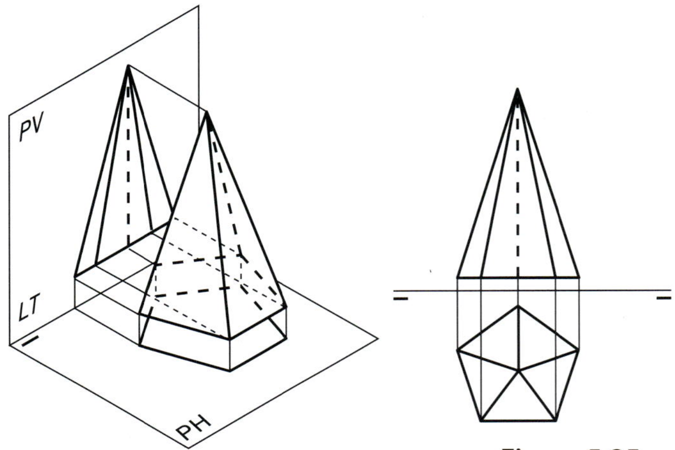

Figura 5.25.

Representación del cono recto

El cono de la Figura 5.26 tiene por base un círculo paralelo al plano horizontal de proyección. Se dice que es recto cuando la proyección ortogonal del vértice coincide con el centro de la base.

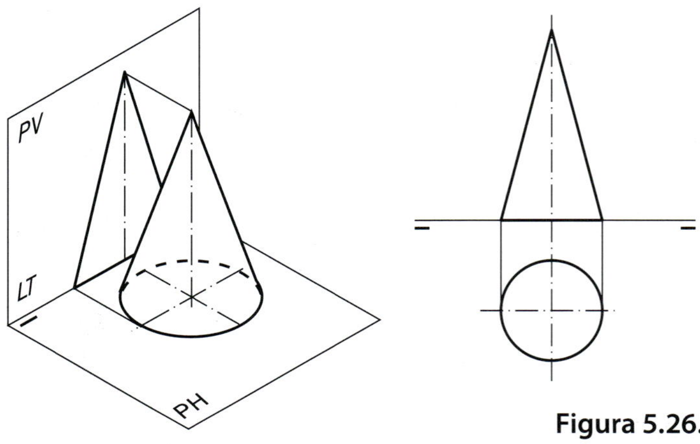

Figura 5.26.

Procedimientos y técnicas

El diédrico sin línea de tierra

El sistema que se ha expuesto se fundamenta en dos planos de proyección que se cortan en una recta: la línea de tierra.

Este método tiene como objetivo representar los objetos mediante sus proyecciones ortogonales, recogidas sobre los planos vertical y horizontal de proyección citados, los cuales, en ocasiones, dificultan las operaciones gráficas, a veces excesivamente complejas por sus largos procesos de ejecución.

El sistema diédrico ortogonal sin línea de tierra tiene la ventaja de que no representa la recta de intersección entre los planos de proyección. Aunque se siguen obteniendo las proyecciones del mismo modo que en el sistema diédrico tradicional, los conceptos de cota y alejamiento dejan de tener interés y, por tanto, se agilizan los procesos de realización.

En estas figuras se puede observar cómo son las representaciones del punto (Fig. 5.27), la recta (Fig. 5.28) y el plano (Fig. 5.29), respectivamente.

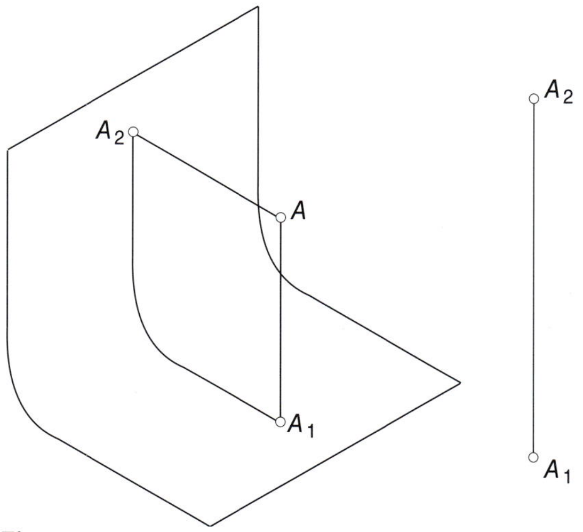

Figura 5.27.

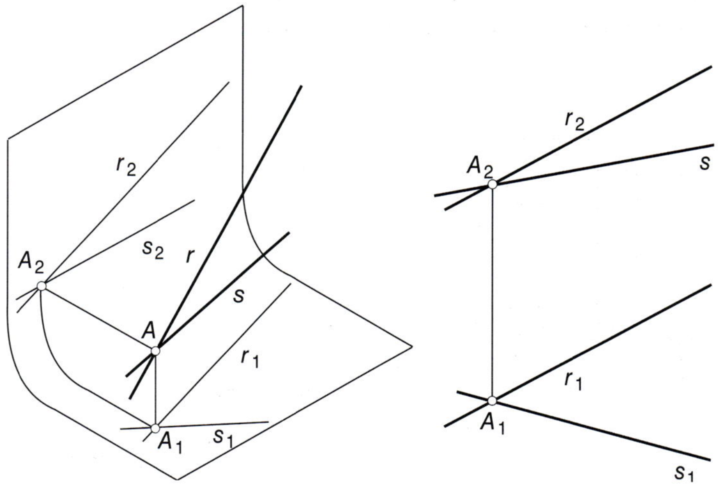

Figura 5.29.

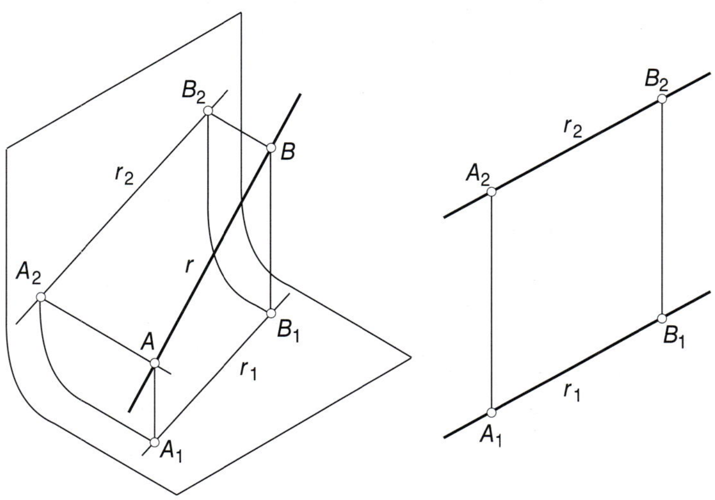

Figura 5.28.

Ahora hazlo tú

- Representa en este sistema las siguientes rectas: frontal, horizontal, vertical y oblicua.
- Sitúa un punto que esté contenido en cada una de ellas.
- Observa que en el sistema diédrico ortogonal sin línea de tierra un plano está definido por dos rectas que se cortan.
- ¿Cómo representarías el plano que contiene a una recta oblicua cualquiera y un punto exterior a ella?

3. El sistema cónico

En el sistema diédrico los objetos son proyectados mediante rayos paralelos entre sí y con la misma dirección; es decir, el punto de vista *(PV)* de donde parten estos rayos está situado en el infinito.

En la perspectiva cónica o sistema cónico los rayos son concurrentes con el punto de vista. Esta manera de proyectar se denomina **proyección central o cónica,** y sus representaciones de formas o cuerpos son las que más se aproximan a la visión humana, dado que equivalen a la imagen obtenida al mirar con un solo ojo.

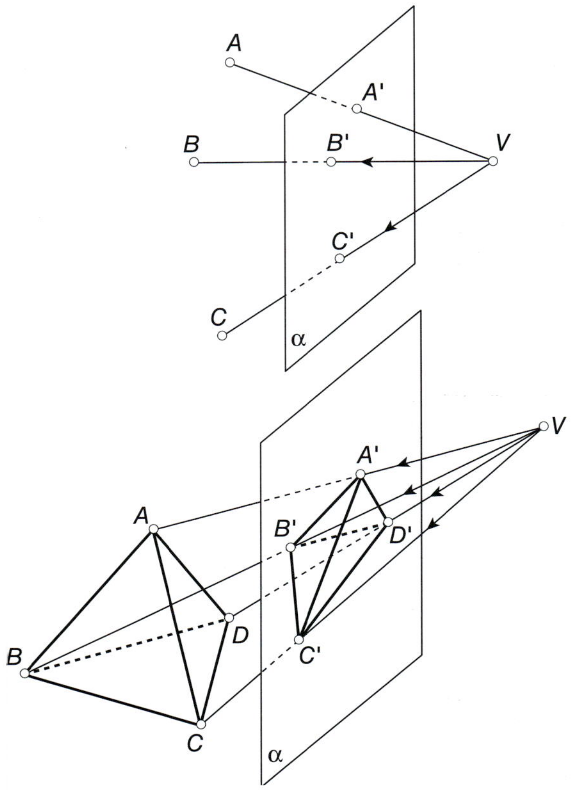

Figura 5.30.

3.1. Fundamentos de la perspectiva cónica

Como ya hemos explicado, la perspectiva cónica es un sistema de representación de formas que se basa en el uso de la proyección central. El fundamento para obtener la representación en este tipo de sistema de un punto, recta, superficie plana o cuerpo volumétrico sobre un plano α queda expuesto en la Figura 5.30.

El punto de vista es el centro de proyección del que parten los rayos proyectantes dirigidos a los puntos del espacio o vértices de las formas que se van a representar.

En su recorrido, los rayos proyectantes producen una intersección con el plano α, plano de proyección del sistema, también denominado **plano del cuadro** *(PC)*. Como se observa en las figuras, sobre este plano quedan representadas las imágenes en perspectiva cónica.

3.2. Elementos más importantes que intervienen en la perspectiva cónica

Los elementos que intervienen en la elaboración de la perspectiva cónica se clasifican en tres categorías: planos, rectas y puntos (Fig. 5.31).

Planos

Los planos que configuran la perspectiva cónica son el plano del cuadro, el plano geometral, el plano horizontal y el plano principal:

- **Plano del cuadro** *(PC)*: es el plano sobre el que se proyectan los objetos y se obtienen sus imágenes; se considera transparente y vertical. Suele estar situado entre los objetos y el punto de vista *(PV)*.
- **Plano geometral** *(PG)*: es un plano horizontal de apoyo, perpendicular al plano del cuadro. Normalmente se hace coincidir con el suelo, donde, en general, se apoyan tanto el punto de vista como los objetos.

- **Plano horizontal** *(PH):* es un plano paralelo al geometral que contiene el punto de vista.
- **Plano principal** *(PP):* es un plano perpendicular al plano del cuadro y al geometral, y contiene el punto de vista.

Rectas

En cuanto a las rectas, las más importantes son:

- **Línea de tierra** *(LT):* es la recta que resulta de la intersección de los planos del cuadro y del geometral.
- **Línea de horizonte** *(LH):* es la recta resultante de la intersección de los planos horizontal y del cuadro.
- **Eje del plano del cuadro:** es la recta resultante de la intersección del plano principal con el plano del cuadro.

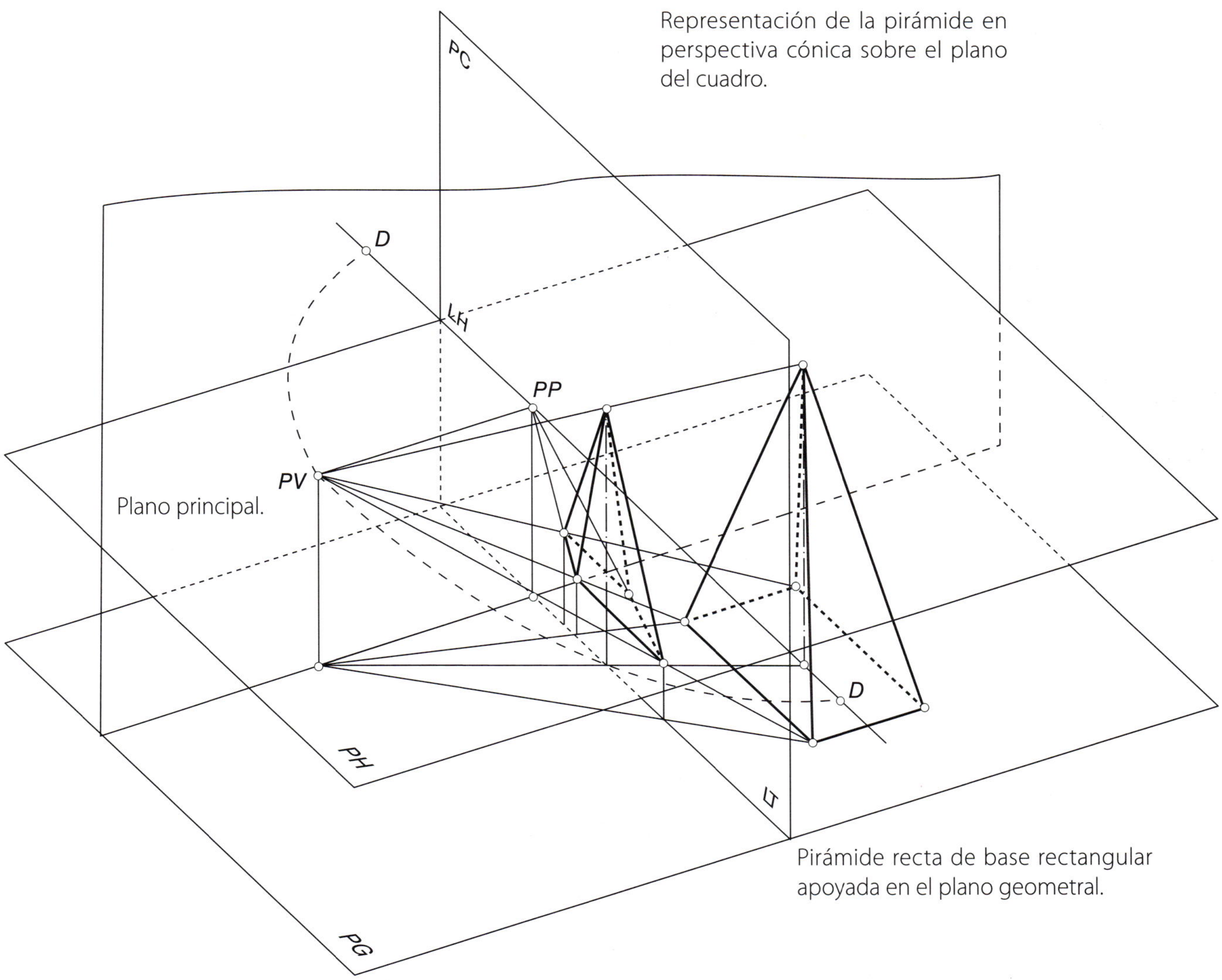

Figura 5.31.

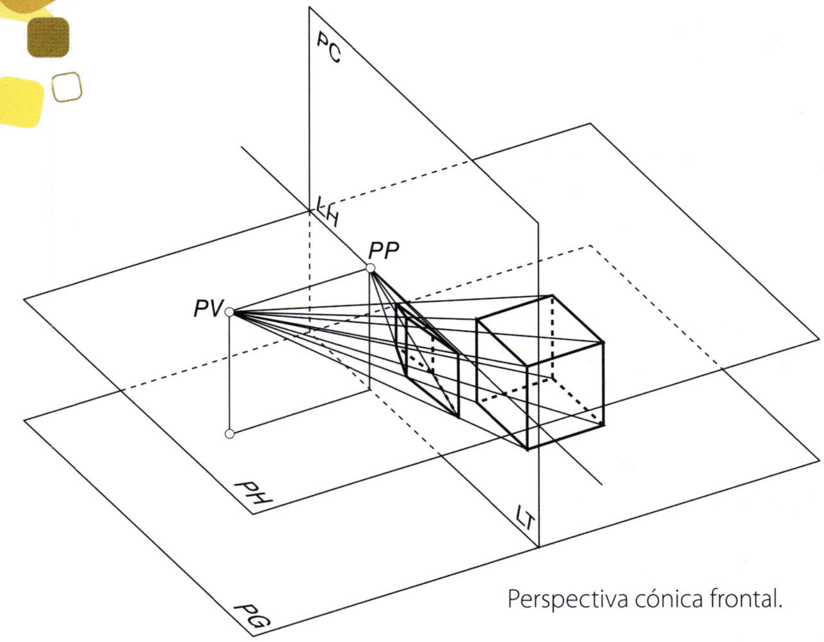

Perspectiva cónica frontal.

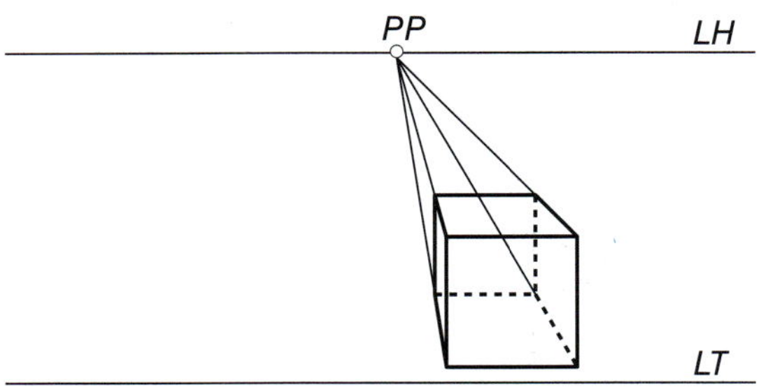

Figura 5.32.

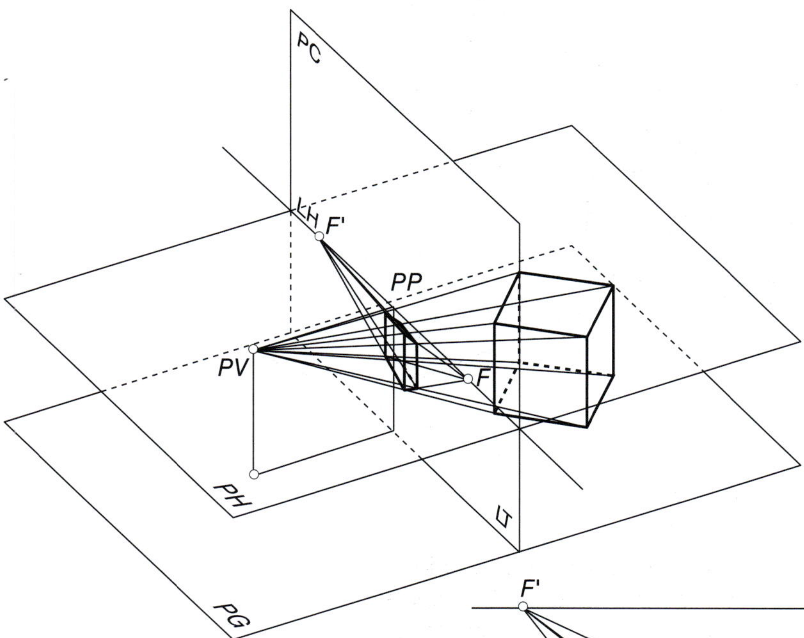

Perspectiva cónica oblicua.

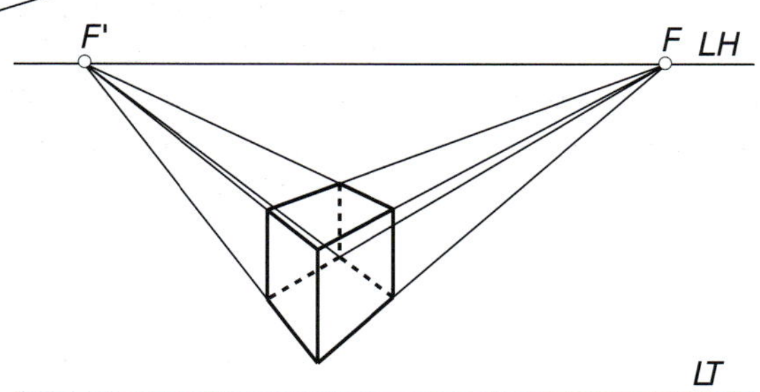

Figura 5.33.

Puntos

En cuanto a los puntos, cabe citar los siguientes:

- **Punto de vista** *(PV)*: es el que representa la situación concreta del observador, es decir, su altura, que también se llama altura de visión o altura de horizonte. Para realizar una perspectiva cónica es necesario situar el punto de vista respecto de los planos del cuadro *(PC)* y geometral *(PG)*.
- **Punto principal** *(PP)*: se halla proyectado ortogonalmente sobre el plano del cuadro el punto de vista, que siempre se sitúa en la línea de horizonte *(LH)*. La distancia existente entre el punto de vista y el punto principal se denomina **distancia principal.**
- **Puntos de fuga:** son aquellos en los que convergen haces de rectas paralelas en perspectiva. Cuando las rectas están contenidas en el plano geometral, o en planos paralelos a este, sus puntos de fuga se sitúan siempre en la línea de horizonte.

El punto principal es el punto de fuga de todas las rectas perpendiculares al plano del cuadro. Los puntos de distancia *(D)* se encuentran a la derecha y a la izquierda del punto principal y a una longitud de este igual a la distancia principal, es decir, a la que hay entre el punto de vista y el punto principal; sirven para llevar medidas sobre las rectas que fugan al punto principal, como analizaremos más adelante.

3.3. Dos tipos de perspectiva cónica

La perspectiva cónica puede ser de dos tipos: frontal y oblicua.

- La perspectiva cónica **frontal** es aquella en la que los objetos o, al menos, una de sus caras, se sitúan de forma paralela al plano del cuadro (Fig. 5.32).
- La perspectiva cónica **oblicua** es la que se obtiene cuando los objetos se disponen oblicuamente al plano del cuadro (Fig. 5.33).

3.4. Proceso del trazado de la cónica frontal

Para dibujar cualquier figura plana o cuerpo sólido en una perspectiva cónica frontal se ha de seguir un proceso riguroso y ordenado. El primer paso consiste en conocer de manera detallada el objeto que se va a representar; para ello, es aconsejable partir de sus proyecciones diédricas. Como ejemplo, vamos a dibujar la perspectiva cónica frontal de un sólido (Fig. 5.34).

Si las líneas verticales que forman el cuerpo, es decir, las alturas, son paralelas entre sí, el dibujo en perspectiva mantiene su verticalidad y paralelismo respecto al plano geometral *(PG)*.

Algo similar sucede con las líneas que indican la anchura. Si son paralelas al plano del cuadro *(PC)* y entre sí, mantienen su paralelismo y horizontalidad en el dibujo.

La profundidad, en la perspectiva cónica frontal, se representa mediante una serie de rectas perpendiculares respecto del plano del cuadro y, lógicamente, paralelas entre sí. Por tanto, todas las rectas que cumplan esas normas convergen en un punto de fuga, que es el punto principal *(PP)*.

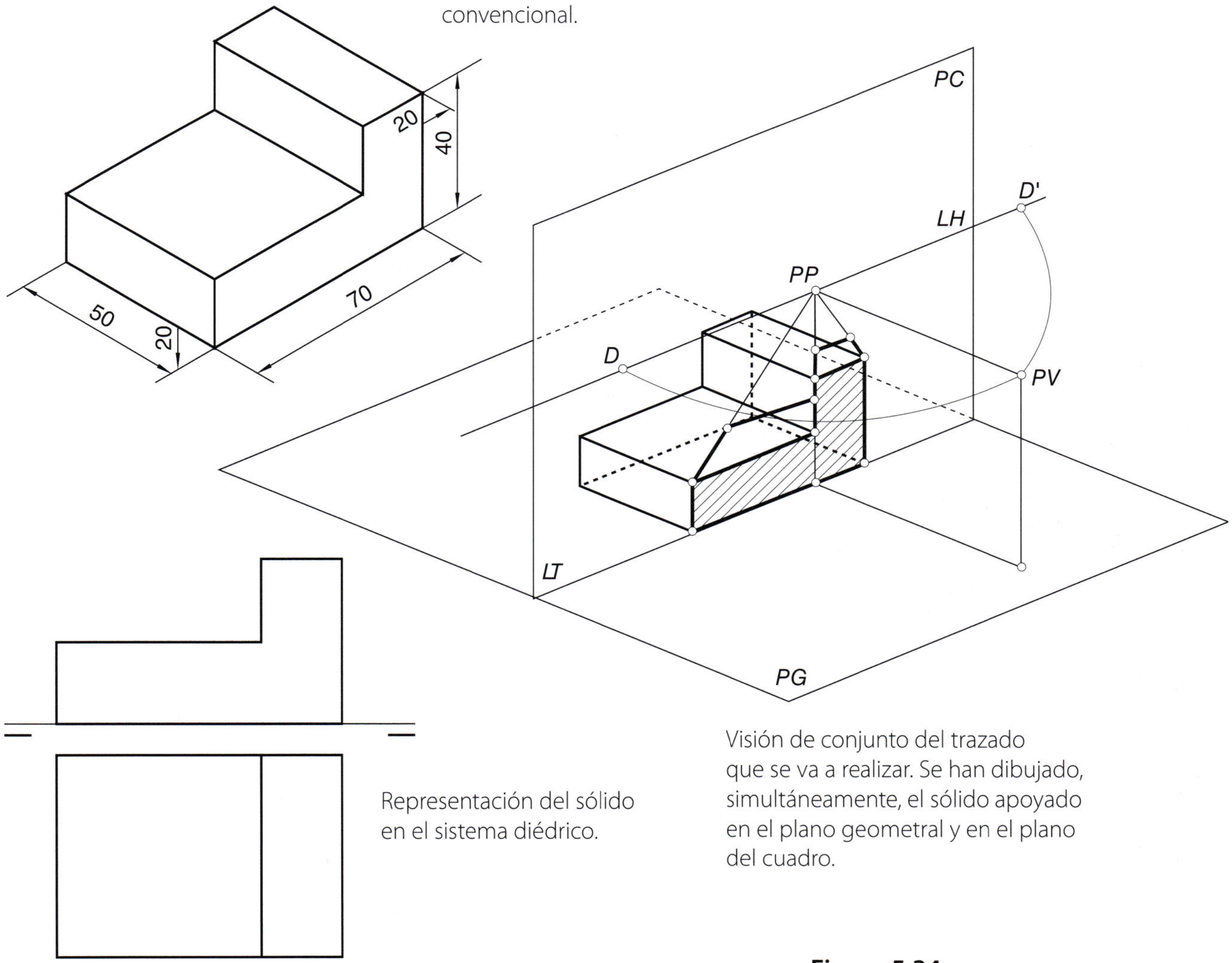

Croquis acotado en perspectiva convencional.

Representación del sólido en el sistema diédrico.

Visión de conjunto del trazado que se va a realizar. Se han dibujado, simultáneamente, el sólido apoyado en el plano geometral y en el plano del cuadro.

Figura 5.34.

Proceso del dibujo paso a paso

Lee atentamente las explicaciones y contrástalas con los gráficos realizados en cada paso (Fig. 5.35).

a) Se dibuja la línea de tierra *(LT)* y la línea de horizonte *(LH),* de manera que sean paralelas y estén separadas entre sí por una distancia igual a la altura del observador, es decir, la del punto de vista *(PV).* A continuación, se sitúan los puntos *PV, PP, D* y *D'* junto con la distancia principal, *PV–PP.*

b) Se traza la planta del sólido; para ello se fugan al punto principal los segmentos perpendiculares al plano del cuadro *(PC).* Para situar la profundidad que tiene el cuerpo, se utilizan de manera indistinta los puntos de distancia *D* y *D'.*

c) Se dibujan las aristas verticales, paralelas entre sí, con sus alturas correspondientes y perpendiculares a la línea de tierra.

d) Para terminar el dibujo, se fugan los distintos vértices, *A, B, C, D,* de la cara del sólido contenida en el plano del cuadro, para completar la configuración del cuerpo.

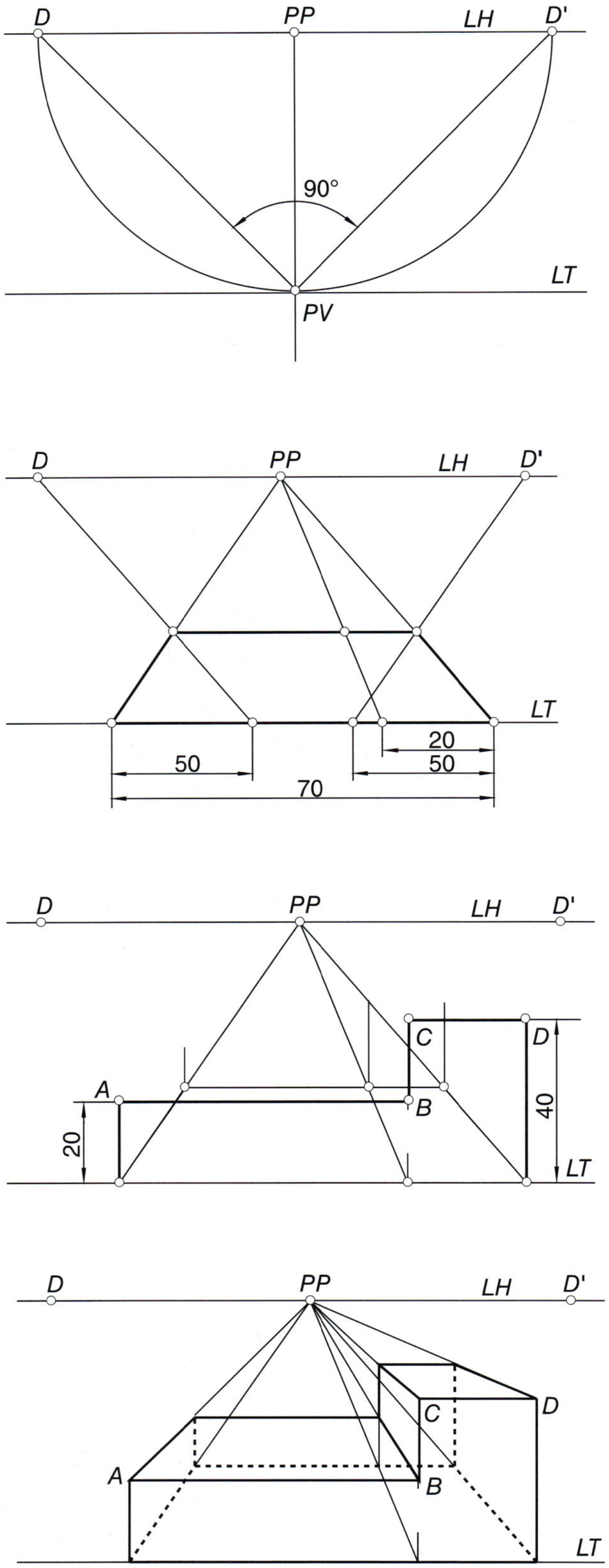

Figura 5.35.

Aplicaciones

La perspectiva cónica de la circunferencia

En perspectiva cónica, las figuras que están situadas sobre el plano del cuadro, o en planos paralelos a él, mantienen su verdadera forma.

Por tanto, cuando la circunferencia está en esas posiciones, sigue manteniendo su misma configuración en perspectiva. Sin embargo, si está localizada en planos oblicuos o perpendiculares al plano del cuadro, aparece en perspectiva como una elipse.

Circunferencia contenida en el plano geometral

Para hacer su trazado se procede de la manera que muestra la Figura 5.36.

Circunferencia contenida en el plano vertical

Cuando la circunferencia está situada en un plano vertical, el trazado de su perspectiva se basa en colocarla sobre el plano del cuadro, es decir, en verdadera magnitud, y, desde esa posición, se dibujan algunos puntos de ella en perspectiva.

El proceso de realización se puede apreciar en la Figura 5.37.

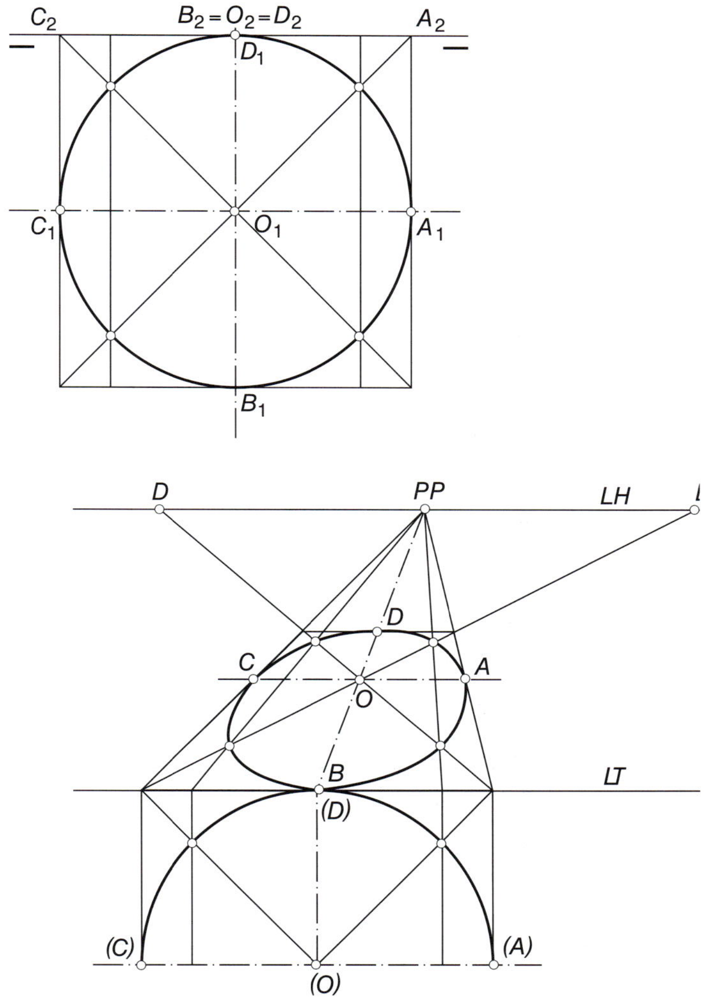

Figura 5.36.

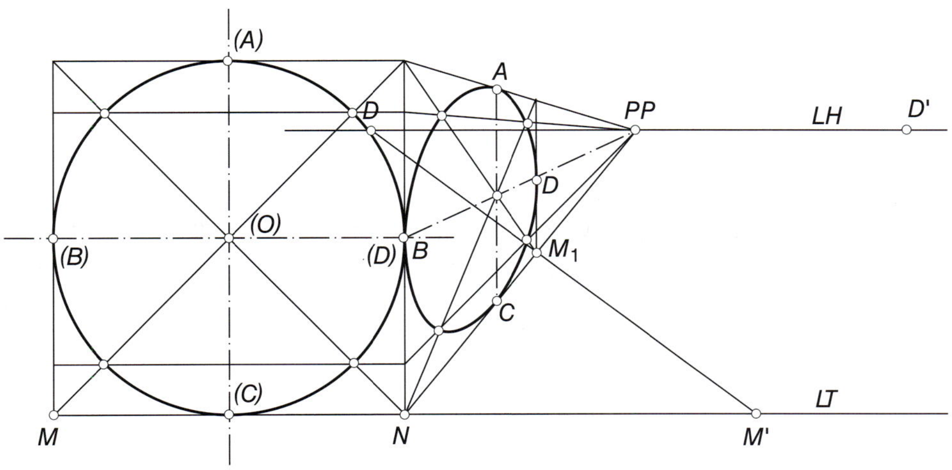

Figura 5.37.

Ahora hazlo tú

Ahora, realiza tú la perspectiva cónica de la circunferencia siguiendo los pasos descritos más arriba. Hazlo sobre una hoja de papel de formato A-4.

Procedimientos y técnicas

La cónica en pintura

Es muy habitual que los pintores se basen en composiciones fotográficas (Fig. 5.38) para realizar sus obras, sobre todo aquellos que tienen un estilo de expresión realista. Esta estrategia creativa no es tan moderna como puede parecer, pues en el siglo XVII ya se utilizaban los conocimientos sobre las ventajas que proporcionaba la cámara oscura para crear imágenes en perspectiva. (La cámara oscura era una cámara en la que se trataba de ver impresionada una imagen real.)

Pintores como Jean Vermeer y Giovanni Canaletto colocaban, con frecuencia, los dibujos de un mismo tema uno junto a otro, con el fin de conformar una escena de gran amplitud (Figs. 5.39 y 5.40). La visión resultante es similar a la que se consigue cuando se unen varias fotografías para simular el efecto de un gran espacio.

Del mismo modo que un fotógrafo, Vermeer y Canaletto situaron cámaras oscuras para realizar muchas de sus obras, como las que aquí te presentamos. Posteriormente, movían la cámara para conseguir dos vistas adyacentes y lograr un realismo mágico captando la perspectiva de la obra.

Figura 5.38.

Ahora hazlo tú

Realiza tres apuntes en perspectiva cónica frontal: el primero, de la cocina de tu casa; el segundo, de la sala de lectura o biblioteca de tu municipio; y el tercero, del edificio de tu centro escolar. En este último, toma como punto de vista aquel que más datos te ofrezca sobre el inmueble.

Figura 5.39. Jean Vermeer, *Vista del Delft,* 1658. Este pintor holandés del siglo XVII destaca por sus interpretaciones de paisajes, en los que el tratamiento de la perspectiva y el color son los elementos más significativos.

Figura 5.40. Giovanni Antonio Canaletto, *Entrada al Gran Canal e iglesia de la Salute,* 1729-1730. Este pintor italiano del siglo XVII destaca por el tratamiento y la potenciación que realiza de la perspectiva cónica en sus paisajes de la ciudad de Venecia.

Actividades

Trazados de vistas de objetos

El **croquis** es un dibujo rápido, hecho a lápiz y a mano alzada, en el que se detallan todas las formas y las dimensiones del objeto. Puede realizarse en proyecciones diédricas o en perspectiva. Debe ser limpio y claro, y no tener muchas líneas que puedan confundir su interpretación.

Los elementos fundamentales de un croquis son los que recoge la Figura 5.41:

- **Línea de cota:** es fina y termina en dos flechas.
- **Flecha de cota:** su forma es la de un triángulo alargado.
- **Línea de referencia:** línea, también fina, que se traza, generalmente, perpendicular al segmento que se tiene que acotar.
- **Cifra de cota:** indicación numérica de la medida del segmento.

Para dibujar correctamente las vistas de los objetos que te proponemos más adelante, es conveniente que apliques en tus croquis estas sencillas normas de trazado y acotación.

1. Dibuja los croquis acotados (planta, alzado y perfil) de un plato, un vaso o un sacapuntas (Fig. 5.42).

Es conveniente que utilices una hoja de papel de formato A-4 y que hagas los trazados con un lápiz de grafito de dureza HB o 2B.

Figura 5.42.

Trazado de un plano

2. Traza un plano que contenga a la recta $r_1 - r_2$, y sitúa un punto con más cota que alejamiento dentro de la recta.

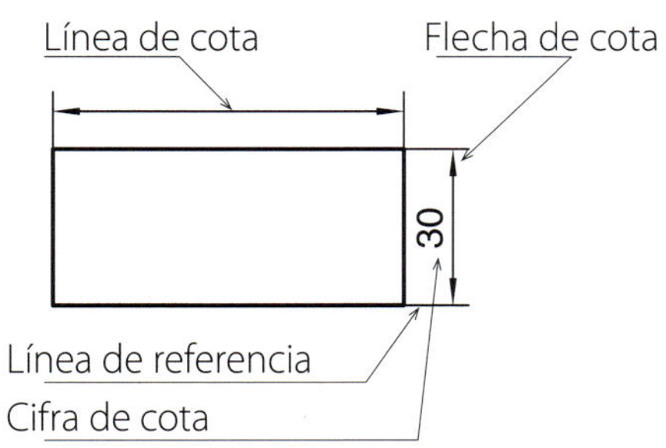

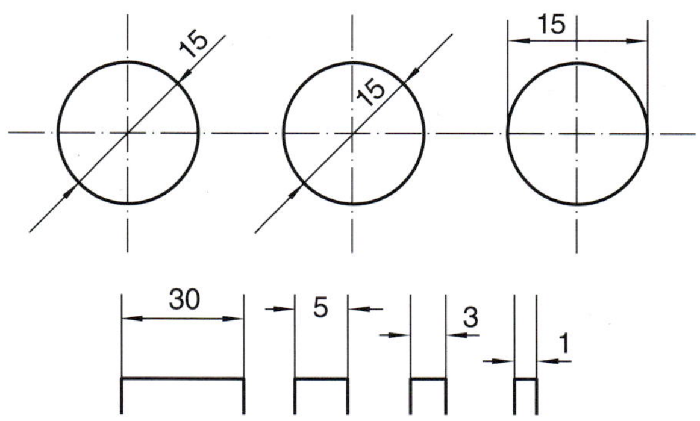

Acotado en serie

Cada cota se sitúa a continuación de la cota contigua.

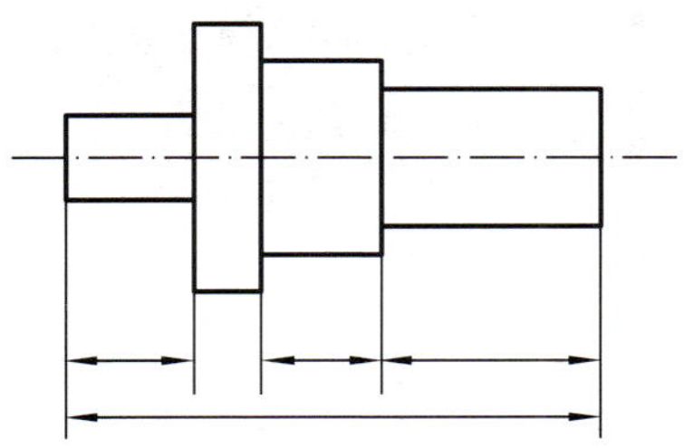

Acotado en paralelo

Las cotas con la misma dirección tienen su origen en un plano base de referencia.

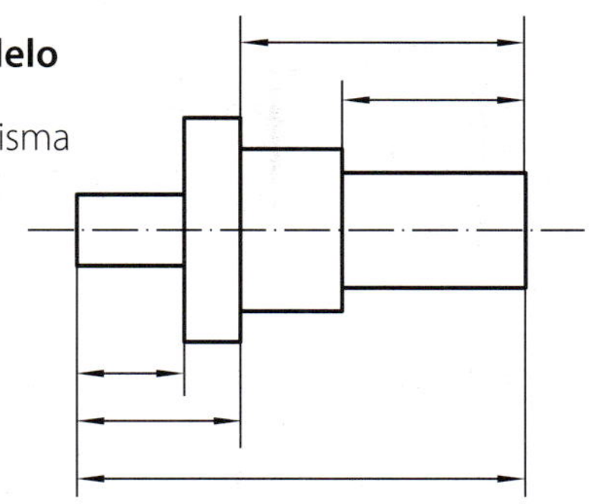

Figura 5.41.

4. Volumen

El entorno y los objetos que hay en él se relacionan a través de un espacio tridimensional. La **triple dimensión** tiene altura, anchura y profundidad (a diferencia de las formas planas, de doble dimensión, que solo tienen altura y anchura). La relación y proporción entre las tres dimensiones condiciona que un cuerpo pueda ser estilizado, grueso, etc.

4.1. El volumen y el espacio

Cuando hablamos de **volumen,** estamos hablando de un cuerpo en el espacio tridimensional. Los cuerpos con volumen tienen un **espacio** exterior que rodea su superficie y al mismo tiempo encierran dentro de la misma un espacio interior. El volumen necesita el espacio para existir.

Se denomina **escultura** al arte de modelar, esculpir o tallar un material para crear una figura o un objeto volumétrico. Al igual que en las otras manifestaciones plásticas: pintura, dibujo, grabado, etc., la escultura cuenta con dos tipos de imágenes: las figurativas y las abstractas. *La Venus de Milo* (Fig. 5.43) es una escultura figurativa, al representar de modo realista la figura femenina. En cambio, la obra *Caja metafísica,* de Jorge Oteiza (Fig. 5.44), es una escultura abstracta, ya que no pretende imitar formas materiales.

Figura 5.43. *La Venus de Milo.*

Figura 5.44. Jorge Oteiza, *Caja metafísica*, 1958.

4.2. El volumen exento

Es aquel que permite que se vean todas sus caras menos en la que se apoya; también se llama de **bulto redondo.** Para comprender el volumen exento deberemos girar alrededor de este y observarlo desde distintos puntos de vista: arriba, abajo, delante y detrás. Esta percepción, que conseguimos a partir de la comprensión de sus distintas partes, nos permitirá conocer lo que llamamos características formales del volumen (Fig. 5.45).

Figura 5.45.
Miguel Ángel, *David,* 1505.

4.3. El relieve

Las esculturas en relieve son figuras modeladas o talladas sobre una superficie; dependiendo de cómo sobresalgan las formas respecto al plano del fondo se llamarán **bajo relieves, medio relieves** o **alto relieves.**

Un relieve consiste en componer una escena ordenada de personajes o elementos distribuidos en una superficie, en principio, plana (Figs. 5.46 y 5.47). Las figuras se colocan formando una serie de capas superpuestas para dar la sensación de profundidad. Otro sistema para definir el espacio en el relieve consiste en utilizar la visión natural: los objetos cercanos se ven muy definidos, mientras que los que están lejos se muestran más pequeños, con menor claridad, desdibujados y con menor resalto.

Figura 5.46. *Ara Pacis Augustae,* 13-9 a. C.

Figura 5.47. Lucca della Robbia, *Niños cantando y bailando,* detalle de la cantoría de la catedral de Florencia, 1438.

5. Materiales y técnicas volumétricas

Los materiales empleados en la escultura pueden agruparse en dos categorías: **dúctiles** y **duros,** lo que da paso a las dos técnicas básicas empleadas en esta disciplina: **modelar** (Fig. 5.48) o **esculpir** (Fig. 5.49). Los materiales dúctiles son básicamente las arcillas y las pastas sintéticas, como la plastilina. Los materiales considerados duros son la piedra, la madera y el metal.

Los materiales duros exigen herramientas específicas para ser tratados; en cambio, los materiales blandos pueden modelarse incluso con los dedos. En ambos casos la textura y el acabado de la obra (áspera, brillante, rugosa) variarán sustancialmente la calidad y expresividad de la pieza.

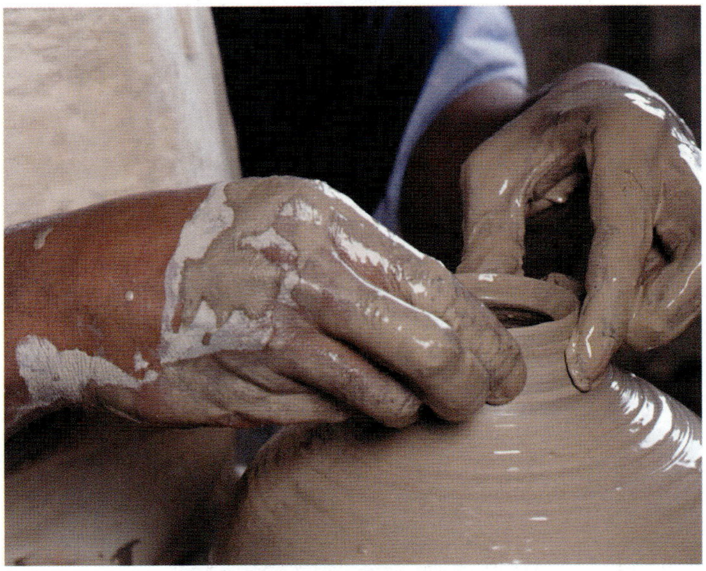

Figura 5.48.

Figura 5.49.

5.1. La piedra

Se entiende con el nombre de piedra lo que los geólogos denominan rocas sedimentarias: alabastro, mármol, caliza, granito, basalto, etc. Este es el material que siempre ha estado más próximo al hombre. Ya en la prehistoria el ser humano se rodeaba de rocas con el fin de protegerse. Las cuevas eran su refugio y, posiblemente, en ellas comenzó la actividad escultórica como lo demuestran las diversas estatuillas de mujeres encontradas en yacimientos de aquella época, como por ejemplo la *Venus de Willendorf* (Fig. 5.50).

Figura 5.50. *Venus de Willendorf.*

Los **mármoles** son piedras calizas cristalizadas. Los tipos de mármol preferidos por los escultores son: macael de Almería, negro de Bélgica, carrara de Italia. Ejemplos de esculturas realizadas en mármol en diferentes momentos de la historia son el *Discóbolo* de Mirón, el *Moisés* de Miguel Ángel o *El beso* de Rodin (Fig. 5.51).

Figura 5.51.
Pierre Auguste Rodin, *El beso,* 1875.

5.2. La madera

Se pueden clasificar los distintos tipos de madera, según su dureza, en:

- **Blandas:** como la balsa, el cedro, el embero o el pino.
- **Semiduras:** la teca, el haya, el roble, el olmo, el melis o el cerezo.
- **Duras:** el bolondo, el boj, la caoba o el ébano.

La madera ha sido y es un material significativo dentro de las manifestaciones escultóricas a lo largo del tiempo (Fig. 5.52). Con este material se han realizado soberbios postes totémicos, máscaras rituales de diferentes civilizaciones y culturas, figuras de diversos dioses y santos, etcétera.

En el siglo pasado el cubismo incorporó este material en sus composiciones de *collage* y el expresionismo recurrió al primitivismo pintando la madera.

Figura 5.52.
Pedro Mena y Medrano, *Santa María Magdalena penitente,* 1644.

5.3. El metal

Son diversos los metales utilizados en la escultura: hierro, acero, cobre, bronce y aluminio, entre otros. El metal puede ser trabajado a partir de su corte en láminas y de su correspondiente unión, a base de soldadura o roblonado. Pero es en la fundición del metal donde el escultor encuentra un gran desafío.

Gracias a sus propiedades, el metal es un material muy apreciado por los escultores abstractos. Observa las formas y texturas que logra Julio González en su obra *El hombre cactus* (Fig. 5.53).

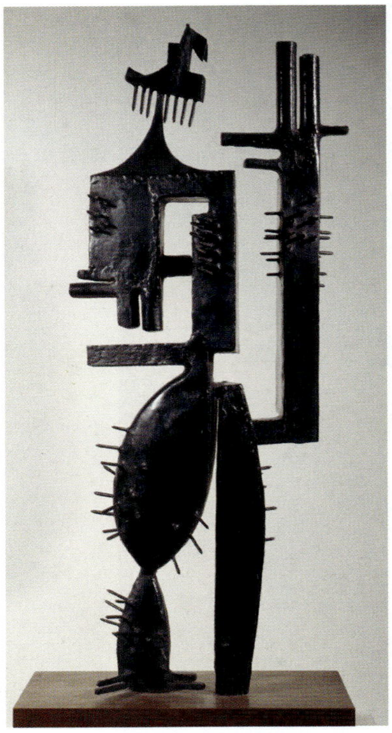

Figura 5.53.
Julio González, *El hombre cactus*, 1939-1940.

5.4. Características de las técnicas

Si la elección de los materiales es importante, la elección de las herramientas comporta una decisión trascendental. La técnica empleada está vinculada directamente a los materiales elegidos.

Para modelar arcilla o pastas sintéticas los materiales más utilizados, además de las manos y los dedos, son básicamente palillos de modelar de diversos tamaños y formas (Fig. 5.54), y en su mayoría son de madera, preferentemente de boj o de acebo. No hay que olvidar que, en el modelado, cuantas menos herramientas y más simples las utilicemos, mejor.

Para trabajar la piedra, las herramientas que se utilizan son diversas: instrumentos de medición (escuadra metálica, compases sacapuntos, nivel, etc.), punteros, cinceles, gradinas (cinceles dentados) (Fig. 5.55), escofinas, limas, martillos, taladros, compresor neumático y sierra radial, entre otros.

Para trabajar la madera, la técnica es la talla y, al igual que para la piedra, se utilizan instrumentos de medición, sierras, cepillos, martillos, tenazas, trépanos, fresas, discos de talla y, sobre todo, limas y gubias con formas variadas (Fig. 5.56), según el resultado que se pretenda obtener.

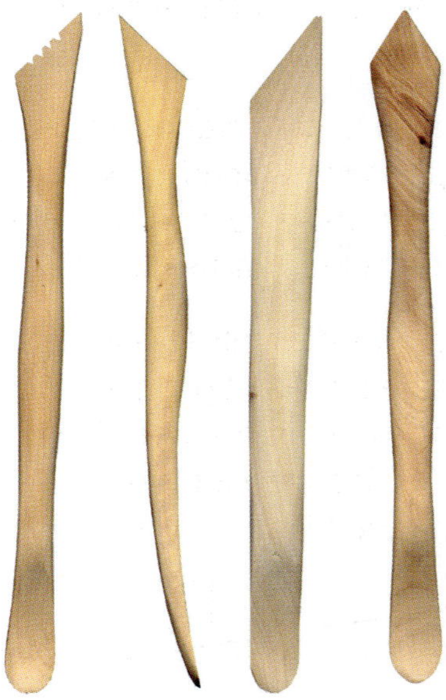

Figura 5.54.

Figura 5.55.

Figura 5.56.

Aplicaciones

El móvil

Llamamos móvil a objetos en el espacio que, por giros o variaciones de movimiento, consiguen una forma tridimensional. El móvil está condicionado por cómo lo percibimos y por su movimiento; por tanto, tiene valores ópticos y cinéticos.

Requisitos del móvil

Para conseguir movimiento y equilibrio espontáneo es muy importante tener en cuenta los siguientes factores:

- Materiales ligeros: cuerdas, varillas, alambres, etc.
- Relación entre tamaños, formas y color para conseguir efectos ópticos de dinamismo.
- Giros y variaciones con ejes.

Para que el móvil mantenga el equilibrio deseado es muy importante la relación entre las distancias, longitud, peso y tamaño. La fuerza de la gravedad no solo está condicionada por el tamaño y el peso del elemento que cuelga, sino también por la longitud del hilo y por la distancia entre el eje de la cruz y el punto de sujeción.

Móvil simétrico en cruz con formas idénticas planas (Fig. 5.57)

Vamos a plantear la realización de un caso concreto de móvil en el que podremos conseguir la triple dimensión con formas planas en movimiento:

1. Recorta cuatro formas planas iguales.
2. Corta dos varillas finas (pueden ser de alambre, palos finos de madera, folios enrollados a presión, pajas de bebida, etc.).
3. Construye una cruz mediante la unión de los dos ejes por su centro (puede hacerse con pegamento, hilo o por ensamble).
4. Corta cuatro hilos del mismo grosor y longitud.
5. Cuelga las cuatro formas de los hilos.
6. Fija los cuatro extremos de los hilos en los extremos de la cruz.

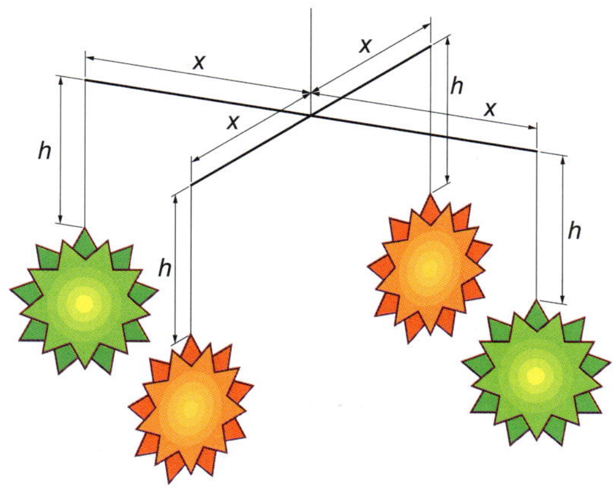

Figura 5.57.

Móvil asimétrico (Fig. 5.58)

Las posibilidades de un móvil asimétrico son casi infinitas. Vamos a investigar la experiencia de contar una historia con un móvil.

1. Dibuja, pinta y recorta los personajes y los elementos de la historia (pueden ser planos o con volumen).
2. Decide cuántas varillas necesitas (puedes hacer un montaje múltiple en el que de alguno de los extremos penda un hilo que sujete a su vez otra varilla o incluso otra cruz).
3. A cada personaje y elemento de la historia le haremos un agujero por el que pasaremos y anudaremos un hilo (este agujero debe estar en un punto de su parte superior, de manera que al colgarlo permanezca vertical).
4. Como los personajes son de diferente forma, tamaño, peso e importancia, puedes investigar el equilibrio buscando sus relaciones, situándolos a diferentes distancias del punto de intersección de los ejes y con diversas longitudes de hilo.

Figura 5.58.

Procedimientos y técnicas

El vaciado y la fundición

El vaciado con escayola con moldes de látex

Para reproducir un cuerpo con volumen debemos utilizar la técnica del vaciado. Cuando los escultores realizan sus obras, no siempre lo hacen con el material definitivo. En muchas ocasiones, el artista crea su obra original con arcilla para que después sea producida en otro material más estable y duradero.

Vamos a explicar las fases de un método de vaciado en el que se reproduce en escayola una figura original con un molde sintético (Fig. 5.59).

1. Se parte de un cuerpo modelado en arcilla que aún no está seco.
2. Con una brocha, se extiende sobre la superficie una cola plástica o agua con jabón que sirva de aislante.
3. Se realiza el molde cubriendo la arcilla con una capa de látex de 3 mm de grosor, aproximadamente.
4. La capa de látex se cubre de una capa de escayola de unos 35 mm de grosor.
5. Se vacía la arcilla que ha quedado dentro del molde y se lava bien este por dentro.
6. Se rellena el molde con escayola líquida y se deja secar.
7. Se retiran los moldes de escayola y látex, y se limpia la escayola de impurezas.
8. A la reproducción en escayola del modelo original se le puede dar un acabado con cera, barniz, pinturas plásticas, etc.

Figura 5.59.

La fundición

En esta ocasión vamos a explicar las fases de realización de un método de vaciado, llamado a la cera perdida. Con él se reproduce en bronce el original con unos moldes en escayola y cera (Fig. 5.60).

1. Se hace un molde de escayola del original de barro.
2. Este molde se vacía de barro y se reviste en su interior con una capa de cera de 2 o 3 mm aproximadamente.
3. Se quita la escayola y queda una reproducción de una capa de cera.
4. Se hace otro molde, al que se le aplica por las dos caras de la cera una masa de arena, yeso y cemento, llamada picadizo. Mediante unos clavos se unen las dos caras del picadizo y se les hace unos agujeros.
5. Se introduce el molde con la cera dentro de un horno, llamado mufla, a 550 °C. Con el calor, la cera se derrite y se evapora, y salen los gases por los agujeros realizados. Así queda hueco el lugar que ocupaba la cera.
6. Se funde el bronce en un crisol a 1 200 °C. Se introduce el metal fundido en el hueco que ha dejado la cera. Cuando este se enfría se quitan los clavos y se rellenan con soldadura los huecos dejados por ellos.
7. Dependiendo del tamaño de la obra, los moldes pueden ser de una, dos o varias piezas.
8. Por último, habitualmente, se aplica una capa de nitrato de cobre que oxida el bronce y le da ese aspecto verdoso que tienen muchas de las esculturas de bronce.

Figura 5.60.

Actividades finales

1. **Para la actividad que te proponemos a continuación necesitas una pastilla grande de jabón. Utilizando la técnica de la talla, realiza una escultura de bulto redondo, figurativa o abstracta, pero que comunique al espectador una sensación de equilibrio (Fig. 5.61).**

   Para tallar puedes utilizar, entre otras herramientas, palillos de madera, un destornillador pequeño, etc.

Figura 5.61.

2. **En una enciclopedia de arte o en Internet, busca y escoge tres esculturas cuyos materiales sean diferentes (Figs. 5.62, 5.63 y 5.64), analízalos e intenta identificar la técnica y los instrumentos utilizados en cada escultura. Realiza la descripción por escrito.**

Figura 5.62. Donatello, *Condotiero Gattamelata*, estatua renacentista realizada en bronce.

Figura 5.63. *Emperador Marco Aurelio*, busto romano realizado en mármol.

Figura 5.64. Estatua africana realizada en madera.

3. **Realiza un relieve con arcilla de un motivo que te guste (Fig. 5.65). Nosotros te sugerimos un bodegón compuesto por tres frutas, por ejemplo: dos peras y una manzana; también puedes coger un retrato de algún familiar o un paisaje. Si ves alguna dificultad, pregunta a tu profesor.**

Figura 5.65. *Máscaras teatrales*, relieve romano del siglo I.

Otras propuestas

Dibuja la planta, el alzado y el perfil de estas piezas

Toma las medidas directamente de las aristas de los modelos que te mostramos en perspectiva (Fig. 5.66) y amplíalas al doble. Las flechas indican la vista que corresponde al alzado de los sólidos.

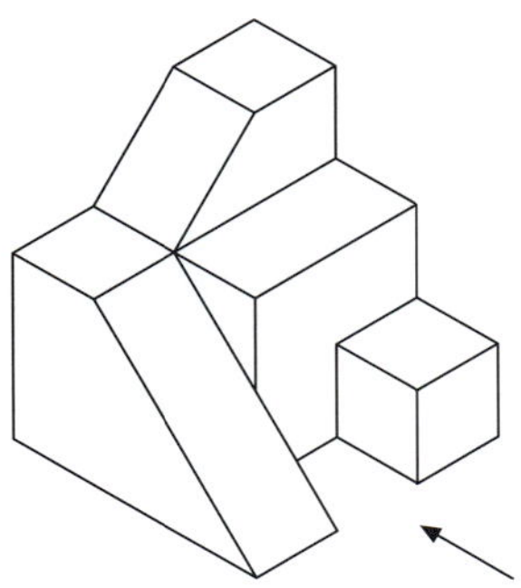

Figura 5.66.

Realiza una composición en perspectiva cónica frontal

Observa esta composición hecha en perspectiva cónica frontal (Fig. 5.67). Diseña tú otra formada por un cono y un cilindro rectos. Para ello, dibuja sus plantas y alzados, y tómalos como base para dibujar, también, una perspectiva cónica frontal.

Coloca el punto de vista y las dimensiones de los cuerpos a tu gusto. Haz el trazado del dibujo con lápiz de grafito sobre papel blanco de formato A-4.

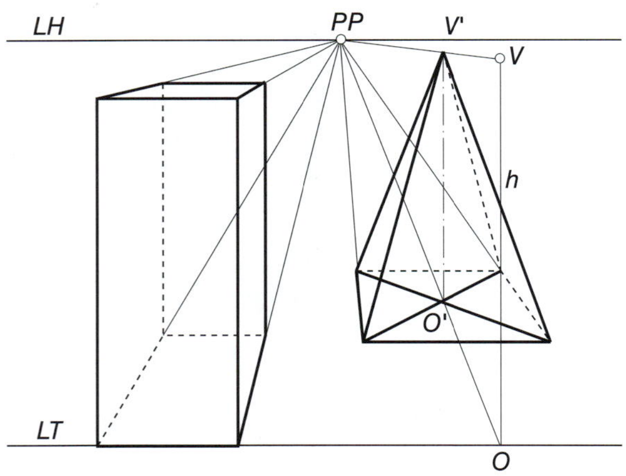

Figura 5.67.

Descubre en una imagen los elementos que intervienen en la perspectiva cónica

Busca en periódicos, revistas, postales, etc., fotografías de paisajes urbanos en los que aparezcan claramente los elementos que intervienen en la perspectiva cónica: los puntos de fuga, la recta de horizonte, el punto principal, etc., y señálalos con un rotulador de punta fina (Fig. 5.68).

Figura 5.68.

Construye un móvil

La actividad que te proponemos a continuación es para que la trabajes en equipo. Organiza tu grupo de trabajo o deja que sea el profesor quien tome esta decisión.

Con materiales sencillos y asequibles (alambre, pinzas, clavos, palillos, etc.), construiréis un móvil que colgará del centro de vuestra aula. Solo os ponemos una condición: que el conjunto esté inspirado en la obra de Calder. En esta actividad podéis emplear el color y mucha imaginación.

¿Qué has aprendido?

Completa en tu cuaderno

1. Define perspectiva cónica, señala sus fundamentos y sus elementos más importantes.
2. ¿Qué tipo de perspectiva cónica conoces? ¿Cuáles son sus diferencias?
3. Señala en el siguiente dibujo la línea de tierra, la línea de horizonte y el eje del plano del cuadro:

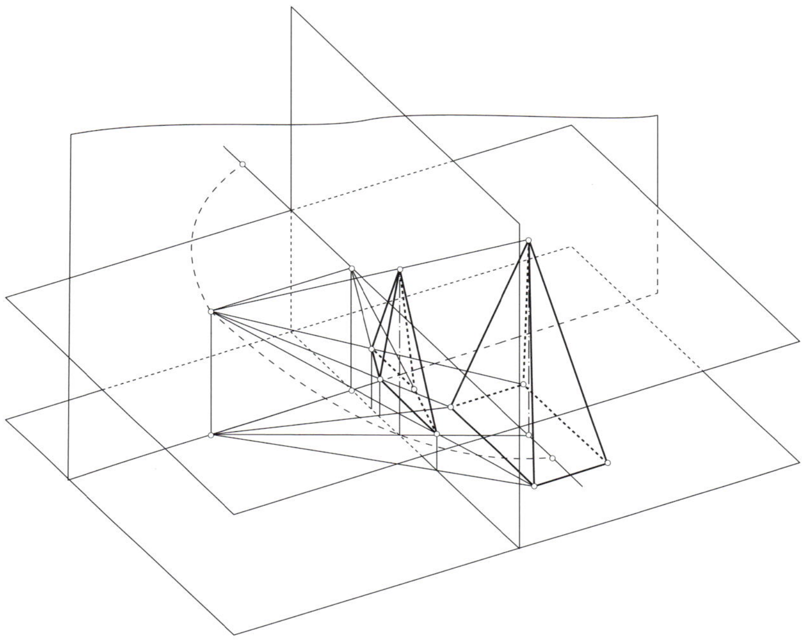

4. ¿Qué es el sistema diédrico? Señala sus fundamentos.
5. Señala los pasos que hay que seguir para dibujar en el sistema diédrico:
   a) Un punto.
   b) Una recta.
   c) Un plano.
6. Define los siguientes elementos de un sólido:
   a) Planta.
   b) Alzado.
   c) Perfil.
7. ¿A qué nos referimos cuando hablamos de cota y alejamiento de un punto?
8. ¿Cuáles son las trazas de un plano?
9. ¿Cuáles son los materiales más importantes que se usan en escultura?

6 La composición

Contenidos

1. La organización de la forma y su entorno en el plano.
2. Simetrías.
3. Elementos de la composición.
4. El canon y la figura humana.
5. La proporción áurea.
6. El ritmo.

Competencias básicas

En esta unidad trabajaremos las siguientes competencias:

5. Social y ciudadana.
6. Cultural y artística.
7. Aprender a aprender.
8. Autonomía e iniciativa personal.

Aprenderás a:

La naturaleza ha sido generada dentro de un orden. Las formas en la naturaleza responden siempre a una lógica, aunque a veces parezca caprichosa: flores con pétalos en forma de radios, animales simétricos con la piel formando manchas rítmicas, rocas que cristalizan con figuras geométricas, etc. El ser humano, que está inmerso en la naturaleza, se organiza siguiendo una lógica natural, ordenando objetos, ideas, comportamientos y actitudes.

Componer significa organizar, colocar dentro de un orden lógico y siempre en función de la idea que se desea transmitir. Cuando escribimos utilizamos letras, sílabas ordenadas de manera que expresen palabras, agrupadas en frases que dan sentido a la idea. Con la imagen sucede algo similar: se emplean formas ordenadas para expresar figuras y objetos dispuestos dentro de un espacio que da sentido a la idea que se pretende comunicar.

Un cuadro

Carrà, Carlo: *El caballero rojo,* 1912. Óleo sobre lienzo.

En esta obra, el pintor Carrà quiso dar la sensación de que todo parece que se mueve, que corre, que transcurre con rapidez. Una figura nunca es estable ante nosotros, sino que aparece y desaparece incesantemente.

Un museo

Teatro-Museo Dalí

En este museo puedes apreciar la obra pictórica más importante de Salvador Dalí, Este pintor surrealista fundamentó su obra como un puro automatismo que permitía la verdadera expresión de la mente humana: desde esa premisa representó espacios y volúmenes de manera genial.

Una web

http://www.arte10.com

En este portal podrás encontrar prácticamente todos los museos y galerías de arte de España, además de infinidad de artistas, tiendas de arte, foros de debate, etc. Navega dentro de este portal y verás la cantidad de sorpresas gratas que vas a tener.

1. La organización de la forma y su entorno en el plano

La organización de la forma se basa en la construcción de una imagen. Para ello es necesario utilizar, de manera ordenada, todos los elementos del lenguaje visual, es decir, ordenar o componer las figuras sobre un espacio bidimensional (si se trata de una fotografía, un cuadro, un cartel, etc.) o tridimensional (en caso de que sea una escultura, un escenario de teatro, un edificio, etc.).

En definitiva, organizar la forma o componerla consiste en colocar en el espacio apropiado varias figuras de manera que se obtenga una imagen estética. Esta imagen debe producir el efecto deseado y se debe poder leer de forma fácil y agradable.

1.1. Intención de componer

Recuerda

Componer no es rellenar un espacio con todos los elementos hasta completarlo: supone distribuir y ordenar los objetos o las formas más apropiadas, de manera que el espacio no ocupado facilite su lectura, resaltando esa organización.

Para realizar una buena composición y obtener un resultado que exprese lo que pretendemos es importante plantearse el propósito de contarlo bien, es decir, tener la intención de componer.

Las composiciones están condicionadas por la cultura de la que proceden. Para comprender y realizar obras es necesario conocer las leyes que han sido utilizadas y los condicionantes de nuestra percepción.

El espacio compositivo y los elementos ubicados en él deben mantener cierta relación de tamaño, forma, color, distribución, etc. entre las zonas libres y las ocupadas (Fig. 6.1).

Figura 6.1.

Recuerda

Es conveniente suscitar el interés del espectador creando una **zona de máxima atención.**

Es importante economizar en medios y elementos, evitando las anécdotas o los adornos que puedan confundir el mensaje.

Vocabulario

Jerarquía: orden entre diferentes elementos. Se establece por grados de mayor a menor importancia.

Orden: colocación de las formas, elementos, figuras o cosas en el lugar que les corresponde.

La finalidad de una composición se basa en la **unidad,** que implica que los elementos estén colocados según su importancia. Esto se realiza estableciendo una jerarquía de las formas más importantes (y, por tanto, más llamativas) a las de menor relevancia.

La elección de los elementos que aparecen en la obra se decide en función del interés que pueden provocar en el espectador. Este interés surge del conflicto, del contraste y de las tensiones que se producen al relacionarse entre sí los diferentes elementos que aparecen en la composición. Es lo que se conoce como **variedad e interés.**

En *La pradera de San Isidro,* cuadro pintado por Goya (Fig. 6.2), encontramos una representación alegre y bulliciosa de la sociedad madrileña de la época. Esta obra despierta gran interés por lo novedoso de su técnica: pincelada ágil y suelta, color vibrante y una luz que crea una atmósfera especial.

Esta pintura muestra una variedad de personajes. Entre todos ellos destaca un peqeño grupo de jóvenes situado en primer plano (zona de máxima atención) y el resto del público llena la escena (elementos subordinados).

Como puede comprobarse, la lectura de la obra es fácil y divertida: va introduciendo al espectador, de manera sencilla, en la vida y costumbres del autor.

Figura 6.2.
Francisco de Goya, *La pradera de San Isidro,* 1788.

1.2. Las formas en la composición

Al realizar una composición mediante figuras en el espacio se establece una serie de relaciones perceptivas que unifican las figuras semejantes, con lo que se crean conjuntos con los diferentes tipos de formas. Por ejemplo, en el cuadro *Autorretrato,* de Luis Gordillo (Fig. 6.3), aparece un retrato con círculos y nuestra percepción hace que observemos dos grupos de figuras semejantes entre sí; por un lado el rostro y, por otro, las figuras circulares.

Vocabulario

Percepción: sensación interna producida por una impresión o un estímulo y transmitida a alguno de los sentidos, en este caso a la vista.

Algunas formas tienen tendencia a alejarse del espectador o aproximarse a él, en función de lo llamativo de su disposición. Por ejemplo, el cuadro de Hans Arp, titulado *Configuración* (Fig. 6.4), se ha compuesto con cinco óvalos y tres amebas. Las figuras circulares son menos llamativas que las amebas; por esta razón el artista ha buscado un equilibrio compositivo, valorando la cantidad de unas figuras con otras, y ha incluido menor número de amebas.

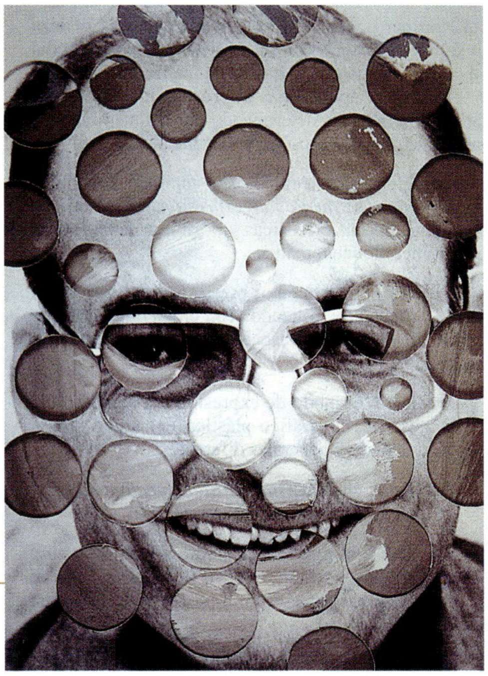

Figura 6.3.
Luis Gordillo, *Autorretrato.*

Figura 6.4.
Hans Arp, *Configuración,* 1931.

1.3. El color en la composición

La utilización intencionada del color en una composición es fundamental para hacer agrupaciones en el espacio y transmitir diferentes sensaciones.

Los colores de una misma familia que son similares en su tono, valor o saturación tienden a formar un conjunto. En el cuadro de Matisse titulado *La danza* (Fig. 6.5) observamos un grupo de figuras humanas con colores semejantes, contrastadas con los tonos del fondo y del suelo, que pertenecen a la gama de tonos fríos.

Figura 6.5. Henri Matisse, *La danza,* 1910.

Al igual que ocurre con la forma, los colores se aproximan o alejan del espectador según sean más o menos llamativos. Los colores calientes se acercan, mientras que los fríos se alejan.

El ser humano asocia el color a diferentes sensaciones térmicas y emocionales: la gama de tonos calientes se asocia a la vida, la alegría y la vitalidad; mientras que los tonos fríos transmiten sensaciones de tranquilidad, melancolía e incluso tristeza.

1.4. Representar o componer

Las representaciones surgen de la observación de las formas que nos ofrece la realidad que vemos en relación con lo que imaginamos y percibimos. Se trata, pues, de una interacción entre lo que vemos y lo que percibimos de forma subjetiva. La imagen es, por tanto, una interpretación de la realidad (Fig. 6.6).

Figura 6.6.
Alberto Durero, *La liebre,* 1502. Representar.

Una representación es el estudio de la forma, su configuración. Para ello es necesario sugerir un esquema que exprese la estructura del objeto o la forma que se va a representar y, posteriormente, crear un ambiente pictórico que se le parezca.

La composición de una imagen, de una representación, supone manipular los elementos gráficos fundamentales, como la línea, la textura y el color, de manera coherente, en un espacio apropiado para transmitir un mensaje visual (Fig. 6.7). La necesidad de componer surge cuando se pretende comunicar una idea de forma coherente y estética.

Un espacio o soporte apropiado puede tener diferentes formas o tamaños: circular, ovalado o cuadrado. El más utilizado es el rectangular, colocado de forma horizontal o vertical. Para organizar los elementos dentro de este espacio, independientemente de la representación de la forma, es necesario comprender algunos principios.

Figura 6.7. Caravaggio, *Los músicos,* 1595-1596. Componer.

Espacios invisibles

El ser humano relaciona el soporte a su espacio vital; por esta razón se establecen una serie de relaciones con el soporte.

- Si dividimos el espacio en tres franjas horizontales, creamos tres zonas de influencia asociadas al cuerpo: cabeza, tronco y extremidades. La cabeza supone pensamiento, espiritualidad. El tronco está relacionado con el corazón, el sentimiento, la vitalidad. Las extremidades se asocian a la pasión, lo terrenal, la caducidad (Fig. 6.8).
- El sentido de la lectura en los países occidentales se realiza de izquierda a derecha y de arriba a abajo. El pasado se asocia a la izquierda, el futuro a la derecha y el presente lo situamos en el centro (Fig. 6.9).

Figura 6.8.

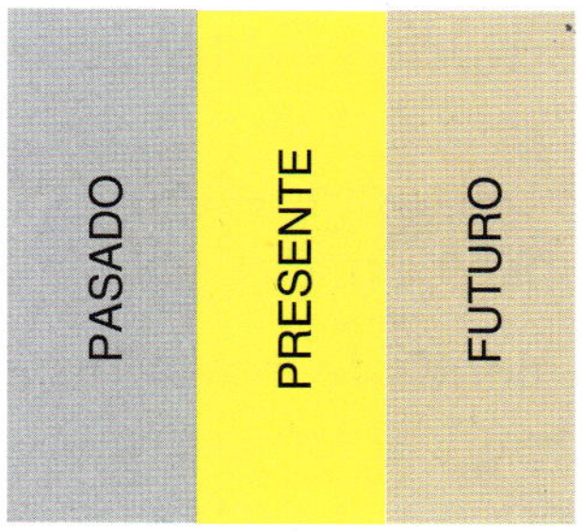

Figura 6.9.

Equilibrio

Es el estado de una composición cuando la fuerza o atracción visual de los elementos que aparecen en ella se compensan. Para conseguir el equilibrio se pueden utilizar algunos criterios de organización:

- **Ley de la balanza:** este criterio compositivo se asemeja a una balanza de dos platillos. Consiste en colocar dos formas semejantes en tamaño, color, configuración y significación a la misma distancia del centro. La zona de máxima atención siempre está situada en el centro del espacio compositivo. Este tipo de equilibrio es estático y atemporal (Fig. 6.10).
- **Ley de compensación de masas:** esta forma de equilibrar una composición es semejante a las balanzas romanas que tienen un solo platillo, compensado con unas pesas en el otro extremo. Este criterio busca el equilibrio mediante el contrapeso, relaciona formas de diferente tamaño, color o significación. La zona de máxima atención se desplaza del centro del soporte (Fig. 6.11).

> **Vocabulario**
>
> **Estructura:** término que implica la distribución y el orden de las partes dentro de un conjunto.
>
> **Interacción:** acción que ejercen mutuamente los elementos entre sí.

Figura 6.10. Diego Velázquez, *La rendición de Breda*, 1635. Composición basada en la ley de la balanza.

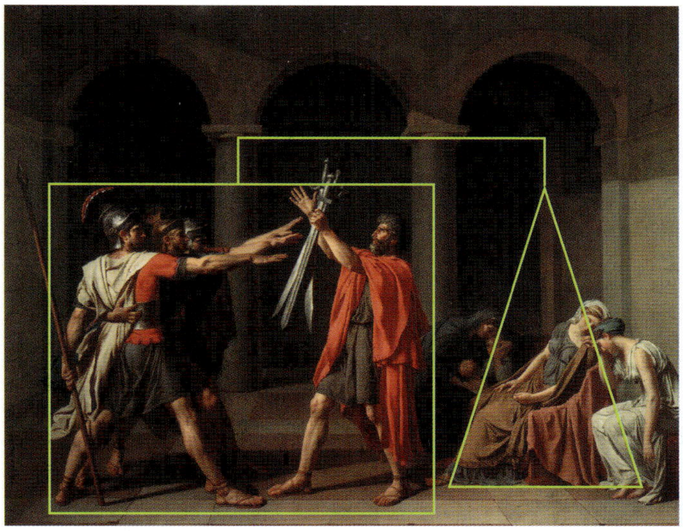

Figura 6.11. David, *El juramento de los Horacios*, 1784. Composición basada en la ley de compensación de masas.

1.5. Interpretar una composición

Para poder interpretar una composición es necesario observar detenidamente la obra y plantearse algunas preguntas. Estas pautas te pueden ayudar a explicar y aclarar el sentido de cualquier composición.

- **Autor y título de la obra:** cada artista tiene su estilo y su forma de utilizar los símbolos y el significado de los elementos que emplea. Conocer la época nos ayuda a comprender el lenguaje del periodo al que pertenece.
- **Descripción del tema:** se deben observar los objetos, los personajes, sus ropas, el escenario o espacio compositivo; de esta manera se descubre el tema y los elementos que se utilizan para transmitir el mensaje.
- **Elemento de mayor resalte:** hay que buscar las características formales y significativas. Se debe prestar atención a su forma, color y disposición en el espacio, para averiguar qué nos transmite.
- **Elementos subordinados:** en caso de que existan varios elementos, se deben enunciar y observar jerárquicamente en función de la importancia que tienen. Observa su forma, su color y su colocación para establecer conjuntos o grupos de importancia.
- **Espacios invisibles:** se trata de buscar la asociación que tiene la zona de máxima atención con el espacio vital del ser humano. Probablemente el autor no ha sido consciente de esta circunstancia, pero seguro que nos ayuda a descubrir más fácilmente el mensaje.
- **Equilibrio:** consiste en descubrir el criterio que el autor ha utilizado para equilibrar su composición.

El *Retrato de Madame Moitessier,* realizado por Ingres (Fig. 6.12), sirvió a Picasso como inspiración para pintar, casi ochenta años después, su *Mujer con libro* (Fig. 6.13), obra en la que mantiene la misma estructura compositiva.

Figura 6.12. Jean-Auguste Dominique Ingres, *Retrato de Madame Moitessier,* 1856.

Figura 6.13. Pablo Ruiz Picasso, *Mujer con libro,* 1932.

2. Simetrías

La simetría es una manera de componer muy utilizada a lo largo de la historia como sistema de organización espacial. Con ella se consigue unificar y organizar, de forma armónica, las diferentes partes de una imagen.

La simetría ordena y equilibra una composición a partes iguales. Consiste en colocar espacialmente objetos o formas iguales o semejantes en función de un punto o una línea.

2.1. Simetría axial

Componer por simetría axial consiste en distribuir los elementos a ambos lados de un eje imaginario, denominado eje de simetría, que suele estar situado en la mitad del espacio compositivo (Fig. 6.14). Este eje imaginario puede ser vertical, horizontal u oblicuo.

En arte, los elementos simétricos no tienen por qué ser idénticos; para obtener equilibrio es suficiente con que tengan una semejanza de forma, tamaño y color.

Este tipo de composición es el más sencillo y se utiliza para transmitir sensación de inmovilidad, eternidad y serenidad.

Figura 6.14. Simetría axial: torre Eiffel, 1889, París.

2.2. Simetría radial

En la simetría radial los elementos están distribuidos en varios ejes que pasan por un punto común. Es decir, los elementos se colocan a la misma distancia de un centro, llamado centro de simetría, y sus ejes se disponen en radios como si se tratara de los radios de una rueda. En este tipo de composiciones siempre aparecen elementos invertidos.

De todas las manifestaciones artísticas, la que más ha utilizado este tipo de composiciones ha sido la arquitectura, en diferentes culturas y periodos, para la construcción de panteones, decoración de cúpulas, rosetones, distribución de plantas en jardines y parques, etc. (Fig. 6.15).

Vocabulario

Cúpula: construcción utilizada para cubrir el espacio comprendido entre varios muros o pilares. Suele tener forma de media esfera.

Rosetón: ventana circular calada, con adornos o vidrieras, que se suele colocar en el techo o en algunas fachadas de monumentos religiosos.

Figura 6.15. Cúpula del baptisterio de los Ortodoxos (Rávena).

Aplicaciones

La simetría en la artesanía popular

La artesanía popular está estrechamente ligada a la arquitectura, la escultura y la pintura. Los artesanos utilizan una enorme variedad de técnicas y materiales para la realización y decoración de objetos, tanto de la vida cotidiana (vasijas, platos, tejidos, alfombras, etc.) como para situaciones excepcionales (rejas, vidrieras, objetos litúrgicos, murales, etc.) (Fig. 6.16).

Actualmente, muchos de los productos que realizan los artesanos se producen de forma industrial. No obstante, todavía se hacen objetos a mano de manera artesanal, con instrumentos muy elementales que, a pesar de tener un uso cotidiano, mantienen una fuerte intención estética.

La decoración de los objetos artesanos está inspirada, en su mayoría, en modelos clásicos o estilos artísticos. A lo largo de la historia la artesanía ha sido conocida como artes decorativas, es decir, como arte destinado a embellecer espacios y objetos, ligado a la ornamentación, a adornar.

Comprueba que los motivos decorativos de varias de estas imágenes están distribuidos de forma simétrica axial y radial.

Figura 6.16.

Procedimientos y técnicas

La vidriera

La realización de vidrieras ha estado siempre muy ligada a la arquitectura. Desde el principio ha sido utilizada como elemento configurador del espacio, con la función de cerrarlo dejando pasar la luz.

La vidriera está formada por piezas de vidrio ensambladas con tiras de plomo. Cada pieza es de un color diferente; por esta razón la paleta de un vidriero consiste en utilizar muchos vidrios de distintos colores (Fig. 6.17).

Figura 6.17. *Coronación de Santa María por la Santísima Trinidad,* vidriera del siglo XV, Sammlungen des Stiftes, Zwettl, Austria.

La pintura se puede añadir al vidrio derretido con pigmentos de colores metálicos. También se puede colorear la lámina enfriada con esmaltes que se funden con el vidrio en un horno.

El plomo que une las piezas de la vidriera es un elemento muy importante. Sirve de estructura, ya que su técnica condiciona la composición, y en la imagen se percibe como una línea que siluetea algunas zonas, aunque existen formas que no se pueden emplomar por ser muy pequeñas y curvas, o por ser muy grandes. El plomo es el armazón, el dibujo, y es necesario repartirlo de manera similar por toda la superficie.

Elaboración de una vidriera

Actualmente existen materiales fáciles de manejar que permiten realizar una vidriera en el aula. En este caso, utilizaremos los siguientes materiales: cristal, papel blanco del mismo tamaño que una lámina de cristal, cinta de plomo adhesiva, cortatramas, esmalte y disolvente o laca de bombillas con alcohol de quemar, pinceles, trapos y bastoncillos higiénicos.

Proceso de elaboración (Fig. 6.18):

1. Realiza una composición con planos de colores y dibuja con rotulador sobre el papel blanco. Coloca el cristal encima y límpialo con alcohol para que se adhiera bien la cinta de plomo.
2. Pega las tiras de plomo siguiendo la composición. Corta tiras un poco más grandes que la línea a cubrir y recorta con el cortatramas una vez pegado. Algunas uniones se hacen por encima de otras, o se cortan donde se juntan. Repasa las uniones hasta que queden bien pegadas.
3. Pinta con laca de bombillas. Esta pintura se seca con mucha rapidez, por lo que es importante trabajar deprisa. Utiliza pinceles finos para las superficies pequeñas y más anchos para superficies grandes.
4. Limpia con cuidado los rastros de pintura que hayan quedado en el plomo con un extremo del bastoncillo humedecido en alcohol y seca con el otro extremo.

Figura 6.18. Vidriera realizada con materiales actuales.

Ahora hazlo tú

Con los materiales que os indique vuestro profesor o profesora, realizad una sencilla vidriera siguiendo los pasos señalados.

3. Elementos de la composición

En todas las composiciones hay que distinguir dos tipos de elementos: aquellos que tienen una presencia real (figuras, objetos, formas, etc.) y los que, mediante sus relaciones, crean un espacio tal que los elementos presentes quedan inevitablemente asociados al espacio. Para completar el estudio de la composición es necesario estudiar estos elementos.

Los elementos de la composición se dividen, a su vez, en dos grandes grupos: escalares y dinámicos.

- Los elementos **escalares** se relacionan con el espacio de forma cuantitativa. Son, entre otros, la dimensión, el tamaño y la proporción.
- Los elementos **dinámicos** hacen que la imagen adquiera una naturaleza visual móvil y activa. El dinamismo se puede obtener a través de la tensión generada entre los elementos o mediante diferentes tipos de ritmos gráficos.

3.1. Dimensión y tamaño

El ser humano se adapta al tamaño de la naturaleza y construye un entorno adaptado a sus dimensiones. Si observamos el tamaño de los objetos de uso cotidiano (vasos, platos, coches, farolas, etc.), comprobamos que son todos muy similares.

En el espacio compositivo, la dimensión de los elementos es mucho menos uniforme, y las posibilidades de variar el tamaño de los elementos que aparecen en una obra constituye un valor plástico de vital importancia (Fig. 6.19).

Si enfrentamos dos formas iguales, pero una más pequeña que la otra, rápidamente percibimos cómo se produce un cambio de distancia entre ellas, lo que sugiere una profundidad que el soporte plano no tiene.

El tamaño también es importante para crear elementos de resalte y subordinados, o para formar grupos de mayor o menor interés visual. Sus dimensiones imponen una jerarquización necesaria para ordenar la lectura de una imagen y pueden generar un impacto visual en la zona de máxima atención.

Figura 6.19. Théodore Gericault, *Los náufragos de la Medusa,* 1818-1819.

4. El canon y la figura humana

Como estudiaste en la Unidad 4, la proporción es la relación de medidas que tiene un objeto respecto a sí mismo, con otros objetos y con el espacio compositivo que ocupan. Estas medidas permanecen constantes cuando se amplía o reduce una imagen. Así, por ejemplo, un círculo no se convierte en óvalo cuando aumenta su tamaño, y un cuadrado no se transforma en un rectángulo: se mantiene la misma relación de medidas (Fig. 6.20).

Un canon es el modelo de medidas que se consideran perfectas y que son aceptadas y utilizadas por un colectivo. La primera vez que apareció este concepto en la historia fue en la escuela de Atenas. Policleto, escultor griego que vivió entre los años 420 y 480 a. C., aproximadamente, estableció en el *Doríforo* (Fig. 6.21) un canon de siete cabezas y media, es decir, la figura humana ideal debía medir en total siete cabezas y media. Más adelante, el canon ateniense cambió con Lisipo, que alargó la altura de la figura humana hasta ocho cabezas.

Tras la caída del Imperio Romano se dejó de representar la figura humana y la utilización del canon. Entre los siglos VII y XIII, las figuras adquirieron otra intención estética y se alargaron notablemente.

En el Renacimiento, Leonardo da Vinci y Alberto Durero recuperan e impulsan los estudios sobre este tema. En esta etapa se basó la relación de medida en la proporción áurea, un sistema de división y generación de medidas (Fig. 6.22).

En el siglo XX, el arquitecto Le Corbusier sintetizó sus estudios de proporción en el *Modulor* (Fig. 6.23). Este sistema de medida se fundamenta en una figura humana, con un brazo levantado, que mide 1,82 m, y su proporción áurea.

Figura 6.20. Vincent Van Gogh, *Autorretrato,* 1889.

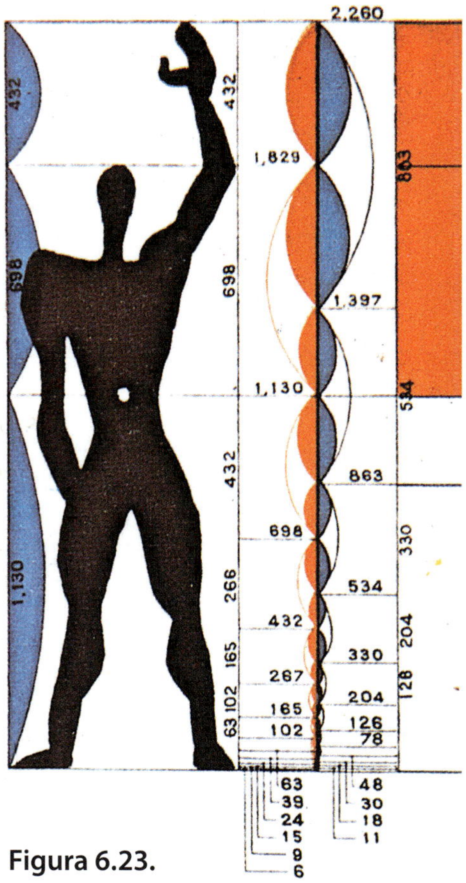

Figura 6.23. Le Corbusier, *Modulor.*

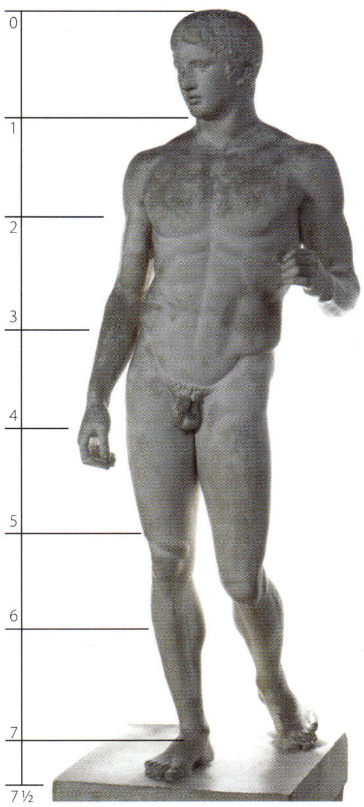

Figura 6.21. Policleto, *Doríforo.*

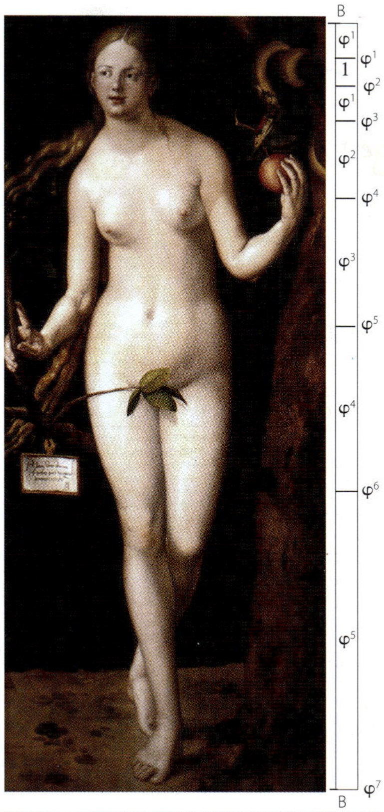

Figura 6.22. Alberto Durero, *Adán y Eva* (detalle),

5. La proporción áurea

En todas las culturas se ha buscado una relación de medidas ideales que estuviesen relacionadas con la naturaleza y la creación divina. Los griegos aportaron varias. En este sentido, el más sencillo y utilizado posteriormente en el Renacimiento fue el canon basado en la proporción áurea (de oro), conocida también como divina proporción. Esta relación de medidas es muy parecida a la vista y el campo visual del ser humano.

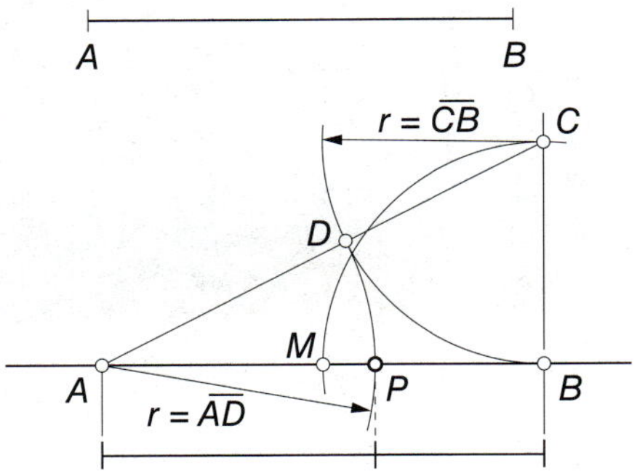

Figura 6.24.

Componer con la sección áurea supone dividir cada distancia o segmento en dos partes. Estas partes tienen que tener una relación de medida siempre constante e igual a 1,6180339, que es la cifra del número de oro. Para llegar a esta división se hace la siguiente construcción (Fig. 6.24):

- La distancia es un segmento llamado *AB*. Desde *B* se traza una perpendicular que mide la mitad del segmento, con lo que se obtiene *C*.
- Se une *A* con *C*. Por *C* se traza un arco que va de *B* a la recta *AC*, donde se encuentra el punto *D*.
- Con centro en *A* y radio *AD*, se traza un arco que divide al segmento en proporción áurea.

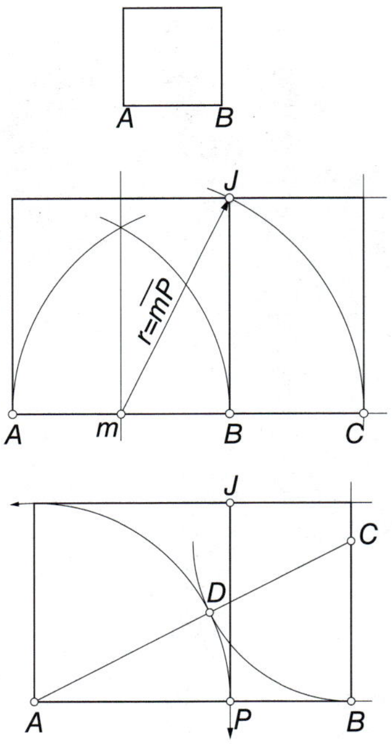

Figura 6.25.

Para relacionar el espacio con las figuras que lo componen es importante conocer el rectángulo áureo o de oro (Fig. 6.25). Este rectángulo establece una relación de medida entre los lados mayores y los menores; además, se puede dividir o multiplicar en más superficies que guardan siempre la misma relación.

Existen dos formas de hacer este rectángulo: a partir de un cuadrado por un punto medio o construyendo el rectángulo sobre la división del segmento.

Esta relación de medidas se ha aplicado en la realización de numerosas obras de arte, tanto bidimensionales como tridimensionales (Fig. 6.26).

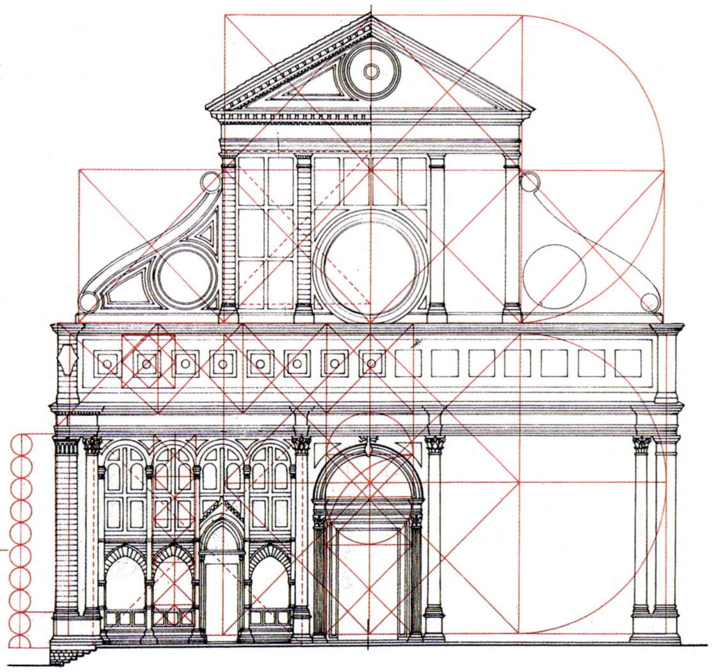

Figura 6.26.
Santa Maria Novella (Florencia).

5.1. Tiempo y movimiento

La naturaleza está en continuo movimiento, y este dinamismo se traslada también a la imagen. Para que haya movimiento en una imagen es necesario conocer cómo se traduce el tiempo en un espacio compositivo, es decir, hay que comprender la estructura de la representación del tiempo real a través de la imagen.

El paso del tiempo se puede representar en una sola imagen para contar una historia, y repetir la zona de máxima atención o el personaje principal en diferentes situaciones.

Estos personajes repetidos son «espacios ocupados» y están separados por «espacios no ocupados». La relación de personaje-no personaje produce tiempo y movimiento. Para reforzarlo, a menudo se enfrentan diferentes tipos de líneas, volúmenes, luces, colores, texturas, etc.

También se puede dar sensación de movimiento con formas dinámicas que por sí mismas generan tensión entre los diferentes elementos (Fig. 6.27).

Figura 6.27. Georges Seurat, *El circo*, 1890.

5.2. Líneas de tensión

Las líneas de tensión de una imagen son un medio de ordenar o descubrir la organización interna de los elementos que originan el movimiento y el dinamismo visual en el espacio compositivo (Fig. 6.28). Son líneas invisibles o inducidas, producidas por los elementos que aparecen en una imagen. Se denominan de tensión cuando producen algún tipo de choque o enfrentamiento: líneas que se cortan o atraviesan de forma brusca, formando ángulos, oposición entre rectas y curvas, entre líneas quebradas y onduladas, etc.

Se pueden distinguir varios tipos de líneas de tensión:

- Líneas de tensión representadas por la configuración de las formas. Son las que se trazan para unir los puntos límites de las direcciones más llamativas de las formas o los objetos, y con las que se sintetizan las direcciones marcadas por brazos, manos, cuerpos, etc. Estas líneas de tensión dirigen o encierran la atención del espectador en las zonas más significativas de la imagen y, a su vez, estructuran el espacio.
- Líneas de tensión dirigidas a través de las miradas de los personajes o de la dirección que comunica unos objetos con otros. Se trazan para marcar la dirección de las miradas entre los personajes o la dirección de las formas. Estas relaciones ejercen un poder de atracción o rechazo entre los diferentes elementos que aparecen en una composición.
- Líneas condicionadas por la dirección de la lectura o de tensión lectora. El recorrido visual de una obra está determinado por la jerarquía que existe entre los elementos compositivos. La zona de máxima atención sitúa el punto de partida de la lectura visual, que se desplaza hacia los elementos que tienen menos importancia.

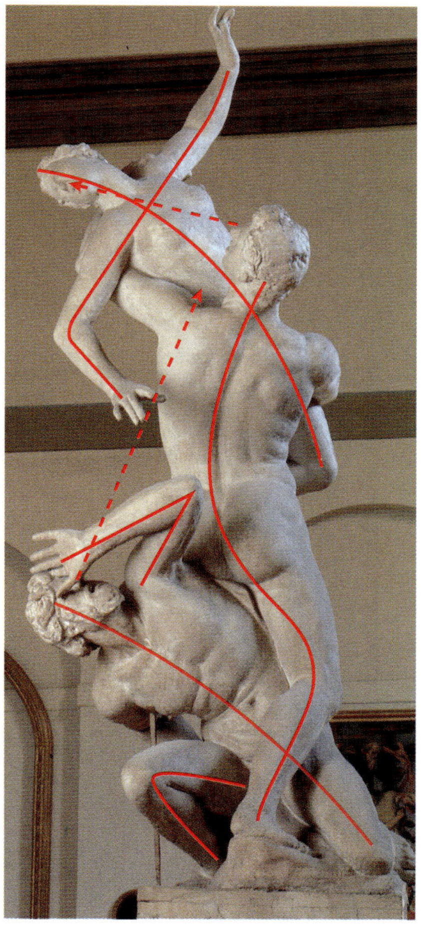

Figura 6.28. Gianbologna, *El rapto de la sabina*, 1583.

5.3. El diagrama compositivo: un método de análisis

Una buena imagen siempre está organizada en función del espacio y responde a una estructura compositiva interna, basada en principios y leyes de ordenación.

El **diagrama compositivo** es un dibujo que explica o dilucida las partes, la disposición y el funcionamiento de una imagen, y su principal característica es descubrir y simplificar la información.

Toda composición tiene un esqueleto que estructura el aspecto de las imágenes. Con él se revela la dinámica de la obra, su distribución y la relación entre las formas y el espacio que ocupan.

El diagrama estructural es un conjunto de líneas y formas invisibles sobre el que se construye la imagen que transmite el mensaje deseado.

El trazado del diagrama ayuda a descubrir la radiografía compositiva de una obra, es decir, su estructura gráfica (Fig. 6.29). Para trazarlo se señala la situación de los elementos o grupos más importantes, y la colocación de posibles ejes de simetría o leyes compositivas empleadas. A la hora de realizarlo conviene:

- **Diferenciar la zona de máxima atención:** para simplificar el diagrama compositivo, se inscribe la figura o el personaje dentro de una forma geométrica o libre más sencilla. Los elementos subordinados se pueden inscribir también en formas más sencillas, de manera que queden agrupados. Estas zonas se pueden colorear con tonos más atrayentes para la zona de resalte y menos, para los grupos o elementos menos importantes.
- **Delimitar los espacios:** se trata de dibujar el contorno de planos de la composición que no han sido ocupados o que forman parte de un fondo. Esta zona se puede colorear con un tono neutro (gris o negro) o con colores fríos, por ejemplo, azul. Si existen varios planos de profundidad, se debe colocar el plano más lejano con el tono más oscuro o con el más frío.
- **Separar las luces:** si la obra tiene contraste de luces y sombras, se pueden delimitar las zonas de sombra con un entramado de líneas oscuras.
- **Señalar el criterio compositivo:** se deben observar los posibles ejes de simetría y trazarlos mediante rectas; si se han utilizado balanzas de peso o contrapeso hay que superponerlas encima dibujándolas.

Este diagrama compositivo se puede realizar con superposición de transparencias o dividiendo la obra en los diferentes apartados mediante fotocopias.

Figura 6.29.
Martirio de San Quirico, siglo XII (detalle).

5.4. El peso visual

Es la fuerza de atracción de la mirada de quien observa una imagen. Todos los elementos que aparecen en una composición poseen un peso visual específico que, en ocasiones, no guarda relación con el peso real de los objetos que conocemos.

El peso visual de una forma puede variar en función de los intereses gráficos o expresivos. Se puede conseguir que una pluma pese visualmente más que una pesa (Fig. 6.30). Cualquier objeto varía su peso visual en función de su colocación sobre el soporte, su tamaño, su forma, el color y la textura.

Figura 6.30.

Existen zonas invisibles en el soporte que producen la sensación de mayor peso. El hecho de que los occidentales leamos de izquierda a derecha y de arriba abajo hace que el peso visual se desplace hacia el ángulo inferior derecho, de manera que, al situar en esta zona un objeto, pesa más (Fig. 6.31a).

Otro factor que influye es la fuerza de la gravedad: todo lo que se lanza al espacio cae y se para en el suelo; por esta razón se entiende que el peso de una figura colocada en la parte inferior del espacio compositivo tiene más peso (Fig. 6.31b).

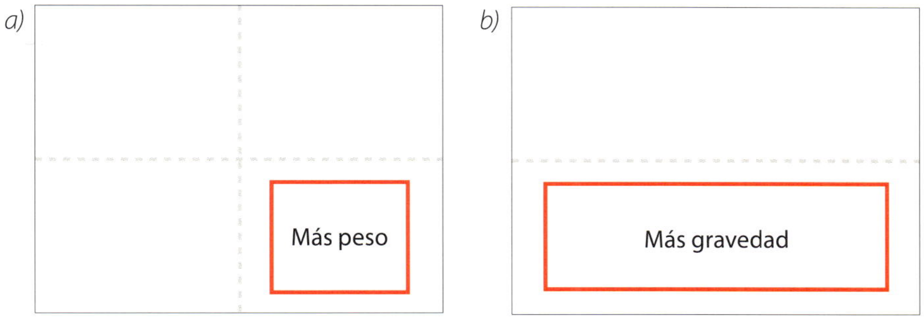

Figura 6.31.

La zona del soporte que ofrece mayor equilibrio es el centro geométrico; cualquier elemento que se desplace de él altera su fuerza plástica.

Es evidente que un elemento aumenta de peso si incrementa su tamaño y disminuye si se hace menor, pero no siempre sucede así. Cuando la variación de tamaño de diferentes objetos se realiza de forma sucesiva se crea una sensación de profundidad y los elementos más pequeños aumentan su peso visual para igualarse a los más grandes. Nuestra percepción nos indica que tiene el mismo tamaño y un peso igual, pero que está más lejos.

Las características de configuración de los cuerpos, las formas, los objetos o los personajes que aparecen en una composición pueden variar su peso (Fig. 6.32). Las formas geométricas tienden a pesar visualmente más que las orgánicas, y si son menos llamativas también se alejan. Lo mismo sucede con el color: los tonos fríos pesan más que los calientes y tienen tendencia a alejarse. Los colores claros acercan y los oscuros alejan.

Figura 6.32. Paul Gauguin, *Ia orana María (Te saludo, María),* 1892.

La textura, al igual que el color, puede variar la sensación de peso. Una superficie muy texturada es más llamativa que otra lisa y homogénea. Y si ambas tienen el mismo color, la lisa y uniforme pesa más y se aproxima menos.

6. El ritmo

La naturaleza y la vida del ser humano están reguladas de forma rítmica. A la noche le sigue el día; a la primavera, el verano. El ser humano desayuna, come o cena casi siempre a la misma hora, los latidos del corazón son rítmicos, etc.

Existen elementos en la naturaleza que, por su configuración, son rítmicos: los pétalos de una margarita, las franjas del pelo de una cebra, etc. En la mayoría de las ocasiones, es la disposición de los elementos la que produce el ritmo: los picos montañosos de una cordillera, una fila de árboles al borde de un arroyo, etc. Es decir, cualquier elemento, sea rítmico o no, es capaz de crear relaciones rítmicas dentro de una imagen fija.

El ritmo es una sucesión armónica de espacio ocupado, de espacio libre, de formas repetidas en una imagen. Todo tipo de sucesión genera una trayectoria que organiza la superficie y hace que la composición se perciba como impulsos dinámicos. Estas trayectorias pueden ser horizontales, verticales, inclinadas, concurrentes a un mismo punto, etc.

6.1. Ritmo uniforme

Se produce cuando una misma forma es repetida de forma constante y regular. El espacio vacío, no ocupado, es esencial para marcar la velocidad del ritmo, de manera que si el espacio libre es amplio, el movimiento es lento, cuando disminuye este espacio se produce una sensación de mayor rapidez (Fig. 6.33).

Figura 6.33.

6.2. Ritmo alterno

Llamamos alternancia a la variación se repite de un elemento considerado como espacio lleno con otro vacío. La utilización de dos o más elementos con diferente colocación, forma, tamaño, color o textura acentúa el dinamismo de la secuenciación. La alternancia de distancias en los espacios vacíos aporta más movimiento al ritmo (Fig. 6.34).

Figura 6.34.

6.3. Ritmo creciente y decreciente

Este tipo de ritmos se crea con una variación sucesiva de tamaños, grosores, alturas o colores. Generalmente, el crecimiento se entiende mejor si el elemento o los elementos aumentan de izquierda a derecha y de arriba abajo. Se pueden combinar ambos alternando paulatinamente el crecimiento y el decrecimiento de los elementos, con lo que se produce un movimiento ondulado. Si, además de variar su forma, color y tamaño, se gradúa la variación de la distancia entre elementos, se dinamiza el ritmo y su velocidad (Fig. 6.35).

Figura 6.35.

6.4. Ritmo radial y concéntrico

Cuando los elementos surgen de un punto central y se abren hacia fuera de manera secuencial, el ritmo se ordena por radios imaginarios (Fig. 6.36). De la misma manera, el ritmo concéntrico (Fig. 6.37) parte de un centro y los elementos se dilatan hacia el exterior. Este efecto expansivo se acentúa más si se realizan variaciones paulatinas de tamaño, grosor y color. La combinación de los ritmos radial y concéntrico produce un movimiento en espiral (Fig. 6.38) que puede aumentar el movimiento hasta conseguir sensación de velocidad.

Figura 6.36.

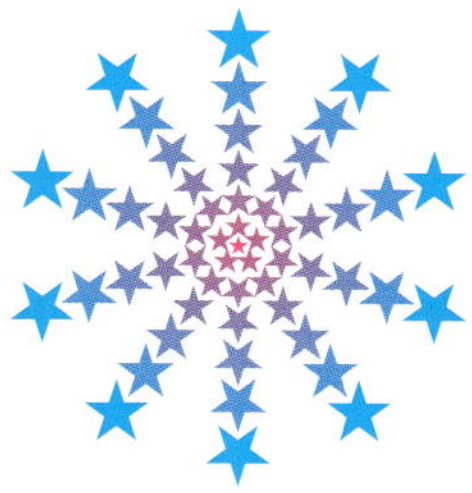

Figura 6.37.

Figura 6.38.

6.5. Ritmo modular

Un módulo es un conjunto de formas agrupadas que crean entre sí unidades visuales (Fig. 6.39). Realizar ritmos con módulos es algo parecido a utilizar una sola forma, es decir, se pueden crear ritmos uniformes, alternos con dos o más módulos, crecientes y decrecientes, etc. Cada módulo aporta al ritmo el dinamismo de la configuración de sus formas.

Figura 6.39.

6.6. Ritmo por simetrías

Es otra forma de generar alternancias, se puede realizar con una sola forma o con unidades visuales modulares (Fig. 6.40). La simetría se puede combinar, a su vez, con los diferentes tipos de ritmos.

Figura 6.40.

6.7. Superficies rítmicas

Un ritmo puede desplazarse en todas las direcciones, cruzarse y ocupar la superficie completa (Fig. 6.41). Se pueden crear superficies que produzcan sensaciones dinámicas diferentes; es como si se tratara de un mapa en el que se pueden señalar diferentes tipos de ritmos.

Figura 6.41.

6.8. Ritmo libre

Para trabajar con ritmos libres de una manera sencilla conviene distribuir las formas sobre una línea imaginaria que trace la trayectoria de la sucesión. El único factor que se debe tener en cuenta es la repetición de los elementos que la componen.

Aplicaciones

El ritmo en la arquitectura

En arquitectura se pretende la creación y la organización de espacios interiores confortables y adecuados al uso al que se destinan. La construcción de estos espacios internos presenta una gran dificultad técnica, ya que para sujetar los elementos sostenidos se utilizan vigas, columnas y pilares que, al constituir la estructura arquitectónica, crean ritmos espaciales según su distribución. Arquitectura es sinónimo de estructura.

Las primeras construcciones espaciales aparecen en la época megalítica y están formadas por grandes piedras verticales que sostienen una o varias horizontales, ordenadas de forma rítmica y formando círculos.

En Babilonia, Fenicia, Persia, Egipto y la India se utiliza la escultura como decoración de los sistemas de sujeción de alturas, colocadas en los grandes pilares formando ritmos uniformes o alternos. Las construcciones griegas y romanas exploraron proporciones que resultaran estéticas (Fig. 6.42). Se buscaba el equilibrio y la perfección armónica, para lo cual distribuían los elementos de sujeción de forma simétrica y rítmica.

Bizancio creó un nuevo estilo de ornamentación. La disposición de los elementos, sus funciones y la decoración estaban dirigidas a la liturgia religiosa y política (Fig. 6.43). Durante la Edad Media, la arquitectura estuvo ligada a la religión. Los sistemas utilizados para levantar elementos dieron como resultado bóvedas con nervios y arcadas dispuestas de forma rítmica; incluso sus plantas, generalmente con forma de cruz, distribuían los espacios de manera dinámica.

En el Renacimiento se volvió al gusto por la época clásica y, con ella, al sentido de la proporción y la armonía. Sus fachadas se organizaban según los cánones de proporción. La colocación de elementos y su decoración forman simetrías y ritmos (Fig. 6.44).

La evolución de los materiales y las técnicas de sujeción fueron dando libertad a los arquitectos, tanto para levantar alturas y hacer menos pesadas las estructuras como para sentirse menos condicionados por la funcionalidad. Es la época de los rascacielos de Chicago y las nuevas vanguardias arquitectónicas (Fig. 6.45).

Actualmente, la construcción de edificios va ligada a espacios urbanísticos. Se intenta crear una interrelación entre espacios edificados y zonas verdes que favorezca la calidad de vida de sus ocupantes. Se prescinde de grandes y llamativas ornamentaciones, para dar preferencia a la funcionalidad.

La mayoría de las composiciones arquitectónicas están distribuidas con simetrías, para dar la sensación de equilibrio, y con ritmos que dan movilidad y agilidad a la construcción, con lo que se disminuye así su peso visual.

Figura 6.42. Partenón, 447-422 a. C.

Figura 6.43. Basílica de Santa Sofía (cúpula), 532-577.

Figura 6.44. Monasterio de El Escorial, 1563-1588.

Figura 6.45. Casa Batlló, 1905-1907.

Procedimientos y técnicas

El *collage*

Es una técnica propia del siglo XX. La utilización del papel y otros materiales pegados en un soporte surge con el cubismo, con autores como Braque, Gris (Fig. 6.46) y Picasso. Esta técnica supuso un fuerte choque frente a los medios pictóricos y las técnicas tradicionales. Con el *collage* se destruye el concepto que se tenía de la pintura como imitación de la realidad.

Figura 6.46.
Juan Gris, *Vasos, diario y botella de vino,* 1913.

Muchos materiales pueden ser pegados en una superficie: telas, papeles de colores, cartones, piezas de metal o de madera, objetos como relojes, lápices, sobres, naipes, etc. La técnica del *collage* consiste en pegar estos materiales sobre un soporte, con un criterio de organización, y manipular después, si se desea, con pinturas.

Con esta técnica se pueden crear infinidad de posibilidades compositivas y plásticas según se utilicen y combinen los materiales. A continuación te sugerimos algunas formas de trabajo:

- Utilizar los materiales como planos de color, representación o sugerencia de objetos, o como realidad simplemente trasladada al cuadro, de un modo parecido a cómo lo hizo Picasso en su obra *Copa, botella de vino, paquete de tabaco y diario* (Fig. 6.47).
- Superponer trozos de periódico sobre una superficie con diferentes tipos de letras, y hacer una composición visual en la que los elementos compositivos sean las palabras.
- Combinar diferentes fotografías para transformar una imagen real en otra imaginada.
- Introducir arenas, yesos y otras sustancias para crear superficies texturizadas, como hace Schwitters en su obra *Merzbild 46A, Das Kegelbild* (Fig. 6.48).
- Pegar fotocopias en color o en blanco y negro para transformar imágenes o transferirlas.
- Escanear imágenes para manipularlas con el ordenador y superponerlas sobre el soporte.

Figura 6.47.
Pablo Ruiz Picasso, *Copa, botella de vino, paquete de tabaco y diario,* 1914.

Figura 6.48.
Kurt Schwitters, *Merzbild 46 A. Das Kegelbild*, 1921.

Ahora hazlo tú

Realiza un *collage* siguiendo alguno de los criterios que has estudiado en este bloque. Emplea la fotocopia de una obra de arte para recortar y cambiar la colocación de los objetos que aparezcan en ella. Una vez decidida la composición, la puedes colorear utilizando pintura al agua, ceras, lápices de colores, etc., hasta conseguir el efecto plástico que desees.

Actividades finales

Representar y componer

1. Realiza una composición siguiendo estos pasos:

- Dibuja y recorta en cartulinas de colores dos triángulos equiláteros de 10 cm de lado, un cuadrado de 10 cm de lado y dos círculos de 4 cm de radio.
- Estudia diferentes organizaciones de las figuras para realizar la composición siguiendo el criterio de la ley de la balanza. Utiliza un soporte blanco o de color de formato A-6.
- Señala en el soporte la colocación definitiva con un lápiz.
- Busca diferentes formas que se puedan inscribir en las figuras geométricas, como una escalera en un triángulo, dos figuras en un cuadrado, etc., y recórtalas.
- Pega sobre el soporte las figuras geométricas y después las formas.
- Termina la obra coloreando la imagen con los tonos más adecuados (Fig. 6.49).

Figura 6.49.

Manchas simétricas

2. Divide en dos partes una cartulina de formato A-4 con una recta trazada a lápiz. Colorea una mitad con témperas y, antes de que se seque la pintura, dobla la cartulina. Observarás que las manchas producidas son simétricas.

A continuación, dibuja las figuras que te sugieran las manchas con un rotulador negro de punta fina. Debes guardar la simetría compositiva.

Finalmente, retoca la imagen hasta conseguir un acabado que te guste (Fig. 6.50).

Figura 6.50.

Rotación de imágenes

3. Dibuja una forma simétrica y cálcala seis veces. Pinta con el mismo color las figuras.

A continuación, dibuja una circunferencia en una cartulina de formato A-4 y divídela en seis partes trazando los radios. Pega las figuras coloreadas de forma que coincidan sus ejes de simetría con los radios de la circunferencia. Recuerda que en una simetría radial todos los elementos tienen la misma distancia al centro (Fig. 6.51).

Figura 6.51.

Actividades finales

Análisis e interpretación

4. Observa la siguiente fotografía (Fig. 6.52). Se trata de la obra titulada Laoconte y sus hijos. Fotocópiala y, sobre un acetato transparente, traza:

- Un diagrama compositivo.
- Diferentes líneas de tensión.

A continuación, realiza por escrito una interpretación del cuadro.

Por último, recorta los principales elementos de la obra y colócalos en otro espacio cambiando la composición. Colorea el resultado si la fotocopia no es en color.

Figura 6.52. *Laoconte y sus hijos,* escultura griega del periodo helenístico.

Ritmo

5. Busca fotografías de telas, objetos, papeles de regalo, etc., cuyas decoraciones muestren un ritmo. Clasifícalas en función de su tipo y elabora un informe.

Después, dibuja tres formas diferentes y agrúpalas para constituir una unidad modular (Fig. 6.53). Fotocopia o calca esa unidad modular tantas veces como quepan en una lámina de dibujo. Colorea cada unidad con los mismos colores.

Por último, recorta y pega las figuras sobre tu lámina de dibujo variando la longitud de los espacios vacíos. Haz una composición rítmica donde se aumente y disminuya la velocidad (Fig. 6.54).

Figura 6.53.

Figura 6.54.

Otras propuestas

Composiciones rítmicas

Realiza diferentes composiciones rítmicas utilizando imágenes recortadas de periódicos o revistas viejas. Recuerda que debes buscar figuras semejantes en tamaño, forma y color (Fig. 6.55).

Figura 6.55.

Retratos monstruosos

Dibuja, en una cartulina de formato A-3, el retrato de un compañero estudiando las relaciones de medida entre los diferentes elementos y la medida de la cabeza. Utiliza la proporción áurea para hallar las distancias de cejas, ojos, orejas, nariz y boca con respecto al eje de simetría. Repasa las líneas con rotulador y colorea el retrato con ceras.

A continuación, recorta los elementos y júntalos con los de tus compañeros. Debéis clasificarlos en cajas y repartirlos al azar. Con estos elementos, elabora un nuevo retrato transformando el eje de simetría en una línea ondulada, torcida o quebrada. Acaba el retrato dibujando la forma de la cara y el pelo que consideres más apropiado (Fig. 6.56).

Figura 6.56.

Realización de carteles

Dividid la clase en grupos de tres personas. Cada grupo debe elegir un tema relacionado con la contaminación y el medio ambiente, las drogas y la salud, la guerra y la paz, el racismo y la tolerancia, el hambre y los países ricos, etcétera.

Buscad información visual sobre el tema elegido y seleccionad las imágenes más significativas. Fotocopiad las imágenes, ampliándolas si es necesario, y recortadlas (si se dispone de un escáner y sistemas informáticos, manipular con ellos la imagen e imprimir por impresora).

Elegid unas letras adecuadas. Recordad que se deben leer a distancia y con facilidad. Se pueden recortar de imprenta, dibujar con cuidado o comprar letras adhesivas.

Sobre un soporte A-3, estudiad las posibilidades compositivas de todos los elementos seleccionados y jerarquizados en función del mensaje que se pretende transmitir. Pegad y trabajad la imagen hasta terminarla.

Por último, analizad el cartel haciendo un diagrama compositivo y una interpretación de la obra, que se expondrá en clase (Fig. 6.57).

Figura 6.57.